鎌倉幕府文書行政論

佐藤秀成 著

吉川弘文館

目次

表目次

序章　本書の視点

竹内理三氏編『鎌倉遺文』(1)の刊行により鎌倉時代の研究が格段に進んだことは自明のことである。本書はその学恩に浴し、鎌倉幕府発給文書および関連文書を通覧することで、鎌倉幕府の行政機関としての諸相を明らかにすることを目的とする。

文書を通覧するにあたっては、まず古文書学の視点が必要となる。近代日本古文書学は、久米邦武氏や黒板勝美氏に始まると言われ、その後の伊木寿一氏(2)や中村直勝氏(3)、相田二郎氏(4)らの研究を経て、佐藤進一氏(5)によって体系化された感があるが、その後も、多くの研究者によって佐藤氏の研究を再検討する論考が発表されており(6)、本論考もその一つたらんとするものである。鎌倉幕府発給文書および関連文書を通覧し、考察するに際しては、様式や機能、発給主体や受給者等の様々な視点から検討することが必要となる。この後、各章における考察の基礎となっているのは先学、殊に佐藤進一氏の研究であることは言うまでもないが、そこにその後の多くの研究者の論考を加え、文書様式や機能等の視点から今一度の再検討を行うことで、鎌倉幕府の文書行政の諸相がより一層明らかになるものと考える。この古文書学的視点からの近年の研究のうち、殊に注目すべきものとして黒川高明氏の『源頼朝文書の研究　研究編』(7)があげられる。黒川氏は『源頼朝文書の研究　史料編』(8)において、源頼朝文書に多くの疑偽文書があるとして「検討ノ要アリ」とされていたが、何故「検討ノ要アリ」とされたのかがここに至ってようやく明らかにされた。黒川氏の研究は文書そのものの疑偽を追究した研究であり、文言や花押に加え、書体や筆跡、料紙なども真偽追究の要素とされた。本論考でもその成果を活用させていただいている。

さて、鎌倉幕府の文書行政を検討するうえでは、政治史・法制史等の視点からの考察も必要となる。鎌倉幕府に関わる研究としても多くの論考、著書が発表されており、本書と関連する具体的な論点については各章において個々に触れることとなるが、この二十年前後の主要論著を確認しておきたい[9]。

まず鎌倉幕府成立をあつかったものとして、川合康氏の『鎌倉幕府成立史の研究』[10]がある。細川重男氏は『鎌倉政権得宗専制論』[11]において、文字どおり得宗専制を論じられ、六波羅探題をあつかったものとして、森幸夫氏の『六波羅探題の研究』[12]、木村英一氏の『鎌倉時代公武関係と六波羅探題』[13]や、著書としてまとまってはいないが、熊谷隆之氏の一連の研究[14]がある。北条氏のうち金沢氏に特化して、永井晋氏が『金沢北条氏の研究』[15]を著され、御家人制を論じられたものとして、七海雅人氏の『鎌倉幕府御家人制の展開』[16]、高橋典幸氏の『鎌倉幕府軍制と御家人制』[17]、清水亮氏の『鎌倉幕府御家人制の政治史的研究』[18]がある。荘園制の視点からは、高橋一樹氏の『中世荘園制と鎌倉幕府』[19]があり、都市論からは高橋慎一朗氏の『中世の都市と武士』[20]、秋山哲雄氏の『北条氏権力と都市鎌倉』[21]がある。法制史の視点からは、古澤直人氏の『鎌倉幕府と中世国家』[22]、上杉和彦氏の『日本中世法体系成立史論』[23]、佐藤雄基氏の『日本中世初期の文書と訴訟』[24]がある。さらに、裁許や安堵、公家政権や公武関係、領主制など多くの視点から鎌倉時代を論じられた近藤成一氏の『鎌倉時代政治構造の研究』[25]がある。

ここに示した先学の研究ではいずれも、それぞれの研究課題の解決をめざし、文書が活用されている。しかし、文書そのものを古文書学的視点から再検討し、政治史・法制史等の解明に発展させたものは部分的な論考に過ぎず、ましてや鎌倉幕府の全体像に迫ろうとする研究には至っていない。つまり、鎌倉幕府発給文書および関連文書を正面から取り上げ、鎌倉幕府像に迫ろうとした研究はないのである。そこで本書は、鎌倉幕府発給文書および関連文書を通覧し、古文書学の視点に政治史、法制史等の視点を加え、文書を通して行われた鎌倉幕府による文書行政の諸相を検討し、鎌倉幕府像の再構築を試みるものである。

源頼朝が内乱の中で本領安堵・新恩給与の下文を発給して以降、多くの文書によってその勢力範囲の統治に関する指示が行われてきた。鎌倉幕府が統治機関として領域内を統治するにあたり発給した文書には、公家社会の官宣旨・下文の系列を引き継ぐ将軍家下文と綸旨・院宣・御教書の系列を引き継ぐ関東御教書があり、ほどなく関東下知状が開発されている。鎌倉幕府は軍事政権とはいえ、常に軍事力を用いて事をなしていたのではなく、文書によって領域内統治を行っていた。つまりそこに文書による行政が誕生し、発展していくことになる。本論考はその点に視点を置いて、文書行政とその背景の幕府政治について検討を加える。私は、鎌倉幕府を研究するにあたっては、文書を原点とした実証的な姿勢が必要であり、幕府像は文書を通して自ずと浮かび上がってくると考えている。(26)ここに本書で文書行政の視点を強調した所以がある。

鎌倉幕府発給文書としては、下文・下知状・御教書様式の文書が大部分を占め、これらをもって幕府は統治文書としていた。佐藤進一氏によってそれぞれの様式・機能については整理されているが、『鎌倉遺文』からそれぞれの文書を通覧すると、佐藤氏の整理との間に齟齬が見られる。佐藤氏はその論著『古文書学入門』を改訂する際に補注欄を設けて説明を加えられているが、本文を書き改めるまでには至っていない。また、この補注も「必要な限りの小改訂」にとどめられ、私が各章で参考とした論文への言及は当然のごとくほとんどされていない。(27)さらに佐藤氏自身が旧版出版後に著された論文「中世史料論」(28)の御教書に関する記述と論著の御教書に関する記述との間には矛盾も見られる。こうした齟齬を検討することで、鎌倉幕府の行政機構としての再評価を成し得ると考える。

第一部では関東から発給された下文・下知状・御教書を通覧する。

ここでは佐藤進一氏の『古文書学入門』に整理された下文・下知状・御教書のあり方が基礎となる。「下文と下知状は永続的効力をもつのに対して、御教書は限時的効力をもつにすぎない」。下知状の発生に伴って、下文は「承久乱以後はもっぱら知行充行と譲与安堵の二項に限られ」、嘉元元年（一三〇三）に外題安堵の規定ができて以後は、「下文は知行充行だけに限られた」。その間、下知状は下文とともに譲与安堵にも用いられているが、「嫡子は下文をもらい、それ以外の者は下知状をもらったと推定される」など、下文・下知状・御教書についての定義づけを行われている。その後、近藤成一氏、湯山賢一氏、杉橋隆夫氏、菊池紳一氏、青山幹哉氏らの諸論考が下文・下知状と執権政治を関連づけて論じられている。第一部ではこれらの先行研究を再検討し、下文・下知状の鎌倉幕府における文書行政上の位置づけを行い、あわせて、あまり論じられることのなかった御教書についても考察することとする。

まず第一章では関東から発給された下文を考察の対象とする。

鎌倉幕府発給による公文書のうち、永続的効力を有する文書の一つである下文の宛所に関し、佐藤進一氏の説に近藤成一氏が訂正を加えられた。「在地住人宛所型」から「宛所空白型」を経て「受給者宛所型」へと変化していくとされた佐藤氏の説を、近藤氏は文書の網羅的検討から、「在地住人宛所型」から「受給者宛所型」を経て「宛所空白型」へと変化していくとされたのである。そしてこの変化のうち、「在地住人宛所型」から「受給者宛所型」への転換の背景には「職の観念の変化」があるとされたのである。本章ではこの近藤氏の説を再検討する。在地住人宛所型と受給者宛所型の特徴の再検討から、なぜ型が変化したのか。型の変化の背景にあるとされた「職の観念の変化」という漠然とした結論ではなく、具体的な背景を考察する。

第二章は関東から発給された下知状を考察の対象とする。

鎌倉時代前期には、文書冒頭部を「下」とし、書止文言を「下知如件」とする文書が残存する。この文書を冒頭の

「下」に注目して下文とするのか、書止文言の「下知如件」から下知状とするのか、説が分かれている。下文説をとるのは五味文彦氏・湯山賢一氏・杉橋隆夫氏・菊池紳一氏・青山幹哉氏であり、一方の下知状説をとるのは相田二郎氏・佐藤進一氏・瀬野精一郎氏・折田悦郎氏・仁平義孝氏である。これらの諸説はいずれも文書様式に重点を置いて論じられたものである。そこで本章では、この下文と下知状の要素を併せ持つ文書をその機能から分析して、下文とするのか下知状とすべきなのかを検討し、あわせてこの文書が使用された政治的背景を執権制の進展と関連づけて考察する。

第三章では今一度、関東から発給された下知状を考察の対象とする。

鎌倉時代前期、下知状は下文の代用文書でしかなかった。しかし、嘉禄元年（一二二五）末の四代将軍頼経の元服後に消滅するはずであった下知状は、その後も使用され続けたのである。佐藤進一氏は、下文の用途は「承久乱以後はもっぱら知行充行と譲与安堵の二項に限られ」たとされ、近藤成一氏はこれをうけて「所職の給与・譲与の安堵に下知状を用いる事を否定するものではない」とされている。下知状は、本来下文によって通達される譲与安堵と知行充行も含め、様々な安堵・充行に用いられていたのである。そこで本章では、安堵・充行に用いられている下知状を用途ごとに細分し、再検討することを通して、幕府政治史上に位置づけるとともに、文書行政上のあり方を考察する。

第四章は関東から発給された御教書を考察の対象とする。

佐藤進一氏が「御教書は幕府の意思を伝えるための文書であって、下文・下知状が権利の付与もしくは認定を目的とするのと全く違った機能を持つ」とされ、田中稔氏がこの考え方に賛同されてよりこの方、御教書は「限時的効力を持つにすぎない」文書とするのが定説となっている。しかし、関東御教書の中には下文・下知状であつかわれるような永続的効力が期待される文書が多数残存している。そこで本章では、それら永続的効力が期待される御教書を用途面から整理し、下文・下知状と比較・検討することを通して、御教書が「限時的効力を持つにすぎない文書」から「永続的効力が期待される文書」へと変化していく、文書行政上の発展を考察する。

鎌倉幕府は地方統治のため、各国に守護を設置し、奥州合戦後に奥州惣奉行を、承久の乱後には京都に六波羅探題を、蒙古襲来に際しては九州に鎮西探題を設置した。幕府は各統治機関に様々な権限を付与し、また指示を与えており、それに従って各統治機関からは管轄圏内へ文書が発給されている。そこで第二部では、六波羅探題、鎮西探題、守護のうち「長門探題」とも言われる防長守護、および奥州惣奉行の関連文書を通覧して、鎌倉幕府による地方統治体制、文書行政を考察する。

鎌倉幕府による地方統治システムを総体として捉えることは難しく、幕府の地方統治機関に関わる諸相を各地方統治機関ごとに発給文書・受給文書を通して考察していくことになる。先学の研究においても、佐藤進一氏の『鎌倉幕府守護制度の研究』(29)や伊藤邦彦氏の『鎌倉幕府守護の基礎的研究』(30)が各国守護を検討されているが、各国守護を結びつけた地方統治システムの総体の解明に至っているとは言い難い。同様に六波羅探題や鎮西探題の研究においても、研究の主眼はそれぞれの機関であり、各機関の相互関係が部分的に論じられることがあっても、地方統治システムを総体として捉えるまでには及んでいない。各統治機関を有機的に結びつけ、総体として捉えることは鎌倉幕府による地方統治システムのさらなる解明に求められることである。そこで、第二部では先学の研究を踏まえ、地方統治機関を総体として捉える視点を意識しながら、六波羅探題、鎮西探題、防長守護、奥州惣奉行についての考察を進めるとともに、各機関の相互関係もあわせて考察こととする。

第一章は六波羅探題発給文書を考察の対象とする。

鎌倉幕府の西国統治機関として、承久の乱後、六波羅探題が設置され、蒙古襲来に伴う鎮西探題の設置までの間、尾張・三河以西を管轄圏とした。その六波羅探題の発給文書の中に宛所を「守護代」とするものがある。そこで本章では、この「守護代」宛文書を糸口とし、六波羅探題発給文書の名宛人を通覧することで、六波羅探題管国内における文書伝達経路を確認する。あわせて、そこから浮かび上がる六波羅探題と西国守護との文書行政上の関係を考察し、幕府内における六波羅探題の立ち位置を定義する。守護代をめぐっては外岡慎一郎氏・高橋慎一朗氏の論考があるが、いずれも両使制における守護代の役割を論じられており、文書伝達経路、ひいては守護正員との関係を論じられたものではない。ここでは、使節としてではなく、文書伝達経路における守護代の役割から考察することにする。

第二章は鎮西探題関連文書を考察の対象とする。

鎮西探題に関する先行研究は、石井良助氏・佐藤進一氏・相田二郎氏・川添昭二氏・瀬野精一郎氏・友成和弘氏・村井章介氏ら、その成立時期や訴訟機関に関わるものがほとんどであった。そこで本章では、訴訟機関以外の側面を発給文書・受給文書から検討する。発給文書には寺社への統治関連文書や所領の安堵および配分権限を示す文書などがあり、受給文書としては関東からの命令をうけた文書などが残存している。これらの文書を通して鎮西探題の有する全鎮西におよぶ諸権限を明らかにすると同時に、鎌倉幕府における鎮西探題の立ち位置を考察する。

第三章は防長守護関連文書を考察の対象とする。

建治二年（一二七六）に北条宗頼が長門・周防兼帯で守護に任じられて以降、防長守護は異国警固の重要任務を負って、他国の守護とは一線を画したものと考えられ、「周防・長門探題」と記されたものもある。この「長門探題」という考え方は佐藤進一氏以来定説化しつつあるが、秋山哲雄氏や児玉眞一氏はあくまで守護として捉えるべきとの論考を発表されている。そこで本章では、防長守護の発給文書・受給文書をいま一度通覧し、防長守護が六波羅探題や鎮西探題のような守護の上に立つ広域統括機関、あるいは最終裁断権をもつ訴訟機関としての機能を有するものかどうかを検討し、防長守護が「探題」たりうるものかどうかを考察する。

第四章は奥州惣奉行関連文書を考察の対象とする。

源頼朝は、文治五年（一一八九）の奥州合戦によって奥州藤原氏を滅ぼすと、葛西清重に「陸奥国御家人事」を奉行するよう命じ、翌年の大河兼任の乱後には伊沢家景を陸奥国留守職に任じた。両者は奥州惣奉行と呼称され、陸奥国統治はその子孫に継承されたかのように考えられているが、奥州惣奉行は臨時の職制であるとしたり、後に形骸化したとする説もある。奥州惣奉行が幕府滅亡まで存続したとされるのは入間田宣夫氏・大石直正氏・七海雅人氏・三好俊文氏らであり、臨時的なもので形骸化したとされるのは高橋富雄氏・佐々木慶市氏・佐々木光雄氏・大山喬平氏・今野慶信氏・渡辺哲也氏らである。また、大江広元・北条義時などの陸奥守就任と陸奥国統治の関係や、陸奥国内における北条氏所領の増加の国内統治全般に及ぼす影響なども論じられている。そこで本章では、わずかに残存する関連文書と『吾妻鏡』の関連記事を通覧し、先行研究を再検討することによって鎌倉幕府による陸奥国統治の実態を考察する。

第一部・第二部では発給主体に主眼を置いて文書を通覧するが、第三部では文書の持つ機能に主眼を置くこととする。決して第一部・第二部で機能論的視点をもたずに検討を加えるのではないが、ここでは発給主体や文書様式にこだわらず、鎌倉幕府の根本理念である御恩と奉公の関係を文書上にたどることを試みる。その例として、本来は私文書として御恩受給とは直接的な関係を示さなかった和与状や譲状が、公文書として御恩受給と関連していく、文書の性格変化を文書行政上に位置づけることとする。また、一連の奉公が御恩の受給へと向かう様子を示す軍事関係文書を通覧する。

第一章は、和与と譲与安堵に係る文書を考察の対象とする。

鎌倉時代、訴訟当事者間における妥協によって和与がなされた。幕府は訴訟終結のため、両者よりの和与申請後、和与公認の下知状（和与裁許状）を発給している。同時に和与状には担当奉行人が署判を加えて裏封がなされ、ある時からは日付が付されるようになる。一方、嘉元元年（一三〇三）から譲与安堵の方式が外題安堵に変更されている。和与状・譲状はいずれも私文書であり、和与状に担当奉行人が署判を加え、裏封をすることによって公文書化され、同様に譲状も外題安堵がなされることによって公文書としての性格を有するようになる。そこで本章では、この私文書の公文書化という視点から和与状への裏封と譲状への外題安堵との関係を考察する。

第二章は、軍事関係文書を考察の対象とする。

漆原徹氏の研究に代表されるように、従来、軍事関係文書は南北朝期以降に関して整理・研究がなされてきた。そこで本章では、これを遡らせて鎌倉時代に関しても「機能」の視点から軍事関係文書の分析・整理を行う。鎌倉幕府体制下における、軍勢催促状に始まり、着到状、軍忠状、軍忠の確認のための問状・召文・請文、覆勘状、挙状、感状といった、恩賞給付へと向かう一連の文書を様式や初見の時期などから考察する。文書によっては南北朝期の文書と様式を異にし、その前身と考えられるものもあり、また文書の初見の時期なども鑑みることによって、手続きの発展段階をたどることにもなる。

以上三部十章構成で、鎌倉幕府発給文書および関連文書の検討を通して、鎌倉幕府の行政機関としての文書行政の諸相を考察し、あわせて鎌倉幕府像の再構築を試みるものである。

註

（1）東京堂出版、一九七一年〜一九九五年。

『鎌倉遺文』を活用し、研究を進めていくにあたっての問題点・留意点を瀬野精一郎氏が『『鎌倉遺文』の研究』（東京堂出版、二〇一一年）にまとめられている。

その後、鎌倉遺文研究会編『補遺編・東寺文書　第一巻〜第三巻』（東京堂出版、二〇一一年・二〇一三年・二〇一四年）、菊池紳一編『補遺編・尊経閣文庫文書』（東京堂出版、二〇一六年）が出版されている。

（2）伊木寿一『増訂日本古文書学』（雄山閣出版、一九七六年、初版は一九三〇年、大日本史講座）。

（3）中村直勝『日本古文書学』（角川書店、一九七一年・一九七四年・一九七七年）。

（4）相田二郎『日本の古文書学』（岩波書店、一九四九年・一九五四年）。

（5）佐藤進一『［新版］古文書学入門』（法政大学出版局、一九九七年、初版は一九七一年）。

（6）佐藤進一氏がなされた公式様・公家様・武家様・上申文書・証文類・帳簿類という古文書の分類法に対し、上島有氏は「古文書の様式について」（『史学雑誌』九七編一一号、一九八八年）において、文書の様式分類の枠組みを公式様・下文様・書札様とされている。このような佐藤進一氏の研究の再検討を進める論考が多く発表されている現状を、佐藤雄基氏が『日本中世初期の文書と訴訟』（山川出版社、二〇一二年）において整理されている。本書と関連するものについては各章において示す。

（7）吉川弘文館、二〇一四年。

（8）吉川弘文館、一九八八年。

（9）ここに掲出するものがこの二十年前後の全てではない。あくまで本書と関連し得る一部の論著であることを断っておく。

（10）校倉書房、二〇〇四年。

（11）吉川弘文館、二〇〇〇年。

（12）続群書類従完成会、二〇〇五年。

（13）清文堂出版、二〇一六年。

（14）「六波羅探題発給文書に関する基礎的考察」（『日本史研究』四六〇号、二〇〇〇年）、「六波羅施行状について」（『鎌倉遺文研究』八号、二〇〇一年）、「六波羅における裁許と評定」（『史林』八五巻六号、二〇〇二年）、「六波羅・守護体制の構造と展開」（『日本史研究』四九一号、二〇〇三年）、「六波羅探題任免小考─『六波羅守護次第』の紹介とあわせて─」（『史林』八六巻六号、二〇〇三年）、「六波羅探題考」（『史学雑誌』一一三編七号、二〇〇四年）。

（15）八木書店、二〇〇六年。

(16) 吉川弘文館、二〇〇一年。
(17) 吉川弘文館、二〇〇八年。
(18) 校倉書房、二〇〇七年。
(19) 塙書房、二〇〇四年。
(20) 吉川弘文館、一九九六年。
(21) 吉川弘文館、二〇〇六年。
(22) 校倉書房、一九九一年。
(23) 校倉書房、一九九六年。
(24) 山川出版社、二〇一二年。
(25) 校倉書房、二〇一六年。
(26) 近藤成一氏も「文書様式の変化は制度の変化を反映しているに違いない。ならば文書様式の変化を追究することによって制度の変化、さらにはその根底にある政治構造の変化を探り当てることができるのではないか」と論じられている（「鎌倉幕府裁許状の事書について」〈皆川完一編『古代中世史料学研究下巻』吉川弘文館、一九九八年〉、「鎌倉幕府裁許状再考」〈『東北中世史研究会会報』第一九号、二〇一〇年〉の一部を追記に使用）、のち近藤成一前掲著書）。拙論を補強するものと言えよう。
(27) 唯一、近藤成一氏の「文書様式にみる鎌倉幕府権力の転回―下文の変質―」（『古文書研究』第一七・一八合併号、一九八一年。のち近藤成一前掲著書）が［補注六］としてあげられている。
(28) 『岩波講座　日本歴史　別巻2』（岩波書店、一九七六年）。のち、『日本中世史論集』（岩波書店、一九九〇年）。
(29) 東京大学出版会、一九七一年。
(30) 岩田書院、二〇一〇年。

第一部　関東発給文書

第一章　将軍家下文の変化

はじめに

鎌倉幕府発給による公文書のうち永続的効力を有する文書の中心は、その初期段階においては下文、のち執権政治の進行に伴って下知状へと移行していった。その移行過程を近藤成一氏が詳細に論じられている(1)。近藤氏はその論考の中で、下文の宛所に着目し、鎌倉時代を通して宛所は、佐藤進一氏が想定された「在地住人宛所型」から「宛所空白型」を経て「受給者宛所型」へと変化していくのではなく、「在地住人宛所型」から「受給者宛所型」を経て「宛所空白型」へと変化していくとされた。近藤氏の論証は、下文と下知状の関係を詳細な表に示され、その関係から文書様式の推移を追ったものであり、結果、佐藤氏の想定を事実誤認とした、首肯しうるものであった。

次に示す史料はそれぞれの典型的な例である。

〔史料一〕(2)（「在地住人宛所型」）

将軍家政所下　相模国南深沢住人

補任地頭職事

平宗実

右人、補任彼職之状、所仰如件、住人宜承知、勿違失、以下、

建久三年（一一九二）十月廿一日　　案主藤井（俊長）（花押）

令民部少丞藤原（二階堂行政）（花押）　　知家事中原（光家）（花押）

別当前因幡守中原朝臣（大江広元）（花押）

前下総守源朝臣（邦業）

〔史料二〕(3)（「受給者宛所型」）

将軍家政所下　平時茂

可令早領知相模国南深沢屋敷并手作四至堺見譲状・越後国奥山庄内政所条・黒河条等地頭職事、

右人、任母堂参通譲状嘉禎四年四月四日弐通、仁治二年四月十七日壱通、并兄弟等天福二年（一二三四）十一月八日和与状、為彼職可令領知之状、所仰如件、

以下、

仁治二年（一二四一）五月一日　　案主左近将曹菅野

令左衛門少尉藤原（二階堂行綱）（花押）　　知家事弾正忠清原（花押）

別当前武蔵守平朝臣（北条泰時）（花押）

主計頭中原朝臣（師員）（花押）

前美濃守藤原朝臣（親実）

前陸奥守源朝臣（足利義氏）

前甲斐守大江朝臣（長井泰秀）

武蔵守平朝臣（大仏朝直）

散位藤原朝臣（安達義景）（花押）

〔史料三〕(4)（「宛所空白型」）

将軍家政所下

可令早平義頼領知相模国南深□（澤）郷津村内田在家、越後国奥山□（庄）内飯積・石曽祢・赤河・築地・御宝殿・羽黒・鼓岡・村松・今市、阿波国勝浦山地頭職事

右、任祖父時茂法師法名道円去年十一月五日譲状、可致沙汰之状、所仰如件、以下、

弘安元年（一二七八）五月十八日　　案主菅野

令左衛門少尉藤原（二階堂行忠）　　知家事

別当相模守平朝臣（北条時宗）（花押）

右の史料一から三はいずれも「出羽中条家文書」に見られる一連の手継証文中の将軍家政所下文である。特に史料二の宛所に記された「平時茂」からの譲与を史料三で安堵しており、この二通の宛所を見ることによっても、政所下文の宛所が「受給者宛所型」から「宛所空白型」へと変化していったことがわかる。

さて、この近藤氏の論旨は「受給者宛所型下文」から「宛所空白型下文」への変化と下知状との関係、さらにその下文と下知状の関係に反映された鎌倉幕府権力の転回であり、「宛所空白型下文」の登場に関しては詳説されてはいるものの、「受給者宛所型下文」に関しては、頼経御判下文期に登場し宗尊政所下文期を最後に消滅したこと、この間「在地住人宛所型下文」と併用されたこと、「職の観念の変化」によって登場したことを指摘するにとどまり、「宛所空白型下文」の起源を求めたような詳細な論証ではなかった。

佐藤進一氏は「在地住人宛所型下文」の宛所に関し、「職の補任をあくまで古代の官職の任命とみなして、その任

命を在地の者に告知するという古い形式をそのまま踏襲してきたわけである。しかるに職の補任が実質的には所領給付を意味するという傾向は、鎌倉幕府の地頭設置およびその後の御家人に対する所職恩給制の発達によって著しく促進され、職補任の下文の宛所に在地の住人を書き入れるということは全く形式的なものになってしまう」と位置づけられた。さらに「宛所を省いてこの部分を空白にするのは、そうした点に関する自覚の表れだと考えられる。さらにこの自覚が徹底すると当然、実際その職に補任される、職を給与される人の名が書かれることになる」とされ、「宛所空白型」・「受給者宛所型」の登場を説明し、「一つには職そのものの性格とこれに対する当時の人々の観念が変わったことを表すものであり、また一方には武家が公家文書の様式を模倣しつつも、次第に自分独自のものを形成してゆく過程を示すものとしても注目すべき点だ」とされた。近藤氏は佐藤氏の所説に対し、「宛所空白型」と「受給者宛所型」の表れる順番が逆であることを論証されたが、「在地住人宛所型から受給者宛所型への転換に職の観念の変化を想定されたことは正鵠を射たことであった」と評価され、「在地住人宛所型下文」を「職の補任の観念を反映し」、「受給者宛所型下文」・「宛所空白型下文」を「職の給与の観念を反映している」ものとされたのである。しかし、この点に関する近藤氏の論証は「職の補任の観念」・「職の給与の観念」を実証的に説かれるものではなく、不完全なものと言わざるを得ない。つまり「補任」・「給与」と指摘されてはいるものの、そこでは「補任」と「給与」の「観念」の差をどう捉えるべきなのか、ひいては「職の観念の変化」と「受給者宛所型下文」登場の必然性とがどのように結びついているのかの具体的な論証がなされていないのである。そしてそこには「受給者宛所型下文」の登場を「職の観念の変化」では捉えることができないのではないかという疑問さえおこってくるのである。

近藤氏は「受給者宛所型下文」の登場を「職の観念の変化」で捉える一方、下文が「宛所空白型」で「完成することは、職の観念の変化によって説明されることではなく、別の考察が必要である」と説かれる。氏は「受給者宛所型下文」から「宛所空白型下文」への転換に下知状の介在を指摘され、政所下文への署判が執権・連署だけになることは「下文が下知状と同じ手続きで発給される事」を意味し、「宛所空白型下文」の成立は「下文が変質し下知状と同質化したことを様式の上で示すもの」と結論づけられている。私は「受給者宛所型下文」の登場もまた「職の観念の変化」という抽象的なもので捉えるのではなく、近藤氏が「宛所空白型下文」で考察されたように、別に起源を求めるべきではないかと考える。そこで本章では、この「受給者宛所型下文」登場の起源に関して、以下考察を加えていくこととする。

一　「在地住人宛所型下文」と「受給者宛所型下文」の併用

まず宛所に注目してみることにする。

『鎌倉遺文』より政所下文を通覧し、作成したものが表1(5)（以下、「表」は章末参照）である。

建久三年（一一九二）六月二日付文書（表中2号文書）を初見とし、貞永元年（一二三二）閏九月四日付文書（表中51号文書）までの四十八通は「在地住人宛所型」である。ただし、1号文書は所当物弁済を捧紀五近永に命じた文書、27号文書は惟宗忠久を薩摩・大隅両国守護職に任命した文書であり、どちらも「受給者宛所型」となっているが、この二通に関しては黒川高明氏(6)・湯田環氏(7)がすでに偽文書と断定されたり、その可能性を論じられており、これに従いたい。38号文書は同じ「能登中井家文書」に「建暦二年」九月十三日付の同文の写しが有り(8)、建暦二年（一二一二）九月十三日付で事書が多少異なる「尾張真継家文書」(9)とともに「検討を要す」とされていることから、ここでは考察の対象から外すことにする。また、33・34・48号文書はいずれも宛所部分を欠いた前欠文書であり、宛所不明ではあるが、前後関係より、「在地住人宛所型」と考えたい。

その後、貞永元年（一二三二）十一月十三日付文書（表中52号文書）の宛所に受給者が記されて以降、「受給者宛所型」への移行が想定されるのであるが、近藤氏が「宛所空白型」の初めて現れたとされる文永七年（一二七〇）末以前の六十九通の中に「在地住人宛所型」が二十七通含まれており、その最後の120号文書は「宛所空白型」の現れる前、最後のものである。この二十七通という数はとても例外として処理できるものではない。つまり、「受給者宛所型」と「在地住人宛所型」とは同時期に併用されているのであり、「受給者宛所型」の登場は「在地住人宛所型」に替わるものではなく、別の所に理由を求めなくてはならないのである。この併用という点に関しては近藤氏も指摘されてはいるが、その併用理由を論証されてはいない。

「受給者宛所型下文」の初見を貞永元年（一二三二）十一月十三日付文書とし、ここに一つの時期区分を想定してみたが、近藤氏は頼経御判下文期を「受給者宛所型」の登場期とされ、事実、頼経御判下文を通覧すると嘉禄三年（一二二七）二月十二日付文書（表9中5号文書）が「受給者宛所型下文」の初見である。そこで、まず、御判下文・「下」で始まる下知状を整理し、政所下文を加えて時期区分に関して検討することとする。

さて「下」で始まる下知状とは、文書冒頭部が下文と同様「下」で始まり、書止文言が「下知如件」あるいは「下知如件、以下」となっている文書のことで、[10]下文の要素と下知状の要素を併せ持つ文書として、下文の範疇で捉えるべきか、下知状として考えるべきか評価の分かれる文書である。[11]ここでは両者の要素を併せ持つことより、仮に「中間様式文書」と呼ぶこととするが、下知状と中間様式文書をその発給時期・署判者・内容・発給対象地域・対象地の本所・文書受給者の各項目から相違点を検討した結果、いずれにおいても両者間に明確な相違点を見出し得ず、よって中間様式文書を下知状の範疇で私は考えている。この点に関しては第二章において詳説する。しかし本章では「下」

の後の宛所に注目している関係上、この様式の文書も考察の対象とした。

表2[12]・表3[13]・表4[14]は頼朝御判下文・頼家御判下文・実朝御判下文の一覧表である。頼朝御判下文は、黒川高明氏が「検討ノ要アリ」とされる文書を除くと、若干の例外は見られるが、基本的には「在地住人宛所型」であり、頼家御判下文・実朝御判下文はいずれも「在地住人宛所型」である。表5[15]・表6に示した時政発給中間様式文書・政所職員連署発給中間様式文書もまた「在地住人宛所型」である。そうした中、次の表7[16]に示した泰時・時房連署の中間様式文書に至り、十七通中一通ではあるが「受給者宛所型」が確認される（表7中8号文書）。執権泰時期は、嘉禄元年（一二二五）末の頼経元服以降、下文と下知状が併用されており、この「受給者宛所型」中間様式文書の確認される安貞二年（一二二八）を表9[17]に示した頼経御判下文と比較・検討してみると、頼経御判下文中に「受給者宛所型」が登場した嘉禄三年（一二二七）の翌年にあたる。つまり、頼経御判下文の登場、下文・下知状併用期に至って、下文の宛所に変化がみられ、「在地住人宛所型」に加え「受給者宛所型」が登場し併用されるようになるのである。この点に関しても近藤氏の指摘されるとおりであった。そのため泰時・時房連署の中間様式文書にも「受給者宛所型」が使用されたのである。ちなみに、頼経御判下文は十九通のうち十二通が「受給者宛所型」であり、七通が「在地住人宛所型」である。また表8に示した経時発給中間様式文書は残存数がわずかに一通だが「在地住人宛所型」であり、表10[18]頼嗣御判下文には「在地住人宛所型」が十一通、「受給者宛所型」が九通見られる。

「受給者宛所型」政所下文の登場を表1中52号文書とし、それ以前を「在地住人宛所型」としたが、以上の確認より、表1中49号文書が将軍実朝期最後の政所下文、次の50号文書が将軍頼経期最初の政所下文であることより、50号文書以降が「受給者宛所型」と「在地住人宛所型」との併用期といえる。つまり、「宛所空白型」へと変化するまでの併用期七十一通中、「在地住人宛所型」二十九通、「受給者宛所型」四十一通、例外と考えられる「宛所空白型」一通となるのである。さらに、これらに頼経御判下文・頼嗣御判下文を加えると、百十通中、「在地住人宛所型」四十七通、「受給者宛所型」六十二通、「宛所空白型」一通となる。

二 「受給者宛所型下文」と安堵対象地

さて、前節においては近藤氏の指摘を筆者なりに再検討してきたが、本節ではいかなる場合に「受給者宛所型」が用いられたのかを具体的に考察していくことにする。

表1より併用期における「受給者宛所型下文」の内容を通覧してみると、四十一通中じつに三十七通が譲与安堵である。残る四通のうち、54号文書は守護職補任状であり、ここでは例外と考えたいが、(19)73号文書は不忠によって没収された舎弟能勢蔵人の跡地の地頭職に兄源頼仲が補任されたものであり、89号・90号文書の二通は亡父親高の未処分地が建部宗親・親高五女字地蔵にそれぞれ配分される配分状である。この三通はいずれも一族内の所領をあつかったものであり、安堵概念の中で捉えるべきものである。つまり、四十通すべてが安堵に関するものなのである。一方、同時期の「在地住人宛所型下文」は所領所職給与に関するものが二十九通中十一通、安堵に関するものが十八通であった。

さらに頼経御判下文・頼嗣御判下文を見てみると、「受給者宛所型」はすべて安堵に関するものであり、「在地住人宛所型」は給与が八通、安堵が九通、そして地頭職停止が一通であった。

つまり政所下文も御判下文もともに「受給者宛所型下文」は安堵をあつかったものなのである。しかし、「在地住人宛所型下文」にも安堵をあつかったものが存在し、この間の差異を検討しなくてはならない。

そこで、表中の「事書内の受給地・受給者」欄に注目してみると、「受給者宛所型下文」の安堵の対象地の多くが複数であることに気がつく。中には安堵対象地が一ヵ所の場合もあるが、これに対して、一通の「在地住人宛所型下文」の宛所に複数の対象地が記されることは少なく、(20)特に「受給者宛所型下文」との併用期に至っては皆無である。ここにその差異を想定することができる。

実朝期までの政所下文はいずれも「在地住人宛所型」であったが、その宛所をもう一度検討してみると、次に示す史料四のように、複数の荘園・在地を対象とした場合でも必ず同一国内であり、複数の国にまたがる場合は政所下文自体が複数通発給されていた。

〔史料四〕(21)

将軍家政所下　信濃国高井郡内中野西条并櫁山住人

補任地頭職事

藤原助広

右人、補任彼職之状、所仰如件、住人宜承知、勿違失、以下、

建久三年（一一九二）十二月十日　　案主

令民部少丞藤原（二階堂行政）（花押）　　知家事中原（光家）（花押）

別当前因幡守中原朝臣（大江広元）（花押）

次の史料五は、平宗実を越後国奥山庄地頭職に補任した政所下文であるが、先に示した史料一は同じ平宗実を相模国南深沢郷地頭職に補任した同日付け政所下文であった。このことより、越後国・相模国と、国が複数におよぶ場合は国ごとに政所下文が発給されていたことがわかる。

〔史料五〕[22]

将軍家政所下　越後国奥山庄官等

補任地頭職事

平宗実

右人、補任彼職之状、所仰如件、庄官等宜承知、勿違失、以下、

建久三年（一一九二）十月廿一日　案主藤井（俊長）（花押）

令民部少丞藤原（二階堂行政）（花押）　知家事中原（光家）（花押）

別当前因幡守中原朝臣（大江広元）（花押）

前下総守源朝臣（邦業）

ところが「受給者宛所型下文」では、史料二に示したごとく、一通の政所下文の事書内に複数の国の所領が記され、安堵されるのであり、複数の在地が同一国内である場合にも事書内に記され、実朝期までの「在地住人宛所型下文」のように宛所に示されることはなくなるのである。

つまり、複数の所領・在地に関する安堵文書として「受給者宛所型下文」が登場し、用いられたのである。

三　「受給者宛所型下文」の起源

前節までの論証をいま一度まとめてみると、

①「受給者宛所型下文」の登場は、「在地住人宛所型下文」に替わるものではなく、「受給者宛所型下文」と「在地住

人宛所型下文」は併用されていること。

②「受給者宛所型下文」の登場は、頼経御判下文の登場時期、下文と下知状が併用され、下文の用途が所領・所職の給与と譲与安堵に限定される時期にあたっていること。

③「受給者宛所型下文」は安堵文書に用いられ、安堵対象地が複数の場合は必ず「受給者宛所型下文」が用いられていること。

以上三点が確認された。この確認事項をもとに本節では「受給者宛所型下文」登場の起源に関し、考察することとする。

御家人は鎌倉殿と主従関係を結ぶことによって、「懸命」の地、本領を安堵され、さらに合戦における勲功の賞などによって新恩を給与されて所領を獲得・拡大していった。ここに鎌倉時代に多く見られる散在所領が形成されるのである。この所領群はやがて御家人からその後家や子息・女子に分割相続されていくのであるが、その際に、一人に譲与される所領が数ヵ所におよぶ場合が当然出てくる。次にその一例を示す。

〔史料六〕(23)

譲渡　所領等事

合参箇所

壱所　在下野国東真壁郡内五箇郷内四箇郷鮎田　小井　藤和　坂井　□

副渡　故鎌倉右大将殿親父故筑後入道給御下文同親父知幹譲状

壱所　在能登国若山庄

副渡　故鎌倉右大臣殿給親父故筑後入道御下文并故親父知幹譲状

壱所　在紀伊国賀太庄

副渡　権大夫殿御奉行御下文幷給知宣安堵御下文一通

右、件所領等、相副御下文幷父祖譲状、所譲与子息藤原知盛実正也、存此旨、可相伝領掌之状如件、

建長八年（一二五六）三月十五日　左衛門尉知宣（花押）

右の史料六は、藤原（茂木）知宣が一連の手継証文をそえて、子息藤原（茂木）知盛に下野国東真壁郡内四箇郷・能登国若山庄・紀伊国賀太庄を譲与した譲状である。これを受けて幕府は次の政所下文を発給している。

〔史料七〕[24]

将軍家政所下　藤原知盛

可令早領知下野国東真壁郡内四箇郷鮎田除女子分・小井土・藤和・坂井、能登国若山庄除女子分、但一期之後者、可伝領之由載譲状、紀伊国賀太庄等地頭職事、

右、任亡父左衛門尉知宣法師法名空然建長八年（一二五六）三月十五日譲状、于時在俗、在公事幷可伝領子細等、且守先例、可致沙汰之状、所仰如件、以下、

正嘉二年（一二五八）十二月二日　案主清原

令左衛門少尉藤原　知家事清原

別当相模守平朝臣（北条政村）（花押）

武蔵守平朝臣（北条長時）（花押）

先に確認したことではあるが、将軍頼経期以降、数ヵ国におよぶ所領の譲与安堵には「受給者宛所型下文」が用いられる。史料七も三ヵ国に散在する所領の譲与安堵の下文であり、例に倣って「受給者宛所型下文」が用いられている。この数ヵ国におよぶ所領の譲与安堵を一通の下文で行うということは、実朝期までの「在地住人宛所型」には決

して見出せないものである。「在地住人宛所型」は本来、在地の住人らにその職に補任された者が誰であるかを告知するものであり、そこに複数の在地が記されることは有り得ないはずであった。地頭職補任文書ではあるが、史料一・史料五をもって確認したように国ごとに政所下文が発給されていたのである。ところが、数ヵ国におよぶ散在所領を有する御家人が子息等への譲与に際し、一通の譲状に数ヵ所の所領を記して譲与の意を示すようになり、その譲状をもっての譲与安堵申請に対して幕府が示したものが「受給者宛所型」であったのである。一通の譲状に対し、一通の政所下文で応える場合、「在地住人宛所型」では不可能が生じ、形式的な宛所から実質的な宛所への変更が余儀なくされたのである。そしてその変更を可能にしたものが、その当時の文書行政の変更であったと考えるのである。

頼家を廃し、実朝を擁立した時政、幼い三寅を擁した義時、義時の後継者泰時・時房、いずれもが下文の発給され得ない時期にその代用文書として下知状を発給していた。そして、この時期すでに形成されていた数ヵ国におよぶ散在所領の譲与安堵申請に対して幕府は一通の下知状で応えていたのである。

〔史料八〕(25)

譲与

所領弐箇所事

壱所　豊後国内大野庄地頭職

壱所　相模国大友郷地頭郷司職

副渡　関東御下文親父掃部頭入道譲状以下具書等

右、件所領等、賜関東御下文、年来之間、無相違所領掌之来也、而女房平氏為数子母堂之上、依為年来之夫婦、相副証文等、限永年所譲渡也、早任譲状、無相違可令領掌也、敢不可有他妨、仍為後日之証文、譲状如件、

前豊前守藤原朝臣在判

貞応二年（一二二三）十一月二日

〔史料九〕[26]

可早以前豊前守能直朝臣後家尼、為相模国大友郷司地頭并豊後国大野庄地頭職事

右人、任譲状、為彼職、守同知行之例、可致沙汰之状、任仰下知如件、

貞応三年（一二二四）四月廿四日　前陸奥守平（北条義時）在御判

右の史料八は、大友能直が一連の手継証文をそえて、豊後国大野庄地頭職と相模国大友郷地頭郷司職を女房に譲与した譲状である。幕府はこれをうけて、史料九に示した義時発給による下知状で譲与安堵を行っている。つまり二ヵ国に散在する所領所職の譲与に関して幕府は一通の下知状で安堵を行っていたのである。管見の限りでは承久四年（一二二二）二月二十一日付文書[27]を初見とし、数ヵ国におよぶ所領が記された一通の譲状が散見されるようになり、また、数ヵ国におよぶ所領の譲与安堵を行った下知状も残存している。

その後三寅が元服し頼経と名乗り、さらに将軍宣下を蒙るに至って、ここに下文が復活し、下知状はその役目を終わるはずであった。しかし、本来下文の代用文書に過ぎなかった下知状は下文の用途を限定し、発給され続けるのである。下文は所領所職の給与と譲与安堵にその機能が限定されてしまう。下知状の発達と執権政治の進展を結びつけて考えることは従来からの通説であり、下文と下知状が併用されるようになるこの時期は当然執権主導による権限の奪取がなされていたのであるが、反面裏を返せば、幼い頼経を将軍として戴かざるを得なかったこと、下文が復活せざるを得なかったことは将軍の有する主従制的支配権を執権が完全には奪い得ていなかったことをも表している。工藤勝彦氏が示されたように[28]、義時署判の下知状によって成された安堵を頼経御判下文によって再確認していることはこのことを端的に物語っているといえよう。

さて、こういった時期における「受給者宛所型下文」の登場を「職の観念の変化」と抽象的に捉えるよりも、御家人側からの譲与安堵要請に対する執権側の現実的対応と理解すべきであると私は考える。下知状の存続というかたちでの統治権的権能の将軍よりの分離・奪取、そのことによる下文・下知状併用という幕府政治変動期に、それ以前に一通の下知状によって処理されていた数ヵ国におよぶ譲与安堵体制をうけて、実質的所領領有権者を宛所としてまず文書上に明示しようという方向性が生まれてきた。つまり、前代における下知状に対応すべく、一通の下文で数ヵ国におよぶ散在所領の安堵を行うには、「在地住人宛所型下文」ではその宛所様式から必然的に不可能が生じ、新しい文書様式の開発が必要となり、ここに「受給者宛所型下文」が登場するのである。幕府は下文・下知状併用という文書行政上の変更に乗じ、前代の下知状の事書内から実質的文書「受給者」を宛所として示す新しい型の下文、「受給者宛所型」を開発し、使用するようになったのである。これが「受給者宛所型下文」登場の起源であると考える。

ただしこの方向性は完全なる移行にまでは進まず、「受給者宛所型」と「在地住人宛所型」の併用にとどまり、一ヵ所の所領を対象とするものには従前どおりの「在地住人宛所型」が用いられた。下知状の影響を受けて開発された「受給者宛所型下文」の使用は執権権力の進展を示すものではあるが、その一方で「在地住人宛所型下文」という旧来の型式の下文を併用しているということは将軍を完全には凌駕できなかったこの時期の執権を端的に表現しているように思われる。

註

（1）近藤成一「文書様式にみる鎌倉幕府権力の転回―下文の変質―」（『古文書研究』第一七・一八合併号、一九八一年。のち『鎌倉時代政治構造の研究』校倉書房、二〇一六年）。本論中の近藤氏の説はこの論文によっている。
また、これに先立ちすでに佐藤進一氏が『古文書学入門』（法政大学出版局、一九七一年。新版一九九七年）において、「下知状の発生と盛行は全く北条氏執権政治の発生発展と照応するといってよい」と位置づけられている。本論中の佐藤氏の説はこの著書によっている。

近藤氏、佐藤氏ともに「充所」と記されているが、本書では「宛所」で記す。

（2）「出羽中条家文書」（『鎌倉遺文』六三〇号）。

（3）「出羽中条家文書」（『鎌倉遺文』五八二七号）。

（4）「出羽中条家文書」（『鎌倉遺文』一三〇四七号）。

（5）建久三年（一一九二）月日付「関東開闢皇代并年代記」（『鎌倉遺文』五九七号）は雛形だけであるので省略した。

建久六年（一一九五）五月日付「筑後大友文書」（『鎌倉遺文』七九一号）・建久六年（一一九五）五月日付「豊前益永文書」（『鎌倉遺文』七九二号）は偽文書とされているので省略した。

「薩摩大井家文書」『鎌倉遺文』一九一六号と二〇三六号は日付の推定が異なるだけなので一九一六号だけを掲出した。

「肥前小鹿島文書」『鎌倉遺文』五三三二号は後欠文書で発給日が不明であり、仁治元年（一二四〇）閏十月十三日付五六四八号と同内容の文書であるので後者だけ掲出した。

弘安三年（一二八〇）十月十八日付「丹波片山文書」『鎌倉遺文』一四一四一号は一四一四〇号の仮名書き案文であるので省略した。

建久二年（一一九一）二月二十一日付「信濃下諏訪神社文書」（『鎌倉遺文』五一一号）・建久三年（一一九二）六月二日付「肥前松浦山代文書」（『鎌倉遺文』五九三号）・建久三年（一一九二）六月三日付「正閏史料外編一」（『鎌倉遺文』五九四号）・建久三年（一一九二）八月二十二日付「下野茂木文書」（『鎌倉遺文』六〇八号）・建久三年（一一九二）十一月十一日付「大宰管内志宇佐宮記」（『鎌倉遺文』六三七号）・建久四年（一一九三）三月七日付「陸奥塩釜神社文書」（『鎌倉遺文』六六一号）・建久四年（一一九三）六月九日付「土佐香宗我部家傳證文」（『鎌倉遺文』六七一号）・建久四年（一一九三）九月四日付「薩藩旧記一入来本田家文書」（『鎌倉遺文』六八三号）・建久五年（一一九四）八月十九日付「筑前大倉氏採集文書豊田家文書」（『鎌倉遺文』七三八号）・建久七年（一一九六）七月十二日付「肥前青方文書」（『鎌倉遺文』八五六号）・建久八年（一一九七）十二月三日付「島津家文書」（『鎌倉遺文』九五〇号）を黒川高明氏は『源頼朝文書の研究　史料編』（吉川弘文館、一九八八年）において「検討ノ要アリ」とされ、『源頼朝文書の研究　研究編』（吉川弘文館、二〇一四年）において建久二年（一一九一）二月二十一日付「信濃下諏訪神社文書」・建久三年（一一九二）

六月二日付「肥前松浦山代文書」・建久三年（一一九二）六月三日付「正閏史料外編一」・建久三年（一一九二）八月二十二日付「下野茂木文書」・建久三年（一一九二）十一月十一日付「大宰管内志宇佐宮記」・建久八年（一一九七）十二月三日付「島津家文書」の検討点を詳説されている。建久三年（一一九二）六月二日付「肥前松浦山代文書」に関して、黒川高明氏の指摘を受けて、瀬野精一郎氏がこの文書中に三ヵ所の部分的改竄があることを確認されている（「松浦党関係史料補遺」〈『歴史の陥穽』吉川弘文館、一九八五年、初出『西南地方史研究』二、文献出版、一九七八年〉）。ただしこのことによって本論考の要旨が左右されるものではない。

（6）黒川高明前掲著書。

（7）湯田環「鎌倉幕府草創期の政務と政所」（『お茶の水史学』二九、一九八六年）。

（8）建暦二年（一二一二）九月十三日付「能登中井家文書」（『鎌倉遺文』一九四二号）。

（9）建暦二年（一二一二）九月十三日付「尾張真継家文書」（『鎌倉遺文』一九四三号）。

（10）それぞれの例を次に示す。

下　加賀国井家庄地頭代官所
　可早且停止自由狼藉、且致撫民計、従領家御下知事、
右、当御庄者、重役異他御庄也、而地頭代官以新儀非法為業之間、土民不安堵、公物難済之由、有其訴、早停止自由之狼藉、任先例可致沙汰之状、依鎌倉殿仰、下知如件、
　元久二年（一二〇五）六月五日
　　　　　　　　　　　　　　　　遠江守平（北条時政）（花押）
　　　　　　　　　　　　　　　　　　「尊経閣所蔵文書」（『鎌倉遺文』一五五〇号）

下　相模国南深沢郷住人
　可早任故和田三郎宗実譲状、以高井太郎重茂為地頭職事、
右人、相具故大将殿御下文等、給田拾伍町、自彼宗実手所譲得也者、任其状可為地頭職者、依鎌倉殿仰、下知如件、以下、
　元久二年（一二〇五）二月廿二日

遠江守平（北条時政）（花押）

「出羽中条家文書」（『鎌倉遺文』一五一九号）

(11) 下文の範疇で捉える論考としての代表的なものに五味文彦「源実朝—将軍親裁の崩壊—」（『歴史公論』五巻三号、一九七九年、のち同氏著『吾妻鏡の方法』吉川弘文館、一九九〇年）、湯山賢一「北条義時執権時代の下知状と御教書」（『國學院雑誌』八〇巻一一号、一九七九年、のち日本古文書学会編『日本古文書学論集5　中世Ⅰ』、吉川弘文館、一九八六年、湯山賢一第一論文）、同「北条時政執権時代の幕府文書」（小川信編『中世古文書の世界』吉川弘文館、一九九一年、湯山賢一第二論文）、杉橋隆夫「鎌倉執権政治の成立過程—十三人合議制と北条時政の「執権」職就任—」（御家人制研究会編『御家人制の研究』吉川弘文館、一九八一年、のち日本古文書学会編『日本古文書学論集5　中世Ⅰ』、吉川弘文館、一九八六年）、菊池紳一「北条時政発給文書について—その立場と権限—」（『学習院史学』一九号、一九八二年）、青山幹哉「「御恩」授給文書様式にみる鎌倉幕府権力—下文と下知状—」（『古文書研究』第二五号、一九八六年）の諸氏の論考がある。

一方、下知状の範疇で捉える論考としての代表的なものには、相田二郎『日本の古文書』上（岩波書店、一九四九年）、佐藤進一前掲著書、近藤成一前掲論文、瀬野精一郎「鎌倉将軍家下知状」（『国史大辞典』第三巻、吉川弘文館、一九八三年）、折田悦郎「鎌倉幕府前期将軍制についての一考察」下（『九州史学』七七号、一九八三年）、仁平義孝「鎌倉前期幕府政治の特質」（『古文書研究』第三一号、一九八九年）の諸氏の論考がある。

(12) 『吾妻鏡』所収文書、および『鎌倉遺文』において偽文書とされている文書は省略した。

(13) 正治二年（一二〇〇）十一月九日付「下野皆川文書」『鎌倉遺文』一一六六号は、「松田福一郎所蔵文書」として補三六八号に重複掲載されている。

(14) 元久二年（一二〇五）八月二十三日付「常陸鹿島神宮文書」（『鎌倉遺文』一五七四号）は奥上署判。

元久二年（一二〇五）八月二十三日付「常陸鹿島神宮文書」（『鎌倉遺文』一五七四号）と建暦三年（一二一三）五月九日付「二階堂氏正統家譜五」（『鎌倉遺文』補六〇六号）を黒川高明氏は『源頼朝文書の研究　史料編』において「検討ノ要アリ」とされている。

(15) 元久二年（一二〇五）正月九日付「肥前伊万里文書」（『鎌倉遺文』一五一七号）は「肥前国宇野御厨内伊万里浦并津吉嶋両所」という宛所が冒頭部に示され、事書で始まる一般的な下知状とは異なっている。湯山賢一氏（湯山賢一第二論文）・青山幹哉氏（前掲論文）がいわれるように、案文のため冒頭部の「下」が脱落したもの、本来は中間様式文書であったと推察される。ただし表には掲出していない。この文書を中間様式文書とすることによっても論旨には何ら影響するものではない。

(16)　寛喜四年（一二三二）四月十七日付「山城賀茂別雷神社文書」（『鎌倉遺文』四三〇九号）は『鎌倉遺文』では冒頭部が「下　丹波国私市庄務事」となっているが、写真版には「下」の文字はなく、また事書で始まっているので下知状様式の文書と考えられる。そのため表には掲出していない。

(17)　嘉禄二年（一二二六）二月二十六日付「神主大伴氏文書」（『鎌倉遺文』三四六六号）と寛喜元年（一二二九）十一月二十六日付「相模円覚寺文書」（『鎌倉遺文』三九〇三号）はともに「下　宛所」が記されていないので掲出していない。嘉禄三年（一二二七）十月十日付「島津家文書」（『鎌倉遺文』三六七一号）は三六七〇号の案文であるので省略した。『鎌倉遺文』三八六七号は、寛喜元年（一二二九）十月六日付「新編伴姓肝属氏系譜」（『鎌倉遺文』三八七五号）より、寛喜元年（一二二九）九月五日付発給の下文であると考えられる。

(18)　「長府毛利家文書」『鎌倉遺文』六七五八号は後欠文書であるが、付箋に「寛元四年（一二四六）十一月三日」と記されていることからここに掲出した。建長元年（一二四九）十一月二十九日付「出雲北島家文書」（『鎌倉遺文』七一四三号）と建長二年（一二五〇）三月二十八日付「相模覚園寺文書」（『鎌倉遺文』七一八九号）はともに「下」の部分が欠けてしまったと思われるが、ここでは掲出した。建長元年（一二四九）十二月十六日付「信濃諏訪神長官家文書」（『鎌倉遺文』七一五〇号）は宛所が事書であり、文書様式上疑問がもたれるので掲出していない。

(19)　54号文書は藤原親実を安芸国守護職に補任した文書である。藤原親実を安芸国守護職に補任した理由については、佐藤進一氏が『増訂　鎌倉幕府守護制度の研究』（東京大学出版会、一九七一年）で厳島社造営と関係あるものとされている。これに従いたい。よって所領に係ることではないので、ここでは例外とした。

(20)　宛所に複数の在地が記されている場合でも必ず同一国内であり、複数の国にまたがるものはない。
元仁二年（一二二五）正月一日付「吉川家文書」（『鎌倉遺文』三三三五号）の宛所には、駿河と播磨の二ヵ国が記されているが、その冒頭部は「下　駿河国木河并播磨国福井庄地頭職事」となっており「下」に続く宛所部分が事書となっていて、文書様式としては疑わしいものである。青山幹哉氏も前掲論文において同様の指摘をされている。そこでこの文書は検討を要する文書として、本論においては考察対象外とした。

(21)「出羽市河文書」(『鎌倉遺文』六四五号)。
(22)「出羽中條家文書」(『鎌倉遺文』六三一号)。
(23)「秋田藩採集文書茂木文書」(『鎌倉遺文』七九七六号)。
(24)「下野茂木文書」(『鎌倉遺文』八三一八号)。
(25)「肥後志賀文書」(『鎌倉遺文』三一七一号)。
(26)「肥後志賀文書」(『鎌倉遺文』三三二六号)。
(27)「下野茂木文書」(『鎌倉遺文』二九二七号)。
本文史料六中「親父知幹譲状」は本文書を指していると思われる。
(28)工藤勝彦「九条頼経・頼嗣将軍期における将軍権力と執権権力」(『日本歴史』五一三号、一九九一年)。

表1　将軍家政所下文一覧

	年月日	宛所	事書内の受給者・受給地	内容	出典	遺文番号	
1	建久二年（一一九一）二月二十一日	捧紀五近永		所当物弁済命令	信濃下諏訪神社文書	五一一	正
2	建久三年（一一九二）六月二日	肥前国宇野御厨内山代浦住人等	源六郎囲	地頭職補任	肥前松浦山代文書	五九三	正
3	建久三年（一一九二）六月二日	肥前国宇野御厨内紐差浦住人等	峯五郎披	地頭職補任	肥前武雄市教育委員会蔵	補一二七	案
4	建久三年（一一九二）六月三日	周防国大島三箇庄并公領住人	中原広元	地頭職補任	正閏史料外編一	五九四	
5	建久三年（一一九二）六月二十日	美濃国家人等	大内惟義	（守護職補任）	吾妻鏡	五九六	
6	建久三年（一一九二）八月二十二日	下野国本木郡住人□	藤原知家	地頭職補任（安堵）	下野茂木文書	六〇八	正
7	建久三年（一一九二）九月十二日	常陸国村田下庄	藤原朝政	地頭職補任（安堵）	吾妻鏡	六一七	
8	建久三年（一一九二）九月十二日	下野国日向野郷住人	藤原朝政	地頭職補任（安堵）	松平基則氏旧蔵	六一八	正
9	建久三年（一一九二）九月十八日	鎮西住人等		造宇佐宮課役勤仕命令	書陵部所蔵八幡宮関係文書二十二	六二〇	案
10	建久三年（一一九二）十月二十一日	相模国南深沢住人	平宗実	地頭職補任	出羽中条家文書	六三〇	正
11	建久三年（一一九二）十月二十一日	越後国奥山庄官等	平宗実	地頭職補任	出羽中条家文書	六三一	正
12	建久三年（一一九二）十一月十一日	筑前国粥田庄・羽生庄内貞清所領	時員	地頭職補任	大宰管内志宇佐宮記	六三七	案
13	建久三年（一一九二）十二月十日	信濃国高井郡内中野西条并櫁山住人	藤原助広	地頭職補任	出羽市河文書	六四五	正
14	建久四年（一一九三）三月七日	陸奥国竹城保		塩釜社臨時祭料田	陸奥塩釜神社文書	六六一	案
15	建久四年（一一九三）四月三日	肥前国基肄郡内曽根崎并堺別符行武名	平通友	地頭職補任	豊後曽根崎元一氏文書	六六五	案
16	建久四年（一一九三）四月十六日	周防国安田保住人	藤原為資	下司職補任	長門毛利家文書	六六八	正
17	建久四年（一一九三）六月九日	土佐国香美郡内宗我部并深淵□	中原秋家	地頭職補任	土佐香宗我部家伝証文	六七一	正
18	建久四年（一一九三）六月十九日	筑後国上妻庄官等	藤原家宗	地頭職補任	筑後上妻文書	六七三	案
19	建久四年（一一九三）九月四日	薩摩国山門院住人	平秀忠	所帯職安堵	薩藩旧記一入来本田家文書	六八三	案

20	建久五年(一一九四)二月二十五日	肥前国小津東郷内龍造寺田畠住人	藤原季家	地頭職補任	肥前龍造寺文書	七一五	案
21	建久五年(一一九四)二月二十五日	肥前国国分寺住人	藤原季永	地頭職補任	肥前国分寺文書	補一五一	正
22	建久五年(一一九四)八月十九日	河内国山田御庄住人等	藤原盛高	地頭職補任	筑前大倉氏採集文書豊田家文書	七三八	案
23	建久七年(一一九六)七月十二日	肥前国宇野御厨内小値賀嶋住人	尋覚	地頭職補任(裁許)	肥前青方文書	八五六	案
24	建久七年(一一九六)十月二十二日	備後国大田庄官等	善信	地頭職補任	高野山文書又続宝簡集百四十二	八六七	案
25	建久七年(一一九六)十一月七日	和泉国御家人等	平義連	大番催促	筑後和田文書	八八一	案
26	建久八年(一一九七)二月二十四日	周防国仁保庄并恒富保住人	平重経	地頭職補任	長門三浦家文書	八九七	案
27	建久八年(一一九七)十二月三日	惟宗忠久		薩摩・大隅奉行人条	島津家文書	九五〇	正
28	建仁三年(一二〇三)五月十七日	播磨国大部庄并魚住泊住人□		守護人使乱入停止	内閣文庫所蔵雑古文書	一三五八	案
29	承元三年(一二〇九)七月二十八日	筑前国宗像社領内殿村住人	行西	裁許	筑前宗像神社文書	一七九七	案
30	承元三年(一二〇九)十二月十一日	肥後国神蔵庄近部・鳥栖住人	藤原能直	地頭・下司職補任	豊後詫摩文書	一八二一	案
31	承元四年(一二一〇)二月九日	周防国仁保庄住人	平重経	地頭職補任(安堵)	長門三浦家文書	一八二八	案
32	承元四年(一二一〇)二月十日	紀伊国阿弖川庄住人	藤原宗光	地頭職補任(安堵)	高野山文書又続宝簡集七十八	一八二九	案
33	承元四年(一二一〇)七月九日			裁許	常陸塚原賢三氏所蔵文書	一八四一	正
34	建暦二年(一二一二)閏一月十九日		紀秋春	譲与安堵	薩摩大井文書	一九一六	案
35	建暦二年(一二一二)十月二十七日	肥前国国分寺住人	藤原季俊	譲与安堵	肥前多久文書	一九四八	正
36	建暦二年(一二一二)十二月十三日	筑後国上妻庄住人等		裁許	筑後上妻文書	一九五八	案
37	建暦三年(一二一三)七月十日	嶋津庄内薩摩方住人	惟宗忠久	地頭職補任(安堵)	島津家文書	二〇〇九	正
38	建暦三年(一二一三)九月十三日	諸国渡地頭等所	鋳物師等	特権付与	能登中井家文書	二〇二九	案
39	建保二年(一二一四)九月二十六日	備前国金山観音寺僧徒等		甲乙輩乱入停止等	備前金山寺文書	二一二八	正
40	建保三年(一二一五)三月二十二日	上野国新田庄内岩松・下今居・田中参箇郷住人	義兼後家	譲与安堵	岩松新田文書	二一五〇	案

	年月日	宛所	事書内の受給者・受給地	内容	出典	遺文番号	
41	建保三年(一二一五)三月二十三日	上野国新田庄内拾弐箇郷住人	源時兼	譲与安堵	岩松新田文書	二一五一	案
42	建保三年(一二一五)七月十九日	筑前筑後肥前肥後豊前豊後六箇国并壱岐対馬二嶋		遷宮用途等奉調	書陵部所蔵八幡宮関係文書二十九	二一七〇	案
43	建保三年(一二一五)十月二日	肥前国武雄黒髪両社住人		裁許	肥前武雄神社文書	二一八一	案
44	建保四年(一二一六)四月二十二日	肥後国六箇庄小山村住人	源業政	地頭職補任	豊後詫摩文書	二二二七	案
45	建保四年(一二一六)五月十三日	出雲国鰐淵寺	内蔵孝幸	裁許	出雲鰐淵寺文書	二二三一	正
46	建保四年(一二一六)七月十六日	安芸国妻保垣・高田原并長田郷住人	佐伯為弘	地頭職補任	萩藩閥閲録五十八内藤次郎左衛門	二二五二	案
47	建保四年(一二一六)八月十七日	若狭国国富庄		裁許	壬生家文書	二二五八	正
48	建保五年(一二一七)六月二十一日			裁許	芸藩通志所収田所文書	補七一九	案
49	建保五年(一二一七)八月二十二日	大隅国禰寝院内南俣住人	禰寝清忠	地頭職補任(裁許)	禰寝文書	二三三二	正
50	貞永元年(一二三二)五月二十六日	摂津国萱野西庄住人	賀茂別雷社	預所職給与(替地)	春日社神事日記	四三二七	案
51	貞永元年(一二三二)閏九月四日	肥前国綾部庄住人	藤原幸基	地頭職補任	肥前綾部家文書	補一〇七六	写
52	貞永元年(一二三二)十一月十三日	平氏子字土用	陸奥国行方郡内千倉庄并下総国相馬御厨内手加・布勢・藤意・野介崎	譲与安堵	岩松新田文書	四四〇三	案
53	貞永二年(一二三三)四月十五日	平経久	武蔵国久良郡平子郷内石河村并越後国山田郷	譲与安堵	諸州古文書二十五	四四七三	正
54	文暦二年(一二三五)五月九日	藤原親実		守護職補任	芸藩通志二十厳島古文書三	四七五七	案
55	文暦二年(一二三五)閏六月十五日	平朝秀	常陸国徳宿郷内烟田・富田・大和田・生江沢	譲与安堵	常陸山口家文書	四七七九	正
56	文暦二年(一二三五)七月七日	尾張国長岡庄住人	佐々木信綱	地頭職補任(替地)	吾妻鏡	四七九二	
57	嘉禎二年(一二三六)七月二十八日	豊後国毛井社住人	平林頼宗	地頭職補任	碩田叢史二十九平林氏古文書	五〇一六	正
58	嘉禎二年(一二三六)十二月十五日	致員	石見国豊田郷	譲与安堵	石見内田文書	五〇九八	案

59	嘉禎二年（一二三六）十二月十五日	弥益丸	石見国豊田郷内俣賀横田自中通下	譲与安堵	武蔵飯島一郎氏所蔵文書	補一二一二	正
60	嘉禎三年（一二三七）九月五日	藤原能門	肥前武雄社大宮司職	譲与安堵	肥前武雄神社文書	五一七五	案
61	嘉禎四年（一二三八）七月十日	筑前国遠賀新庄内香月郷	源助経	譲与安堵	筑前麻生文書	五二七〇	案
62	嘉禎四年（一二三八）七月二十八日	豊後国都甲庄住人	大神惟家	譲与安堵	豊後都甲文書	五二八三	正
63	嘉禎四年（一二三八）八月九日	若狭国大井本郷住人	源虎王丸	譲与安堵	本郷文書	五二九四	正
64	嘉禎四年（一二三八）十二月四日	橘公員	出羽国秋田郡内楊田豊巻百三段□小鹿嶋内瀧河磯分大島、肥前国長嶋庄内上村	譲与安堵	肥前小鹿島文書	五三三一	案
65	延応元年（一二三九）七月一日	佐伯為貞	安芸国妻保垣・高田原両別府并長田郷	譲与安堵	萩藩閥閲録五十八内藤次郎左衛門	五四四七	案
66	延応元年（一二三九）九月二十六日	備後国高洲庄住人	藤原遠忠	地頭職補任（安堵）	高洲文書	五四七九	写
67	仁治元年（一二四〇）閏十月十三日	肥前国長嶋庄内大渡村住人	橘公員	地頭職補任	肥前小鹿島文書	五六四八	案
68	仁治元年（一二四〇）閏十月二十日	藤原行氏	肥前国鏡社、伊勢国益田庄、尾張国西門真庄、参河国重原庄、相模国懐嶋内殿原郷、陸奥国信夫庄内鳥和田村等	譲与安堵	二階堂文書	五六五八	正
69	仁治元年（一二四〇）十二月七日	常陸国符郡橘郷住人	中臣頼親	譲与安堵	鹿島大禰宜家文書	五六八七	正
70	仁治二年（一二四一）五月一日	平時茂	相模国南深沢屋敷并手作、越後国奥山庄内政所条・黒河条等	譲与安堵	出羽中条家文書	五八二七	正
71	仁治二年（一二四一）九月十日	肥前国晴気御領住人	大江氏為	譲与安堵	筑前宗像神社文書	五九二四	正
72	仁治三年（一二四二）二月二十二日	和泉国和田郷住人	惟宗忠時	地頭職補任（替地）	島津家文書	五九八七	案
73	仁治三年（一二四二）三月二十一日	源頼仲	舎弟跡地	地頭職補任	古文書集	六〇〇三	案
74	仁治三年（一二四二）四月五日	近江国野洲南郡三宅郷住人	品河成阿	地頭職補任	筑後田代文書	六〇一一	案
75	仁治三年（一二四二）十月二十三日	藤原実時	石見国長野庄美能地村内	譲与安堵	長府毛利家文書	六一二七	正
76	寛元元年（一二四三）六月十一日	源助成	出雲国三刀屋郷内自河北并越後国佐味庄上条内赤沢村内下村等	譲与安堵	古証文諏訪部氏三刀屋旧証文	六一九二	正

	年月日	宛所	事書内の受給者・受給地	内容	出典	遺文番号	
77	寛元元年(一二四三)七月二十八日	藤原清俊	相模国愛甲庄、上総国畔蒜南北庄、備中国穂太庄	譲与安堵	長府毛利家文書	六二〇七	正
78	寛元元年(一二四三)七月二十八日	周防国与田保住人	藤原忠朝	譲与安堵	東京大学法学部資料室所蔵文書	補一三二二	案
79	寛元元年(一二四三)九月二十一日	大神俊綱	豊前国上毛・下毛両郡吉富名并同散在名・内薬丸・重吉入道・寿命・安富・歌薬丸・筥用・得万・今用・是末	譲与安堵	豊前末久文書	六二三七	案
80	建長三年(一二五一)八月三日	丹後国倉橋庄内与□住人	平朝臣	地頭職補任	近江朽木文書	七三三二	案
81	建長三年(一二五一)十二月十二日	但馬国小佐郷参分弐住人	伊達尼	譲与安堵	但馬伊達文書	七三八九	正
82	建長三年(一二五一)十二月十四日	藤原師能	信濃国小井弖二吉北郷内、摂津国稲富等	譲与安堵	信濃工藤家文書	七三九一	案
83	建長四年(一二五二)七月十一日	津守頼敏	信濃国英多八郎丸名平林内桑井屋敷	譲与安堵	豊後平林文書	七五八六	正
84	建長四年(一二五二)八月十五日	中原氏	豊前国江嶋別符内小犬丸并江海居・向野山佐波利・辛嶋郷・封戸有永・同下毛秋真名等	譲与安堵	豊前金光文書	七四六八	正
85	建長四年(一二五二)九月十二日		王子房丸／出雲国庄内大野・高山・細原・大野浦	譲与安堵	出雲家原家文書	七四七三	正
86	建長四年(一二五二)十二月二十六日	藤原忠能	信濃国中野西条并春近領内志久見郷等	譲与安堵	出羽市河文書	七五〇六	正
87	建長四年(一二五二)十二月二十八日	藤原正康	信濃国中野郷内・志久見郷内等	譲与安堵	出羽市河文書	七五〇八	正
88	建長五年(一二五三)八月十七日	藤原資朝	肥前国佐嘉郡内大蔵千員田畠并高木屋敷・同陳内藤木田畠・是貞内中嶋田畠・河上本領田畠・同宮司職等	譲与安堵	肥前実相院文書	七六〇六	案
89	建長五年(一二五三)十二月二十八日	建部宗親	大隅国禰寝院佐汰村内田・桑東郷武安名田・大狩倉拾箇所	未処分地安堵	禰寝文書	七六八二	案
90	建長五年(一二五三)十二月二十八日	氏佐汰進士親高五女字地蔵	大隅国禰寝院佐汰村内田・薗	未処分地安堵	大隅池端文書	七六八三	正
91	建長六年(一二五四)十一月五日	信濃国海野庄加納田中郷住人	滋野経氏	譲与安堵	常陸臼田文書	七八一八	案
92	建長六年(一二五四)十一月十七日	美作国垪和西郷住人	覚玄	譲与安堵	伊勢徴古館文書	七八二一	正

93	建長六年（一二五四）十二月十二日	藤原氏	信濃国中野西条内田在家	譲与安堵	出羽市河文書	七八二九	正
94	建長七年（一二五五）三月二十七日	平公長	越後国小泉庄加納内色部・牛屋・粟嶋并讃岐国木徳庄等	譲与安堵	出羽色部文書	七八六一	正
95	建長七年（一二五五）三月二十八日	肥前国戸八浦住人	深堀五郎	地頭職補任	肥前深堀家文書	七八六二	正
96	建長七年（一二五五）六月五日	平重経	相模国吉田上庄内寺尾村、伊勢国箕田大功田、美作国河会郷十町村河北、薩摩国入来院内塔原郷等	譲与安堵	薩摩入来院文書	七八七四	案
97	建長七年（一二五五）八月二十二日	能登国得田保住人	藤原章家	譲与安堵	得田文書	七八九四	案
98	建長八年（一二五六）七月三日	藤原景経	船木田新庄由井内横河郷、遠江国山香庄内犬居郷、美濃国下有智御厨内寺地郷并上野平太・同四郎兵衛尉名田畠等、安芸国志芳庄内西村等、肥前国佐嘉御領内末吉名	譲与安堵	尊経閣武家手鑑	八〇〇八	正
99	建長八年（一二五六）七月九日	藤原弥亀丸	伊予国忽那嶋内西浦惣追捕使并名田畠	譲与安堵	伊予忽那家文書	八〇一〇	正
100	建長八年（一二五六）十月三日	肥後国六箇庄内小山村住人	源清基	譲与安堵	豊後詫摩文書	八〇四三	案
101	正嘉元年（一二五七）九月十四日	藤原頼俊	肥後国球磨郡人吉庄南方内経徳名・常楽名・龍万名・矢黒・神田・新田・在家并豊前国上毛郡成恒名	譲与安堵	肥後相良家文書	八一四五	正
102	正嘉元年（一二五七）九月十四日	藤原氏字牛	肥後国球磨郡人吉庄南方刁岡名	譲与安堵	肥後相良家文書	八一四六	案
103	正嘉元年（一二五七）九月十四日	藤原頼員	肥後国球磨郡人吉庄南方内松延名内新田・在家	譲与安堵	肥後相良家文書	八一四七	正
104	正嘉元年（一二五七）九月十四日	平永綱	肥後国球磨郡人吉庄南方内経徳名内・松延名内・豊永藤吉・新田・在家	譲与安堵	肥後相良家文書	八一四八	正
105	正嘉元年（一二五七）十二月二日	武蔵国入東郡横沼郷住人		寄進地安堵	相州文書所収相承院文書	八一六八	案
106	正嘉二年（一二五八）十二月二日	藤原知盛	下野国東真壁郡内四箇郷、能登国若山庄、紀伊国賀太庄等	譲与安堵	下野茂木文書	八三一八	正
107	正嘉二年（一二五八）十二月二十三日	藤原時業	備後国地毗庄内下原村并半矢一色、相模国早河庄内	譲与安堵	山内首藤家文書	八三二八	正
108	正元元年（一二五九）九月十一日	近江国滋賀郡仰木村住人	佐々貴重方	譲与安堵	近江佐々木文書	八四〇六	正

	年月日	宛所	事書内の受給者・受給地	内容	出典	遺文番号	
109	正元元年(一二五九)十二月九日	豊後国玖珠郡飯田郷内野上村住人	清原金伽羅丸	譲与安堵	諸家文書纂野上文書	八四四六	正
110	正元元年(一二五九)十二月二十六日	筑後国三瀦庄内高三瀦村住人	横溝五郎	地頭職補任	筑後河原文書	八四五四	正
111	正元二年(一二六〇)三月二十九日	肥前国石志村住人	石志兼	地頭職補任(返付)	肥前石志文書	八四九三	案
112	弘長元年(一二六一)九月三日	美濃国郡戸領成田郷住人	中原氏号名越女房	譲与安堵	池田文書	八七一四	正
113	弘長二年(一二六二)三月十九日	松正丸	上総国佐是郡矢田郷、下総国印東庄内貝塚堀内、常陸国行方郡小幡郷同両見、同国国府・若海・鹿嶋・立原買地、長門国吉永庄等	譲与安堵	常陸烟田文書	八七八四	案
114	弘長二年(一二六二)五月六日	平乙鶴丸	武蔵国南田嶋村内在家并筑後国瀬高下庄内小犬丸名等	譲与安堵	肥前深江家文書	八八〇七	正
115	文永元年(一二六四)三月十二日	平政景	安芸国都宇・竹原両庄、同国沼田庄内梨子羽郷、讃岐国与田郷	譲与安堵	小早川家文書	九〇六一	正
116	文永元年(一二六四)三月二十二日	藤原泰朝	豊後国大野庄内志賀村半分	譲与安堵	肥後志賀文書	九〇六三	正
117	文永元年(一二六四)六月十三日	平氏字姫夜叉	薩摩国山門院	譲与安堵	薩藩旧記五入来本田文書	九一一二	案
118	文永二年(一二六五)五月二十五日	藤原氏	信濃国中野西条并春近領内志久見郷	譲与安堵	出羽市河文書	九二九三	正
119	文永二年(一二六五)十二月七日	尾張国英比郷内小河村一宮住人	覚妙	譲与安堵	監尻七	九四三〇	案
120	文永二年(一二六五)十二月十七日	摂津国小真上領住人	頼守	譲与安堵	金剛三昧院文書	九四六九	案
121	文永八年(一二七一)四月五日			譲与安堵	竹内文平氏所蔵御領目録裏文書	一〇八一四	案
122	文永八年(一二七一)十一月二十五日		源湛／肥前国平戸・河内・野崎・南黒嶋・小値賀嶋	譲与安堵	肥前青方文書	一〇九二〇	案
123	文永八年(一二七一)十二月二十二日		津守親継／信濃国英多庄八郎丸内平林屋敷内桑井傔仗屋敷、豊後国毛井社	譲与安堵	碩田叢史平林家古文書	一〇九四三	正
124	文永八年(一二七一)十二月二十九日		高木六郎／武蔵国比企郡内犬岡郷	替地充行	上杉家文書	一〇九四八	正
125	文永九年(一二七二)五月二十六日		藤原行景／参河国重原庄、相模国懐嶋内殿原郷、安房国北郡内不入計等	譲与安堵	薩摩二階堂文書	一一〇四二	案

126	文永九年（一二七二）八月二十五日	平若鶴丸	越後国白河庄上条内安田条	譲与安堵	出羽安田文書	一一〇九一	正
127	文永十一年（一二七四）二月二十日		藤原盛房／信濃国中野四条内屋敷・筥山并志久見下条平林	譲与安堵	出羽市河文書	一一五四七	正
128	建治元年（一二七五）十月二十九日	肥前国恵利	亀丸	地頭職補任	肥前武雄鍋島家文書	一二〇七七	正
129	建治元年（一二七五）十二月十日		大見行定／伊勢国拝野庄	所領充行	出羽中条家文書	一二一七一	案
130	建治二年（一二七六）閏三月十一日		家政／陸奥国宮城郡南宮庄内荒野并岩切村	譲与安堵	陸奥留守文書	一二三〇〇	正
131	建治二年（一二七六）八月二十七日		久時／薩摩国伊作庄・日置庄	地頭職補任	島津家文書	一二四五四	正
132	弘安元年（一二七八）五月十八日		平義頼／相模国南深沢郷津村内田在家、越後国奥山庄内飯積・石曽祢・赤河・築地・御宝殿・羽黒・鼓岡・村松・今市、阿波国勝浦山	譲与安堵	出羽中条家文書	一三〇四七	正
133	弘安元年（一二七八）五月十八日		茂長／越後国奥山庄内草水・荒居・江俣・松浦・新源次名田・鍬柄・黒河・志居屋・机立	譲与安堵	越後三浦和田文書	一三〇四八	案
134	弘安元年（一二七八）五月十八日		平茂長／越後国奥山庄内関沢・長橋・鮹河・大塚・清水・上柳・夏居、出羽国常牧郷、讃岐国真野勅旨	譲与安堵	出羽伊佐早文書	一三〇四九	案
135	弘安元年（一二七八）六月三日		平重通／相模国渋谷上庄寺尾村・同国大上郷内田在家・同国四宮郷内屋敷、伊勢国箕田大功田、薩摩国入来院内塔原郷等	譲与安堵	薩摩入来院文書	一三〇六九	案
136	弘安元年（一二七八）七月八日	豊後国田染郷内糸永名綿貫行仁跡	曽祢崎慶増	地頭職成改	豊後曽根崎文書	一三一〇七	案
137	弘安二年（一二七九）十二月二十八日		泰広／筑後国田口村	替地充行	豊後川瀬氏所蔵文書	一三八一六	案
138	弘安二年（一二七九）十二月二十八日		師時／筑後国竹野庄内得久・金丸	替地充行	児玉韞採集文書五津川七左衛門所持	一三八一七	正
139	弘安三年（一二八〇）十月十八日	平万歳丸	丹波国和智庄、武蔵国片山郷内別所等	譲与安堵	丹波片山文書	一四一四〇	案
140	弘安四年（一二八一）十二月二十八日	通茂	遠江国飯田庄上郷内苔嶋・西俣・加保村、因幡国日置郷内下村、備後国津田・敷名両郷等	譲与安堵	竹内文平氏所蔵御領目録裏文書	一四五二七	案

	年月日	宛所	事書内の受給者・受給地	内容	出典	遺文番号	
141	弘安五年(一二八二)七月十六日	平頼広	伊予国新居郷、武蔵国金子・阿住郷	譲与安堵	伊予金子家美氏所蔵文書	一四六四四	正
142	弘安六年(一二八三)正月二十二日	藤原保秀	出雲国安来庄	譲与安堵	出雲小野文書	一四七七七	正
143	弘安六年(一二八三)七月二十三日		藤原行景／相模国大井庄内金子郷	所領充行	二階堂文書	一四九一四	正
144	弘安六年(一二八三)十二月二十日		佐伯氏／安芸国妻保垣・高田原両別府并長田郷	譲与安堵	萩藩閥閲録五十八内藤次郎左衛門	一五〇三一	案
145	弘安七年(一二八四)七月八日		源長頼／摂津国能勢郡内田尻・野間両村、阿波国篠原庄	譲与安堵	能勢文書	一五二四五	案
146	弘安八年(一二八五)四月二十三日		藤原祐親／陸奥国岩崎郡内皮村	譲与安堵	岡本文書	一五五六八	正
147	弘安八年(一二八五)六月二十五日		越智通有／肥前国神崎庄内小崎郷	替地充行	山城淀稲葉家文書	一五六一二	正
148	弘安八年(一二八五)七月三日		薬寿丸／信濃国太田庄内神代・津濃両郷、薩摩国日置庄・同国伊作庄	譲与安堵	島津家文書	一五六一六	正
149	弘安九年(一二八六)十月二十九日		上総介／安芸国苅田久武郷、長門国小津木名	所領充行	正閏史料武久季督家蔵	一六〇一四	案
150	弘安十年(一二八七)二月十八日		出雲国大野庄内大野・高山・細原・大野浦	譲与安堵	出雲家原家文書	一六一八九	正
151	弘安十年(一二八七)十月八日		平家政／下野国中泉西荒居内冨吉東西郷、越後国白河庄内山浦四箇条等	譲与安堵	越後大見水原文書	一六三五五	正
152	弘安十一年(一二八八)四月二十三日		藤原家政／陸奥国宮城郡高用名内余部村・村岡村・椿村	譲与安堵	陸奥留守文書	一六五七九	正
153	正応元年(一二八八)九月二十七日		建部清親／大隅国禰寝南俣院	譲与安堵	禰寝文書	一六七七八	正
154	正応元年(一二八八)十一月二十一日		美作四郎／備前国裳懸庄	所領充行	小早川家文書	一六八一二	正
155	正応元年(一二八八)十一月二十一日		小野又次郎／出雲国神門郡并同蘆渡郷内田・屋敷	所領充行	出雲小野文書	一六八一三	正
156	正応四年(一二九一)十月十六日		大隅国禰寝院南俣内用松名并下直世村	譲与安堵	大隅池端文書	一七七三四	案
157	正応四年(一二九一)十二月七日		惟宗行景／播磨国下揖保庄半分	譲与安堵	旧越前島津家文書	一七七六六	正

158	永仁元年（一二九三）十二月十七日		藤原光清／武蔵国種岡荒居上里村、陸奥国好嶋庄仏崎荒野	譲与安堵	陸奥飯野文書	一八四二五	案
159	正安元年（一二九九）十二月六日		藤原宗秀／美濃国石太・五里両郷、同国津布良庄、下野国長沼庄、同国小栗郷、陸奥国長江庄、淡路国守護職、笑原・上田両保、同国東神代郷・西神代郷、同国内膳庄等	譲与安堵	近江園城寺文書	二〇三一三	正
160	乾元二年（一三〇三）二月三日		中臣能親／常陸国苻郡橘郷・行方郡大賀村	譲与安堵	鹿島大禰宜家文書	二一三五一	案
161	延慶二年（一三〇九）八月二十四日		三浦介時明／村井小次郎知貞跡	替地充行	小田部氏蔵宇都宮文書	二三七五五	正
162	文保元年（一三一七）十二月二十一日		島津道義／日向国高知尾庄、肥前国松浦庄内早湊村・同国福万名、副田種信跡	替地充行	薩摩藤野文書	二六四七五	正
163	元亨三年（一三二三）六月二十日		親玄跡／賀茂八郎并周東高景所領	替地充行	尊経閣所蔵文書	二八四三二	正
164	正慶元年（一三三二）十二月一日		島津貞久／周防国楊井庄	所領充行	島津家文書	三一九〇七	正

表2　頼朝御判下文一覧

	年月日	宛所	事書内	内容	出典	遺文番号		備考
1	文治二年（一一八六）正月八日	信濃国塩田庄	惟宗忠久	地頭職補任	島津家文書	三六	正	
2	文治二年（一一八六）正月二十一日	上総国佐是郡内矢田・池和田村	権介娘	所領充行	常陸烟田文書	三八	案	要検討
3	文治二年（一一八六）四月三日	嶋津御庄	惟宗忠久	年貢以下沙汰	島津家文書	八二	正	
4	文治二年（一一八六）五月五日	宗重法師		官仕忠命令	紀伊崎山文書	九五	案	要検討
5	文治二年（一一八六）五月七日	紀伊国住人湯浅宗重法師		処分（譲与）安堵	紀伊崎山文書	九九	案	要検討
6	文治二年（一一八六）六月一日	肥前国国分寺住人	法勝寺	寺家進退領掌	肥前法勝寺文書	一〇九	正	要検討
7	文治二年（一一八六）六月二十五日	播磨国矢野別府住人		押領停止	播磨海老名文書	一一八	案	
8	文治二年（一一八六）閏七月二十九日	近江国建部庄住人		武士狼藉停止	尊経閣所蔵武家手鑑	一四六	正	要検討
9	文治二年（一一八六）八月三日	嶋津御庄官等		狼藉停止	島津家文書	一五〇	正	
10	文治二年（一一八六）八月四日	肥前国深溝北郷内甘南備峰	藤原宗家	地頭職補任	肥前高城寺文書	一五一	案	偽文書

	年月日	宛所	事書内	内容	出典	遺文番号		備考
11	文治二年(一一八六)八月九日	肥前国小津東郷内龍造寺村田畠住人	藤原季家	地頭職補任	諫早家系事蹟集	一五五	案	要検討
12	文治二年(一一八六)九月五日	山城国森本郷・水主郷・富野郷・奈嶋郷・草内郷・奈木郷		武士狼藉停止	賀茂注進雑記	一六七	写	
13	文治二年(一一八六)九月五日	播磨国安志庄・林田庄・室御厨		武士狼藉停止	鳥居大路文書	一六八	正	要検討
14	文治二年(一一八六)九月五日	周防国伊保庄竈戸関・矢嶋・柱嶋等住人		濫行停止	賀茂別雷神社文書	一六九	正	
15	文治二年(一一八六)九月五日	丹波国由良庄		義時知行停止	賀茂別雷神社文書	一七〇	正	要検討
16	文治二年(一一八六)九月五日	加賀国額田庄住人		濫行停止	平松文書	一七一	案	
17	文治三年(一一八七)五月三日	大秦元光	薩摩国牛屎院	知行安堵	島津家文書	二三三	正	
18	文治三年(一一八七)五月九日	平通隆	肥前国基肄郡内曽祢崎并堺別符行武名	裁許	豊後曽根崎文書	二三五	案	要検討
19	文治三年(一一八七)九月九日	嶋津庄	惟宗忠久	押領使補任	島津家文書	二六二	正	
20	文治三年(一一八七)十二月一日	下野国寒河郡并阿志土郷	小山朝光母	地頭職補任	皆川文書	二八七	正	
21	文治五年(一一八九)二月九日	嶋津庄地頭忠久		庄官等召進	島津家文書	三六四	正	要検討
22	文治五年(一一八九)二月三十日	長門国阿武郡前地頭遠平代官		退出命令	東京大学史料編纂所所蔵文書	三六八	正	
23	文治五年(一一八九)四月七日	伊賀国鞆田庄住人		地頭職停止	保阪潤治氏所蔵文書	三八〇	正	
24	建久三年(一一九二)九月十二日	下野国左衛門尉朝政		地頭職補任	松平基則氏旧蔵文書	六一九	正	

表3　頼家御判下文一覧

	年月日	宛所	事書内	内容	出典	遺文番号	
1	正治二年(一二〇〇)正月二十五日	播磨国五箇庄住人	藤原朝政	地頭職補任	松平基則氏旧蔵文書	一一〇三	正
2	正治二年(一二〇〇)正月二十五日	播磨国福井庄住人	藤原経兼	地頭職補任	周防吉川家文書	一一〇四	案
3	正治二年(一二〇〇)十一月九日	美濃国大榑庄住人	藤原宗政	地頭職安堵	下野皆川文書	一一六六	正

表4　実朝御判下文一覧

	年月日	宛所	事書内	内容	出典	遺文番号	
1	元久二年(一二〇五)八月二十三日	鹿島社領常陸国□		地頭職停止	常陸鹿島神宮文書	一五七四	正
2	元久二年(一二〇五)十一月十二日	伊予国忽那嶋住人	藤原兼平	地頭職補任	伊予長隆寺文書	一五八八	案
3	建暦三年(一二一三)五月九日	相模国懐嶋殿原郷住人	藤原元行	地頭職補任	二階堂氏正統家譜五	補六〇六	正

表5　時政発給中間様式文書一覧

	年月日	宛所	事書内	内容	出典	遺文番号	
1	元久元年(一二〇四)八月二十二日	肥前国宇野御厨内小値賀嶋住人	尋覚	裁許	肥前青方文書	一四七三	案
2	元久二年(一二〇五)二月二十二日	相模国南深沢郷住人	高井重茂	譲与安堵	出羽中条家文書	一五一九	正
3	元久二年(一二〇五)三月十三日	伊勢国大橋御薗住人等		裁許	山城醍醐寺文書	一五二七	案
4	元久二年(一二〇五)五月二十七日	紀伊国粉河寺所司等		裁許	高野山御池坊文書	一五四八	案
5	元久二年(一二〇五)六月五日	加賀国井家庄地頭代官所		裁許	尊経閣所蔵文書	一五五〇	正
6	元久二年(一二〇五)七月二十五日	肥後国球麻郡内人吉庄	藤原永頼	地頭職補任	肥後相良家文書	一五五六	案

表6　政所職員連署中間様式文書一覧

	年月日	宛所	事書内	内容	出典	遺文番号	
1	元久元年(一二〇四)十二月十八日	武蔵国別符郷百姓等所		裁許	集古文書十二成田行明蔵	一五〇九	写
2	元久二年(一二〇五)五月二十八日	加賀国額田庄官等		裁許	中院家文書	一五四九	案
3	建永元年(一二〇六)七月十四日	筑前国宗像社領本木内殿住人	宗像氏用	裁許	筑前宗像神社文書	一六二八	正
4	建永二年(一二〇七)六月四日	肥前国宇野御厨内小値賀嶋住人	尋覚	地頭職補任	肥前青方文書	一六八七	案

	年月日	宛所	事書内	内容	出典	遺文番号	
5	承元元年（一二〇七）十二月日			裁許	壬生家文書	一七〇九	正
6	承元二年（一二〇八）三月十三日	武蔵国吾那春原広瀬郷越生郷住人	有道・有高	譲与安堵	報恩寺年譜	一七二二	案
7	承元二年（一二〇八）閏四月二十七日	伊予国忽那嶋住人	藤原国重	譲与安堵	伊予忽那文書	一七四〇	正
8	承元三年（一二〇九）三月十七日	下総国香取社地頭神官等		裁許	香取社旧大禰宜家文書	一七八四	案
9	承元三年（一二〇九）六月十六日	和泉国御家人等	平盛連	大番催促事	筑後和田文書	一七九四	案

表7　泰時・時房発給中間様式文書一覧

	年月日	宛所	事書内	内容	出典	遺文番号	
1		肥前国国分寺住人	猿二郎	譲与安堵	肥後阿蘇品家文書	三三七一	案
2	嘉禄二年（一二二六）正月二十六日	諸国御家人等		禁断三ヵ条	新編追加	三四五五	
3	嘉禄二年（一二二六）四月二十日	山中中務丞俊信所		山中守護事	近江山中文書	三四八〇	案
4	嘉禄二年（一二二六）十一月三日	甲斐国郡郷地頭并住人		人夫事	甲斐大善寺文書	三五四〇	案
5	嘉禄三年（一二二七）三月十九日	肥前国佐嘉御領住人等	高木季家	裁許	肥前龍造寺文書	三五九一	案
6	嘉禄三年（一二二七）六月六日	常陸国佐都東郡内大窪郷住人等		裁許	常陸塙不二丸氏所蔵	三六一七	案
7	嘉禄三年（一二二七）八月二十三日	伊賀国壬生野庄沙汰人		役夫工米事	大和春日神社文書	三六五三	案
8	安貞二年（一二二八）二月六日	藤原兼定	石見国周布郷・鳥居郷・長野庄内安富名・大家庄内福光村等	地頭職安堵	萩藩閥閲録一二一ノ一周布吉兵衛	三七一六	案
9	安貞二年（一二二八）三月十一日	大和国夜部庄住人		仏聖燈油人供事	高野山寂静院文書	三七三一	案
10	安貞二年（一二二八）三月十三日	肥前国宇野厨内小値賀嶋住人等	源持	裁許	肥前青方文書	三七三二	案
11	安貞二年（一二二八）三月三十日	伊豆国玉河郷住人	伊豆局	裁許	伊豆三島神社文書	三七三五	正
12	安貞二年（一二二八）五月十九日	常陸国鹿島社御神領橘郷住人等	中臣政親	裁許	常陸鹿島大禰宜家文書	三七四五	正

	年月日	宛所	事書内	内容	出典	遺文番号	
13	寛喜元年(一二二九)八月二十五日	河内国讃良庄住人		守護所使入部停止命令	紀伊金剛三昧院文書	三八六三	案
14	寛喜元年(一二二九)十月三十日	肥前国宇野御厨司等	大江通頼	地頭職等安堵	肥前武雄鍋島家文書	補九八七	写
15	寛喜二年(一二三〇)十一月日	嶋津庄内日向方住人等		裁許	備忘録抄市来北山新兵衛蔵	四〇五四	案
16	寛喜二年(一二三〇)十一月日	嶋津庄日向方住人等		裁許	備忘録抄市来北山新兵衛蔵	四〇五五	案
17	貞永元年(一二三二)九月二十四日	播磨国福井庄西保住人		裁許	山城神護寺文書	四三七九	正

表8　経時発給中間様式文書一覧

	年月日	宛所	事書内	内容	出典	遺文番号	
1	寛元元年(一二四三)七月十九日	越前国牛原庄住人等		裁許	山城醍醐寺文書	六二〇四	正

表9　頼経御判下文一覧

	年月日	宛所	事書内	内容	出典	遺文番号	
1	嘉禄二年(一二二六)三月二十七日	播磨国三方庄東庄官等		地頭職停止	山城随心院文書	三四七八	正
2	嘉禄二年(一二二六)七月二十三日	出雲国大野住人	紀季成	地頭職補任	出雲秋鹿村大垣内神社文書	三五〇三	案
3	嘉禄二年(一二二六)七月日	杵築大社神官等	出雲政孝	所職補任	出雲千家文書	三五〇六	正
4	嘉禄二年(一二二六)九月十五日	上野国新田庄内岩松郷	源時兼	譲与安堵	正木文書	三五二四	正
5	嘉禄三年(一二二七)二月十二日	越後房覚意	密厳院下御所地安坊堂本尊・聖教・道具、相模国柳下郷・得延郷・千葉郷、武蔵国吉田郷、越後国国分寺	譲与安堵	尊経閣所蔵武家手鑑	三五七一	正
6	嘉禄三年(一二二七)四月九日	平公長	伯耆国布美庄、越後国小泉庄加納内色部・粟嶋、讃岐国木徳庄	譲与安堵	出羽色部文書	三六〇四	正
7	嘉禄三年(一二二七)十月十日	惟宗忠義	越前国守護職、嶋津庄内薩摩方并十二嶋、信濃国太田庄内小嶋・神代・石村南・津乃	譲与安堵	島津家文書	三六七〇	正
8	安貞二年(一二二八)三月七日	摂津国善法寺住人	源時光	地頭職補任	尊経閣所蔵武家手鑑	三七二六	正

	年月日	宛所	事書内	内容	出典	遺文番号	
9	安貞三年（一二二九）三月六日	盛定法師孫娘字彦熊	伊勢国乙部御厨内乙部郷并越中国小針原庄静林寺	所領所職安堵	楓軒文書纂五十三進藤文書	三八一七	正
10	安貞三年（一二二九）三月二十二日	周防国仁保庄住人	平重資	地頭職安堵	長門三浦家文書	三八二〇	案
11	寛喜元年（一二二九）七月十九日	藤原氏子	常陸国真壁郡山田郷	譲与安堵	常陸真壁文書	三八四七	正
12	寛喜元年（一二二九）七月十九日	平時幹	常陸国真壁郡内本木・安部田・大曽祢・伊々田・北小幡・南小幡・大国玉・竹来・山乃・宇田村・伊佐々・窪・源法寺・亀隈	譲与安堵	常陸真壁文書	三八四八	正
13	寛喜元年（一二二九）九月八日	平能仲	摂津国大工田并末里入道跡	譲与安堵	肥前深堀文書	三八六六	案
14		伴保久	島津庄薩摩方内泉庄・給黎院・上籠石村	所領所職安堵	新編伴姓肝属氏系譜	三八六七	案
15	寛喜二年（一二三〇）二月八日	上妻家能	上妻庄内筑紫部・今弘・北田	所領安堵	筑後上妻文書	三九五六	案
16	寛喜三年（一二三一）二月二十四日	菅原政光	陸奥国大谷保内三宅村	譲与安堵	筑後田代文書	四一〇六	正
17	寛喜三年（一二三一）三月二十七日	乙王丸	伊予国宇和庄内小立間、出羽国秋田郡小鹿嶋内桃川吉田	譲与安堵	肥前小鹿島文書	四一一九	案
18	寛喜三年（一二三一）八月二十一日	丹治信員	武蔵国賀美郡安保郷内別所村、播磨国須富庄、近江国箕浦庄内壱所	譲与安堵	山城八坂神社文書	四一八一	案
19	寛喜三年（一二三一）十月十八日	摂津国能勢郡内田尻庄住人	源頼仲	譲与安堵	書上古文書十一	四二三三	案

表10　頼嗣御判下文一覧

	年月日	宛所	事書内	内容	出典	遺文番号	
1	寛元二年（一二四四）八月十八日	薩摩国嶋津庄内市来院住人	千与熊丸	譲与安堵	日向河上文書	六三六二	案
2	寛元二年（一二四四）十二月四日	藤原能郷	豊後国大野庄内志賀村	譲与安堵	肥後志賀文書	六四一四	案
3	寛元二年（一二四四）十二月三十日	信濃国海野庄加納田中郷住人	滋野経氏	譲与安堵	常陸臼田文書	六四三〇	案
4	寛元四年（一二四六）十一月三日	平季氏	相模国成田庄内北成田郷、安芸国沼田新庄内牟久奈志・大草・和幾・福田・高崎	譲与安堵	小早川家文書	六七五七	正
5		平季保	相模国成田庄北成田郷内		長府毛利家文書	六七五八	正

6	寛元四年(一二四六)十一月七日	信濃国筑摩郡白河郷住人	藤原惟家	譲与安堵	信濃守矢文書	六七五九	正
7	寛元四年(一二四六)十一月十三日	信濃国諏方下社領和田郷住人	金刺為頼	譲与安堵	尊経閣所蔵文書	六七六二	正
8	寛元四年(一二四六)十二月九日	伊勢国甲賀山住人	渋谷重保	地頭職補任	薩摩入来院文書	六七七〇	正
9	寛元五年(一二四七)二月十四日	肥前国長島庄内墓崎村住人	藤原氏明	譲与安堵	肥前後藤家文書	六八〇〇	正
10	宝治元年(一二四七)五月六日	日置有基	出雲国大野庄内名田	譲与安堵	出雲大内文書	六八二六	正
11	宝治元年(一二四七)六月二十三日	肥後国野原庄	小代重俊	地頭職補任	肥後小代文書	六八四五	正
12	宝治元年(一二四七)六月二十三日	安房国北郡	藤原行氏	地頭職補任	二階堂文書	六八四六	案
13	宝治元年(一二四七)十二月四日	平幹泰	常陸国鹿島郡徳宿郷内烟田・鳥栖・富田・大和田	譲与安堵	常陸山口幸一氏文書	六九一三	正
14	宝治二年(一二四八)十二月二十九日	尼陸奥介景衡後家	陸奥国八幡庄内中野堤上本田・荒野・蕨壇・荒野・雉子袋・藤木	譲与安堵	結城小峰文書	七〇二三	正
15	宝治三年(一二四九)三月二十七日	豊前国上毛郡内成恒名住人	相良三郎	地頭職補任	肥後相良家文書	七〇五九	正
16	建長元年(一二四九)十月三十日	三善康尚	上野国春近領内小深郷并勾田村石原郷	相博安堵	万代亀四郎所蔵手鑑	七一二八	正
17	建長元年(一二四九)十一月二十九日	出雲義孝	出雲国神魂社領大庭・田尻保	地頭職補任	出雲北島家文書	七一四三	正
18	建長二年(一二五〇)三月二十八日	平氏字佐伊王	上総国伊南庄内田・在家	譲与安堵	相模覚園寺文書	七一八九	正
19	建長二年(一二五〇)十月二十三日	筑後国甘木村東西深浦村□	深堀能仲	替地充行	肥前深堀家文書	七二三七	正
20	建長二年(一二五〇)十二月二十七日	摂津国小真上領住人	権律師信成	譲与安堵	紀伊金剛三昧院文書	七二六〇	案

第二章　鎌倉幕府前期発給文書と執権制

――下知状を中心に――

はじめに

本章は、北条経時執権期までを仮に「鎌倉時代前期」とし、北条時政・義時・泰時・経時、四代にわたる時期の下文・下知状の発給状況より、執権政治の一側面を考察するものである。すでにこの時期に関しては多くの論考が一九八〇年代を中心に発表され、その研究内容も至高の域まで達した感じではあるが、先学の研究を整理しつつ、発給文書と執権政治を関連づけることとする。

鎌倉時代前期の幕府発給による下文・下知状の中には、『鎌倉遺文』において文書名の錯綜が見られるものがある。そこで本章では『鎌倉遺文』において「下文」・「下知状」、双方の文書名が錯綜した様式の文書に関し、その文書がどのような性格を有し、また、位置づけがなされるものかを検討し、さらにその文書が発給された背景を、当時の政治動向との関連から考察する。

一　先行研究の整理

本節では、まず、文書名が錯綜している文書様式に関し、以下に例をあげながら、先行学説を概観することとする。

〔史料一〕[1]

下　相模国南深沢郷住人

可早任故和田三郎宗実譲状、以高井太郎重茂為地頭職事、

右人、相具故大将殿御下文等、給田拾五町、自彼宗実手所譲得也者、任其状可為地頭職者、依鎌倉殿仰、下知如件、以下、

元久二（一二〇五）年二月廿二日　　　遠江守平（北条時政）（花押）

〔史料二〕[2]

下　加賀国井家庄地頭代官所

可早且停止自由狼藉、且致撫民計、従領家御下知事、

右、当御庄者、重役異他御庄也、而地頭代官以新儀非法為業之間、土民不安堵、公物難済之由、有其訴、早停止自由之狼藉、任先例可致沙汰之状、依鎌倉殿仰、下知如件、

元久二（一二〇五）年六月五日　　　遠江守平（北条時政）（花押）

右の示した史料一・二のように、文書冒頭部が「下　『宛所』」で始まり、書止文言が史料一に見られるごとく「下知如件、以下」、あるいは「下知如件、故下」であるもの（以下イ型）、もしくは史料二のように「下知如件」で終わるもの（以下ロ型）を本章の考察対象とする。

これらの文書を先学がどのように位置づけてきたかであるが、まず、文書冒頭部の「下　『宛所』」に着目されて「下文」とされた説としては、五味文彦氏が(3)「鎌倉殿下文」、湯山賢一氏が(4)「関東下文」、杉橋隆夫氏が(5)「将軍家略式政所下文」と呼称されて、下文の範疇で考えるべきことを示されており、菊池紳一氏(6)・青山幹哉氏(7)もこれらをうけて「下文」説をとられている。このうち、杉橋氏は、承元元年（一二〇七）十二月日付イ型文書を後(8)の文書において、「当家政所下文」と引用していることから、「政所の発給にかかる下文であることに相違な」(9)く、「発給主体を政所とする下文であることから「政所下文」とし、一方（発給機関が政所であることを明記し、別当以下がその職名を付して連署する）正規の様式を整えた文書を顧慮して「略式」の形容を付し、いまかりに「将軍家略式政所下文」と称しておきたい」と述べられている。書止に関わっては、五味氏・湯山氏・杉橋氏・菊池氏いずれもが、イ型文書を「下文」とされる一方、ロ型文書に関しては下文・下知状いずれの範疇に入れるべきか明言されず、わずかに、湯山氏が註記の中で、「寧ろ下知状よりは下文の範疇で考えた方が理解しやすいのではないか」と述べられただけであったが、青山氏が発給時期・連署判者の点から、イ型・ロ型どちらも「下文」(10)とされることを提唱された。

一方、書止文言の「下知如件」に注目した「下知状」説は、相田二郎氏(11)にはじまり、佐藤進一氏(12)、近藤成一氏(13)、瀬野精一郎氏(14)、折田悦郎氏(15)、仁平義孝氏(16)、さらに近年では熊谷隆之氏(17)に引きつがれている。

以上、イ型・ロ型をめぐる先行学説に関して「下文」説を中心に概括した。先の様式の文書を「下文」・「下知状」のいずれの範疇に入れるかについては諸説が分かれている。そこで、まず本章ではこの様式の文書を仮に「中間様式文書」と呼称し、この様式の文書が、機能的視点より、下文・下知状のいずれに帰属すべき文書であるのか考察することにする。このことは、第一章において鎌倉時代を通じた下文の様式上の変化を考察する際には、詳説していないものである。

二　中間様式文書の機能的位置づけ

鎌倉幕府発給の下文としては、建久二年（一一九一）に源頼朝が政所を開設するまでは史料三に見られるような袖判の下文が発給されていた。

〔史料三〕(18)

（花押）（源頼朝）

下　下野国寒河郡幷阿志土郷

可早以小山七郎朝光母堂為地頭職事

右、件所、早以朝光之母、可令執行地頭職、住人（等脱カ）宜承知、勿違失、以下、

文治三年（一一八七）十二月一日

この袖判下文の様式は、頼家・実朝の源氏将軍、頼経・頼嗣の摂家将軍の、いずれの将軍期においても、将軍が三位に叙せられる以前において用いられたものである。

次に示す史料四は北条時政発給による下知状の一例である。

〔史料四〕(19)

信濃国中野郷内五郎能成屋敷名田等事

右、名田拾町幷当所居住屋敷、所令安堵也、所従等事、付田如元可令召仕、可令止四郎妨之状、依　仰下知如件、

建仁四年（一二〇四）二月廿一日

遠江守（北条時政）（花押）[20]

この様式の文書は、建仁三年（一二〇三）九月十六日付文書以後、執権、あるいは執権・連署署判のうえ、幕府滅亡まで使用されていたものである。

先の袖判下文の特徴、文書冒頭部「下　『宛所』」と、下知状の特徴、書止文言「下知如件」を有する文書が『鎌倉遺文』において、「下文」と文書名が付されたり、「下知状」とされたりしているのである。この中間様式文書には、前節においてあげたように、イ型・ロ型の二種類が認められるが、その分類・区分に関しては、青山幹哉氏の述べられているとおり[21]、イ型・ロ型間に発給時期や署判者による相違はなく、さらに内容等にもさしたる相違がないことより、区別する必要性はないものと考える。

さて、中間様式文書を検討する前提として、下文・下知状の機能的な特徴を確認しておく。

下文には、将軍袖判の下文と、家司連署による政所下文がある。袖判下文は将軍が三位に叙せられる以前において、政所下文は三位叙位以後に発給されたものであり、この両者の間に内容上の相違はなく、原則、将軍の位階によって使い分けられただけである[22]。この下文は、源氏将軍のもと地頭職をはじめとする職の補任、所領給与・安堵、課役免除・守護使不入などの特権付与、裁許などの、一般に恒久的・永続的効力の期待される事項に関して発給されていた。しかし、将軍頼経期以後、下文の用途は知行充行と譲与安堵の二項目に限定され、さらに嘉元元年（一三〇三）に譲与安堵が外題安堵に切り替えられて以後は、知行充行だけに限られてしまう。

一方下知状は、比企氏の乱後、幼い実朝を将軍に擁立した時政が下文の代用として発給したことを契機とし[23]、その後、義時・泰時によって将軍不在期に[24]、あくまで下文の代用として用いられ、その間内容は先の下文と当然のごとく同一であった。しかし、頼経将軍就任後は、下文の発給と同時期に下知状の発給がみられるようになり、内容的には、先に述べたとおり、下文の用途を知行充行と譲与安堵に限定し、下知状の発給をもって特権付与や裁許、さらに所領所職安堵の一部[25]が下達されるようになる。

以上、下文・下知状に関し、その機能的特徴についての概略を記してきたが、次に下文・下知状と中間様式文書の関係を考察していくことにする。今回対象とする鎌倉時代前期における下文・中間様式文書・下知状それぞれの発給状況を表11とした。

中間様式文書は、北条時政によって元久元年（一二〇四）・二年（一二〇五）、北条泰時によって嘉禄二年（一二二六）から貞永元年（一二三二）まで、北条経時によって寛元元年（一二四三）に、発給されている。また、政所職員連署によるものが、時政失脚後の建永元年（一二〇六）から承元三年（一二〇九）までの間に見られるが、これは先の時政・泰時・経時発給の中間様式文書と区別して、後の節で検討を加えることにする。

ついで、中間様式文書の機能的特徴を検討するにあたり、その作業として、時政・泰時・経時の各時期における中間様式文書と下知状の、内容等に関する相違点を検討することにする。

時政署判の下知状・中間様式文書の一覧を表12[26]とした。

時政発給の下知状と中間様式文書に関しては湯山賢一氏による精緻な研究[27]がある。湯山氏は、中間様式文書が譲与安堵・地頭職補任・対権門裁許に用いられ、下知状が建仁三年（一二〇三）のクーデター時において暫定的に地頭職補任文書として発給されはしたが、実朝の政所始以降は対御家人裁許文書として用いられていたとされている。しか

表11　鎌倉時代前期下文･中間様式文書･下知状発給状況

年	下文		中間様式	下知状
	御判	政所		
文治2(1186)	16			
文治3(1187)	4			
文治4(1188)				
文治5(1189)	3			
建久元(1190)				
建久2(1191)		1		
建久3(1192)	1	12		
建久4(1193)		6		
建久5(1194)		3		
建久6(1195)				
建久7(1196)		3		
建久8(1197)		2		
建久9(1198)				
正治元(1199)				
正治2(1200)	3			
建仁元(1201)				
建仁2(1202)				
建仁3(1203)		1		4
元久元(1204)			2	5
元久2(1205)	2		7	5
建永元(1206)			1	1
承元元(1207)			2	
承元2(1208)			2	
承元3(1209)		2	2	
承元4(1210)		3		
建暦元(1211)				
建暦2(1212)		3		
建保元(1213)	1	2		
建保2(1214)		1		
建保3(1215)		4		
建保4(1216)		4		
建保5(1217)		2		
建保6(1218)				
承久元(1219)				3
承久2(1220)				8
承久3(1221)				34
貞応元(1222)				21
貞応2(1223)				20
元仁元(1224)				10
嘉禄元(1225)				5
嘉禄2(1226)	4		3	3
安貞元(1227)	3		3	2
安貞2(1228)	1		5	2
寛喜元(1229)	5		2	3
寛喜2(1230)	1		2	
寛喜3(1231)	4			2
貞永元(1232)		3	1	6
天福元(1233)		1		3
文暦元(1234)				1
嘉禎元(1235)		3		4
嘉禎2(1236)		3		4
嘉禎3(1237)		1		2
暦仁元(1238)		4		5
延応元(1239)		2		8
仁治元(1240)		3		7
仁治2(1241)		2		4
仁治3(1242)		4		1
寛元元(1243)		4	1	3
寛元2(1244)	3			3
寛元3(1245)				2
寛元4(1246)	4			

表12 北条時政発給下知状・中間様式文書（番号に○印を付けたものが中間様式文書）一覧

	年月日	受給者	対象地	内容	出典	遺文番号
1	建仁三年（一二〇三）九月十六日	小代行平	越後国青木	地頭職補任	肥後小代文書	一三七九
2	建仁三年（一二〇三）九月二十三日	藤原能成	信濃国志久見郷	地頭職安堵	出羽市河文書	一三八一
3	建仁三年（一二〇三）十月五日	小代行平	越後国中河保	地頭職補任	肥後小代文書	一三八八
4	建仁三年（一二〇三）十一月七日	小代行平	安芸国見布乃庄	地頭職補任	肥後小代文書	一四〇一
5	建仁四年（一二〇四）二月二十一日	中野能成	信濃国中野郷	屋敷・名田等安堵	出羽市河文書	一四三四
6	建仁四年（一二〇四）二月二十八日	甲斐大善寺	甲斐国柏尾別所	知行安堵	甲斐大善寺文書	一四三五
7	元久元年（一二〇四）三月十九日	中野能成	信濃国中野郷	名田安堵	出羽市河文書	一四四一
⑧	元久元年（一二〇四）八月二十二日	尋覚	肥前国宇野御厨内小値賀島	裁許	肥前青方文書	一四七三
9	元久元年（一二〇四）九月六日	出雲局	摂津国垂水庄	裁許	東寺百合文書ゐ	一四七九
10	元久元年（一二〇四）十二月三日	宗像神社	筑前国宗像神社領	裁許	宗像神社文書	一五〇八
11	元久二年（一二〇五）正月九日	源重平	肥前国宇野御厨内伊万里浦并津吉島	地頭職補任	肥前伊万里文書	一五一七
⑫	元久二年（一二〇五）二月二十二日	高井重茂	相模国南深沢郷	譲与安堵	出羽中条家文書	一五一九
⑬	元久二年（一二〇五）三月十三日	醍醐寺	伊勢国大橋御薗	裁許	山城醍醐寺文書	一五二七
14	元久二年（一二〇五）三月二十二日	重員	（不明）	裁許	山城菊大路家文書	一五二九
15	元久二年（一二〇五）四月二十二日	出雲国守護	出雲国大草郷	裁許	出羽北島文書	一五三二
16	元久二年（一二〇五）四月二十五日	武雄社	（武雄社）	裁許	武雄神社文書	一五三四
17	元久二年（一二〇五）五月六日	藤原家平	伊予国忽那島西方松吉名	裁許	伊予長隆寺文書	一五三九
18	元久二年（一二〇五）五月二十三日	俊光	近江国兼次名并成安名	裁許	尊経閣所蔵文書	一五四五
⑲	元久二年（一二〇五）五月二十七日	粉河寺	紀伊国来栖庄	裁許	高野山御池坊文書	一五四八
⑳	元久二年（一二〇五）六月五日	地頭代官	加賀国井家庄	裁許	尊経閣所蔵文書	一五五〇
㉑	元久二年（一二〇五）七月二十五日	藤原永頼	肥後国人吉庄	地頭職補任	肥後相良家文書	一五五六

し、その論考の中で中間様式文書の表12の8号文書を「裁許状とみるよりは地頭職補任の範疇で考えるべき下文」とし、地頭職補任を重視される一方で、9号文書は「裁許の補任状」として、裁許に重点を置かれている。湯山氏は中間様式文書を下文の範疇で考えられており、将軍頼経・執権泰時期に始まる下文・下知状の用途区分を時政期まで遡らせようとするあまり、8号・9号文書の理解に際し、このような結論へ向けた強引な区分を行ってしまったのではないだろうか。どちらも裁許状として捉えたほうが簡明だと私は考える。つまり、実朝の政所始以降の中間様式文書と下知状の間に内容による相違を認めることはできないのである。また、その発給対象地域も、中間様式文書が伊勢国・相模国・加賀国・紀伊国・肥前国・肥後国、下知状が摂津国・近江国・信濃国・甲斐国・越後国・出雲国・安芸国・伊予国・筑前国となっており、東国・西国、五畿七道の別、あるいは関東御分国であるや否やなどで区分することはできない。対象地の本所についても、中間様式文書のあつかう紀伊国粟栖庄は粉河寺領、加賀国井家庄は長講堂領であり、下知状のあつかう安芸国見布乃庄（壬生庄）は厳島神社領、摂津国垂水庄は東寺領、伊予国忽那庄は長講堂領で、どちらにも長講堂領が含まれていることより、この両者の間にとくに区分されていた様子はない。同様に、文書受給者についても、中間様式文書が御家人・寺院であり、下知状が御家人・寺院・神社であって、その相違点を見出すことはできない。

以上、時政発給の中間様式文書と下知状に関し、内容・発給対象地域・対象地の本所・文書受給者の各項目から、両者間の相違点の存在を検討したが、いずれの項目においても明確な相違点を見出し得なかった。

次に泰時期に関して検討を加える。泰時署判の下知状・中間様式文書のうち検討対象期のものを表13とした。

まずその内容であるが、中間様式文書は裁許・地頭職安堵・造伊勢神宮役夫工作料米沙汰命令や守護所使乱入停止命令などに用いられている。一方下知状も裁許・所領所職安堵・地頭職補任・守護所使乱入停止命令などに用いられ

表13　北条泰時発給下知状・中間様式文書（番号に○印を付けたものが中間様式文書）一覧

	年月日	受給者	対象地	内容	出典	遺文番号
1	貞応三年(一二二四)九月七日	藤原忠義	讃岐国櫛無保	地頭職補任	島津家文書	三二八一
2	貞応三年(一二二四)九月十八日	高野山	筑前国粥田庄	寺領安堵	高野山金剛三昧院文書	三二八四
3	貞応三年(一二二四)十一月十一日	藤原能成	信濃国楢郷	地頭職安堵	出羽市河文書	三三〇七
4	貞応三年(一二二四)十一月三十日	平重資	周防国仁保庄	譲与安堵	長門三浦家文書	三三一六
5	元仁二年(一二二五)正月一日	藤原経光	駿河国木河幷播磨国福井庄	地頭職補任	吉川家文書	三三三五
6	元仁二年(一二二五)四月二日	東寺	摂津国垂水庄	裁許	東寺百合文書京	三三六二
⑦		猿二郎	肥前国国分寺	譲与安堵	肥後阿蘇品家文書	三三七一
8	嘉禄元年(一二二五)十一月十九日	豊前大炊助	(豊前国)	宇佐宮造営命令	宇佐宮記	三四三〇
9	嘉禄元年(一二二五)十一月二十三日	宇佐宮官人代氏安	高村名田畠他	裁許	豊前高牟礼文書	三四三二
10	嘉禄元年(一二二五)十二月十五日	土佐国守護	土佐国片山御領	召文	前田家所蔵文書	三四三九
⑪	嘉禄二年(一二二六)正月二十六日	諸国御家人等		禁断三ヵ条	新編追加	三四五五
⑫	嘉禄二年(一二二六)四月二十日	山中俊信	近江国山中	山中守護事	近江山中文書	三四八〇
13	嘉禄二年(一二二六)八月十八日	賀来社	(不明)	裁許	豊後柞原八幡宮文書	三五一五
14	嘉禄二年(一二二六)八月二十六日	中臣助道	(下総国香取宮)	神主職安堵	香取大宮司家文書	三五一七
⑮	嘉禄二年(一二二六)十一月三日	甲斐大善寺	(甲斐国)	大善寺修造人夫事	甲斐大善寺文書	三五四〇
16	嘉禄二年(一二二六)十二月八日	(不明)	(不明)	裁許	薩摩比志島文書	三五五三
17	嘉禄三年(一二二七)三月二日	利恒	(陸奥国塩釜社)	裁許	陸奥塩釜神社文書	三五八三
⑱	嘉禄三年(一二二七)三月十九日	高木季家	肥前国佐嘉御領	裁許	肥前龍造寺文書	三五九一
⑲	嘉禄三年(一二二七)六月六日	中臣則長	常陸国大窪郷	裁許	常陸塙不二丸氏文書	三六一七
20	嘉禄三年(一二二七)八月十六日	行元	(下総国相馬御厨)	裁許	伊勢櫟木文書	三六四九
㉑	嘉禄三年(一二二七)八月二十三日	春日神社	伊賀国壬生野庄	伊勢神宮役夫工米沙汰命令	春日神社文書	三六五三

	年月日	受給者	対象地	内容	出典	遺文番号
㉒	安貞二年(一二二八)二月六日	藤原兼定	石見国周布郷等	地頭職安堵	萩藩閥閲録	三七一六
㉓	安貞二年(一二二八)三月十一日	高野山	大和国夜部庄	仏聖燈油人供事	高野山寂静院文書	三七三一
㉔	安貞二年(一二二八)三月十三日	源持	肥前国宇野御厨内小値賀島	裁許	肥前青方文書	三七三二
㉕	安貞二年(一二二八)三月三十日	伊豆局	伊豆国玉河郷	裁許	伊豆三島神社文書	三七三五
㉖	安貞二年(一二二八)五月十九日	中臣政親	常陸国橘郷	裁許	鹿島大禰宜家文書	三七四五
27	安貞二年(一二二八)十一月二十五日	圓豪	豊後国六郷山	裁許	肥前島原松平文庫文書	補九五八
28	寛喜元年(一二二九)四月十日	神護寺	丹波国上林庄	守護所使入部停止命令	神護寺文書	三八三〇
29	寛喜元年(一二二九)八月七日	甲斐大善寺	甲斐国柏尾山	乱入停止命令	甲斐大善寺文書	三八六〇
㉚	寛喜元年(一二二九)八月二十五日	高野山	河内国讃良庄	守護所使入部停止命令	高野山金剛三昧院文書	三八六三
㉛	寛喜元年(一二二九)十月三十日	大江通頼	肥前国宇野御厨	地頭職等安堵	肥前武雄鍋島家文書	補九八七
㉜	寛喜二年(一二三〇)十一月日	(不明)	島津庄内日向方	裁許	備忘録抄市来北山新兵衛蔵	四〇五四
㉝	寛喜二年(一二三〇)十一月日	(不明)	島津庄日向方	裁許	備忘録抄市来北山新兵衛蔵	四〇五五
34	寛喜三年(一二三一)二月十三日	(熊谷氏)	安芸国三入庄	守護所使入部停止命令	長門熊谷家文書	四〇九九
35	寛喜三年(一二三一)五月三日	(不明)	尾張国海東三ヵ庄	裁許	久我家文書	四一三八
36	寛喜四年(一二三二)四月十七日	賀茂別雷神社	丹波国私市庄	裁許	賀茂別雷神社文書	四三〇九
37	貞永元年(一二三二)七月二十六日	宗像神社	筑前国東郷内曲村	裁許	宗像神社文書	四三四八
38	貞永元年(一二三二)八月十九日	賀茂別雷神社	出雲国福田庄	裁許	賀茂別雷神社文書	四三六二
㊴	貞永元年(一二三二)九月二十四日	神護寺	播磨国福井庄西保	裁許	神護寺文書	四三七九
40	貞永元年(一二三二)十一月四日	熊谷時直	武蔵国熊谷郷	地頭請所事	長門熊谷家文書	四四〇〇
41	貞永元年(一二三二)十一月十三日	前左兵衛佐顕氏	河内国西氷野庄	知行充行	菊亭文書	四四〇四
42	貞永元年(一二三二)十一月二十八日	鮫島家高	薩摩国阿多郡	裁許	二階堂文書	四四〇七

ており、両者の間に内容面における相違を見出すことはできない。ついで対象地域であるが、中間様式文書は大和国・河内国・伊賀国・伊豆国・常陸国・近江国・甲斐国・石見国・播磨国・肥前国・日向国、一方下知状は河内国・摂津国・尾張国・駿河国・武蔵国・下総国・信濃国・甲斐国・陸奥国・丹波国・出雲国・播磨国・安芸国・周防国・讃岐国・土佐国・筑前国・豊前国・豊後国・薩摩国であり、この両者を東国・西国、五畿七道、関東御分国などによって区分することは不可能である。対象地の本所については、中間様式文書のあつかう伊賀国壬生野庄が春日神社領、大和国夜部庄が高野山寂静院領、伊豆国玉河郷が三島神社領、常陸国大窪郷・橘郷が鹿島神宮領、河内国讃良庄が高野山金剛三昧院領、播磨国福井庄が神護寺領となっており、一方下知状では、中間様式文書であつかわれた播磨国福井庄が下知状でもあつかわれ、讃岐国櫛無保・周防国仁保庄がともに法勝寺領、筑前国粥田庄が高野山金剛三昧院領、摂津国垂水庄が東寺領、下総国相馬御厨が伊勢神宮領、丹波国上林庄が神護寺領、安芸国三入庄が熊野社領、丹波国私市庄・出雲国福田庄が賀茂別雷神社領、筑前国東郷が宗像神社領、武蔵国熊谷郷が鶴岡八幡宮領であって、どちらにも神護寺領播磨国福井庄が含まれること、中間様式文書のあつかう河内国讃良庄と下知状のあつかう筑前国粥田庄がともに高野山金剛三昧院領であることなどより、両者を本所によって分類することもできない。さらに文書受給者を比較すると、中間様式文書は御家人・神社・寺院、一方下知状も御家人・神社・寺院となっており、これもまた、両者を区分する要素たり得ないのである。

ついで経時期であるが、その発給による中間様式文書はわずかに一通が残存するだけであり、また、下知状も八通しか残存していない。経時署判文書を表14とした。

中間様式文書は、内容が裁許、対象地が醍醐寺領越前国牛原庄、文書受給者は醍醐寺である。一方下知状は、内容が裁許・安堵、対象地域は下総国・越中国・越後国・安芸国・肥後国で、対象地の本所は下総国織幡・多田郷が香取

表14　北条経時発給下知状・中間様式文書（番号に○印を付けたものが中間様式文書）一覧

	年月日	受給者	対象地	内容	出典	遺文番号
①	寛元元年（一二四三）七月十九日	醍醐寺	越前国牛原庄	裁許	山城醍醐寺文書	六二〇四
2	寛元元年（一二四三）九月二十五日	香取神宮権禰宜有助等	下総国織幡・多田郷	裁許	香取旧大禰宜家文書	六二三九
3	寛元元年（一二四三）十一月二十日	北郷兼持女子尼	（不明）	紛失安堵	備忘録抄市来北山新兵衛蔵	六二五〇
4	寛元元年（一二四三）十二月二十三日	相良頼重	肥後国泉新庄内山井名等	裁許	肥後相良家文書	六二六六
5	寛元二年（一二四四）四月二十三日	山代固後家尼		裁許	肥前松浦山代文書	六三〇八
6	寛元二年（一二四四）七月二十一日	高井時茂	越後国奥山庄	裁許	出羽中条敦氏所蔵文書	六三四五
7	寛元二年（一二四四）十二月二十四日	藤原康久	越中国堀江庄内西条村	裁許	尊経閣所蔵文書	六四二一
8	寛元三年（一二四五）三月二十八日			裁許	安芸香川家文書	補一三三五
9	寛元三年（一二四五）十一月二十一日	小早川茂平	安芸国都宇・竹原庄	裁許	小早川家文書	六五七七

神宮領、越後国奥山庄が殿下渡領、越中国堀江庄が祇園社領、安芸国都宇・竹原庄が賀茂御祖神社領であり、文書受給者は御家人・神官らであった。これらの要素だけからでは、中間様式文書と下知状の相違点の有無を判断することは困難のように思われるが、中間様式文書が裁許をあつかっており、下知状にも裁許をあつかったものが残存することと、対象地域として、中間様式文書の越前国、下知状の越中国・越後国がいずれも北陸道に属することなどより、両者の間に相違点はないものと思われる。

以上、時政・泰時・経時発給の中間様式文書を検討し、いずれの時期においても同時期発給の下知状との間に、その内容等において、顕著な相違点を見出すことができないことを指摘した。一方、下文と中間様式文書の相違点に関しては、中間様式文書と下知状の間に相違点がないことより、泰時期・経時期の下文・下知状併用期において、下文と中間様式文書は内容において明らかに相違し、下文は知行充行・譲与安堵に、中間様式文書は裁許・特権付与など下文であつかわれない恒久的効力の期待される事項に関して用いられていた。中間様式文書は下知状の範疇で考えるべきものと言えるのではないだろうか。[31]

三　中間様式文書発給と政治動向

第二節において、下知状と中間様式文書両者間の内容・対象地域・対象地の本所・受給者の各項目から、相違点に関し検討を加え、その結果、中間様式文書は下知状の範疇で考えるべきことを指摘した。

佐藤進一氏が、「下知状の発生と盛行は、全く北条氏執権政治の発生発展と照応するといってよい」と述べられている。[32]そこで、本節では、時政・泰時・経時それぞれの時期の政治動向と中間様式文書発給との関連について検討することにする。

時政が単独署判の下知状を発給するようになるのは、比企氏の乱後、時政主導のもと、彼の擁立した将軍実朝の治世下においてである。『吾妻鏡』建仁三年（一二〇三）九月十日条に「今日、諸御家人等所領如元可領掌之由、多以被下遠州御書」と記されている。右のことは、実際に現存する時政単独署判の下知状によって確認され、臨時的・暫定的とはいえ、それまで将軍御判下文や政所下文によって行われていた所領所職の安堵が時政単独署判の文書によって行われたことを示している。この時政単独署判の下知状は、所領所職の安堵をはじめとして、所領所職の充行・補任、裁許などをその内容とし、彼が失脚する元久二年（一二〇五）まで発給され続ける。この間、実朝袖判の下文は見られない。つまり、失脚するまで時政は、頼朝・頼家期に下文で下達されていたことを、彼の単独署判による下知状をもって下達していたのである。

ここで、時政発給文書が「単独署判」である点に着目し、この「単独署判」が何を意味するのか、当時の職制との関連から考察を加えてみることにする。

『吾妻鏡』建仁三年（一二〇三）十月九日条に「今日将軍家政所始也、午剋、別当遠州、広元朝臣已下家司各布衣、等着政所」とある。[33]時政はこの時期初めて幕府の職制上に名称を有する役職を得、それも政所別当という最重要ポストに就任したのであった。そして、留意しなくてはならないのは、この記事に前後して時政単独署判の下知状が見られるようになるという事実である。このことより、政所別当の職権に幕府発給の下文・下知状に単独で署判するということが含まれていたのではないかと想定され得るのであるが、結論から先に言えば、この当時の政所別当にそのような職権があったとは認められない。頼朝期より政所別当の職にあった大江広元の単独署判による下文・下知状は一通も残存していない。もしこの時期、実朝幼少のため、政所別当がその職権を代行していたとするならば、なぜ、時政単独署判の下知状が存在する一方で、もう一人の政所別当大江広元の単独署判、あるいは時政・広元の連署による下文・下知状が残存していないのであろうか。時政失脚後の幕府発給文書を見てみると、元久二年（一二〇五）に実朝の奥上署判[34]・袖判[35]の下文が各一通見られ、建永元年（一二〇六）以後実朝の三位叙位までは後に述べる政所職員連署による中間様式文書が残存している。このことより、時政単独署判の下知状が実朝の将軍職就任当初の暫定的なものであったとするならば、ある時期から時政を含めた政所職員連署文書に切り替わるはずである。ところが実際には、実朝の将軍就任後、時政失脚までの間、発給文書は時政単独署判であり、広元以下の連署文書は例外的な存在でしかない。[36]また、この間に時政以外の政所職員による単独署判の下文・下知状は一通も残存していない。杉橋隆夫氏は時政を「執権別当」と位置づけられているが、[37]「執権別当」が単独署判の文書を発給したと考えるのであれば、時政失脚後の発給文書も政所職員連署ではなく、「執権別当」単独署判のものであってしかるべきではないだろうか。つまり、別当の職権に単独署判の下文・下知状を発給するということが含まれていたとは考え難いのである。従って時政は政所別当の地位を拠り所として幕政を主導してはいたが、時政の単独署判による下知状の発給は政所別当以外の職権によるものと考えなくてはならない。時政の発給した下知状の「単独署判」の意味は、政所別当を越える権限を有するポスト、つまりここに〝執権〟を見ることができるのではないだろうか。(38)

さて、この時政の執権としての基盤は、自らの擁立した将軍実朝の外祖父という立場にあり、湯山氏の指摘のとおり「天皇に対する藤原氏の「摂政」そのものをモデルとしたことは明白である」(39)。また、時政の失脚は、牧氏の陰謀によってであり、これが、自己の女婿である平賀朝雅を将軍にしようとしたものであることから、時政が自己の意思による将軍の擁立・廃位を可能にし、将軍を完全に自己の統制下に置こうとしていたものと考えられる。このような動きの中で、時政は単独署判による中間様式文書を発給しているのであり、その文書冒頭部「下　『宛所』」に注目すれば、湯山氏の指摘のごとく、「執権時政の念頭にあったものは頼朝の袖判下文」であり、文書上に「将軍権力の完全なる代行者」を表現しようとしたのではないだろうか。ただし、発給文書には中間様式文書ではない下知状もあり、広元以下の政所職員連署文書も残存していることより、時政の権力集中策は道半ばであったと考えられるのである。

ついで、泰時による中間様式文書発給期の政治動向を検討する。

『吾妻鏡』によると、嘉禄元年（一二二五）十二月二十日に、幕府が大倉の地から宇津宮辻子へ移され、翌二十一日、その御所において評定衆の評議始が行われた。評定制に関しては、佐々木文昭氏(40)・仁平義孝氏(41)らが述べられているとおり、正治元年（一一九九）の「十三人の合議制」がその出発点と考えられるが、この嘉禄元年（一二二五）は御所内への評定所の設置等、評定制度の確立期であった。当時の評定衆は、政所・問注所の官僚層と有力御家人とからなり、これに執権・連署が加わって評定会議が行われていた。ついで、十二月二十九日に頼経は元服し、翌年正月二十七日に将軍宣下を受ける。頼経の鎌倉下向から六年半が経過し、ついに将軍空位時代にピリオドが打たれることになった。ここに将軍袖判の下文が復活するのであるが、その用途は譲与安堵・知行充行に限定され、裁許などは下知状発給をもって下達され続けることになる。この下知状によって下達されたことはいずれも評定衆によって評議されたものであり、加えるに下知状に署判しているのが執権・連署両名であることは、評定会議において執権・連署が主導権を握っていたことをうかがわせるものである。そして、その下知状の中に中間様式文書が多く見られるのである。

また、泰時による政治改革の中で画期的なこととして、貞永元年（一二三二）八月の御成敗式目制定をあげることができる。この御成敗式目の制定をもって、一般に泰時の政治体制が確立されたといわれているが、この時期、貞永元年（一二三二）九月二十四日付の文書が現存する泰時署判中間様式文書の最後のものである。(42)

以上のことより、泰時期の政治動向と中間様式文書発給との関連についてまとめると、評定制度確立期から中間様式文書が見られるようになり、御成敗式目制定直後をもって、以後見られなくなる。すなわち、泰時による中間様式文書発給と、幕政改革とは密接な因果関係があったものと推知されるのである。

最後に経時期の政治動向と中間様式文書発給との関係について考察することにする。

仁治三年（一二四二）に泰時が没すると、その孫経時が執権に就任する。この当時、将軍頼経は将軍就任からすでに十六年を経過しており、青山幹哉氏が指摘されているように、(43)名越氏を中心としたその側近層が形成されていた時期であった。そして、『平戸記』には、経時の執権就任直後に、鎌倉で何らかの合戦騒ぎがあったらしいことが記されている。つまり、佐藤進一氏も指摘されているように、(44)当時の情勢を総合すると、名越氏を中心とした将軍側近層が将軍頼経を旗印として、経時の執権就任に異を唱えていた。泰時の死を契機とし、将軍を旗印として掲げることによって、名越氏が幕政の主導権を泰時流から奪取しようと画策していたのではないかと考えられるのである。

泰時の後を継いだ経時には多くの課題があったものと思われる。在任期間三年九ヵ月の間に実に五十一ヵ条もの追加法を定めている。これは時頼期の十年八ヵ月の間の五十七ヵ条とほぼ同数であり、泰時期の十八年間に御成敗式目五十一ヵ条を含めた法令二百四十ヵ条とほぼ同じ割合になる。そして、そのうち寛元元年（一二四三）八月二十六日付の追加法では、泰時期の判決を特別の理由がない限り変更しないことを定めている。それまで将軍（政子もこれに準じている）を基準としていた不易法が、はじめて執権を基準としたものとなったのであった。さらに寛元元年（一二四三）九月二十五日付の追加法では、手続きの遅延を理由として将軍の事書き閲覧を省略することを定めるなど、裁判権が執権の掌中にあることを法令として示しているのである。(45)(46)

以上のような状況を前提に、経時発給による文書を通覧すると、経時は泰時期に倣い下知状を発給しているが、その現存する最初のものが中間様式文書である。この文書は寛元元年（一二四三）七月十九日付の裁許状であり、七月十九日が先に示した二ヵ条の追加法の発令される直前にあたること、さらに現存する二通目が将軍による事書閲覧省略を示した法令と同日付の九月二十五日付の下知状による裁許状であること、そして以後、中間様式文書が見られなくなることを指摘できる。(47)(48)

その後、寛元二年（一二四四）に経時は頼経にかわり、当時六歳の頼嗣を将軍に就任させる。文書は前例に倣い、譲与安堵・知行充行に関しては頼嗣袖判の下文、裁許等には経時署判の下知状が発給された。

経時による中間様式文書発給は、側近層が形成された将軍頼経期に、裁判権行使の主体が法令制定によって執権であることを明示する以前に行われていた。すなわち、経時による最終的な裁判権獲得の戦いの過程で発給されていたのである。

以上、中間様式文書の発給されていた時期の政治情勢を、時政・泰時・経時の各期について概観してみた。ここで、それぞれの時期に指摘したことを総括すると以下のようになる。

時政期は、頼家を廃し、幼い実朝を将軍に擁立して、それまでの下文の代用という形で時政単独署判の下知状が発給されるようになった時期。そして、自己の擁立した実朝をも廃し、女婿平賀朝雅を将軍職に据え、将軍の擁立・廃位を自己の恣意によるところとしようとしていた時期であったことを指摘した。中間様式文書は、こういった時政による幕政主導期に、将軍による袖判下文を意識して発給されたものであった。

泰時期は、幼い将軍頼経のもと、下文の用途を限定し、それまで下文の代用でしかなかった下知状を、下文との用途分離をもって使用し続ける、下文・下知状の併用期がスタートした時期であった。そして、彼の発給による中間様式文書の多くが、評定制度確立期から御成敗式目制定直後までの泰時による幕政改革期、泰時政治確立期のものであることを指摘した。

経時期は、名越氏を中心とした側近層が形成されていた将軍頼経期に執権に就任した若い経時が、裁判権が執権の掌中にあることを法令制定をもって明示しようとしていた時期であったと判断されることを指摘し、中間様式文書の発給が、この法令制定前にあたることを確認した。

つまり、いずれの時期も、執権にとって、将軍権力を掣肘・凌駕することが課題となっていた時期であり、自己の権限を発給文書上に表現するため、下知状様式に下文的要素を付与した中間様式文書が用いられたのではないかと考えられるのである。

四　政所職員連署中間様式文書と政治動向

前節において、時政期、泰時期、経時期における政治動向と中間様式文書発給との関係について考察を加えてきたが、いずれの時期も将軍権力の凌駕を意図していたことがうかがわれた。本節では先に保留した時政失脚後の政所職員連署による中間様式文書の発給、さらには義時署判文書について、当該期の政治動向との関連も含めて考察することにする。

『吾妻鏡』によると、元久二年（一二〇五）閏七月十九日、牧氏の陰謀が露顕し、時政は幕府をおわれる。そして翌二十日の条に「今日相州令奉執権事給」と記され、義時が事件後ただちに執権に就任したとしている。『保暦間記』にも「二位殿ノ御計ニテ、義時ヲ時政ニ替テ将軍ノ執権トス」と記されており、『北条九代記』(49)にも義時の執権就任の記事がみられる。つまり、後に書かれたいずれの記録類にも、時政失脚後間をおかずに、義時が執権職を継承したと記されているのである。

しかし、これらの諸記録類の記事を全面的に信用してよいとは思われない。

先に時政の執権としての活動徴証として、彼の単独署判による下知状発給をあげた。もし義時が時政の後を継いですぐに執権に就任したのであれば、義時単独署判の下知状が元久二年（一二〇五）閏七月二十日以後ただちに発給されるはずであった。ところが彼の単独署判による下知状は、実朝暗殺後まで見ることはできない。また、時政が幕政主導のために政所別当就任を一つの手段としたのに対し、義時の場合は政所別当就任の時期すら判然としないのである。

時政失脚後の義時発給文書の初見は承元三年（一二〇九）十二月六日付関東御教書(50)であり、同月十一日付政所下文(51)

には別当としての署判が加えられている。しかし、これらの文書があらわれるまで、時政失脚から実に約四年半の間、幕府発給文書に義時の署判を見ることはできない。この間の幕府発給文書は、実朝の奥上署判・袖判下文を経て、政所職員連署による文書となり、政所職員連署文書は建永元年（一二〇六）七月四日付文書をその初見とし、実朝の三位昇任までの間、発給されていた。これらを表15とした。(52)杉橋隆夫氏は、先にも示したように、この政所職員連署による中間様式文書を「将軍家略式政所下文」と呼ばれている。(53)しかし、中間様式文書が発給される以前に、同じ政所職員連署によって発給された建永元年（一二〇六）七月四日付文書が明らかに下知状様式の文書であったことより、政所職員連署文書の位置づけに際しても、まずこの下知状と中間様式文書との相違点を考える必要があるように思われる。(54)ただし、経時期同様、残存数が少ないため、考察には制限を受けざるを得ない。まず内容であるが、下知状は裁許状であり、中間様式文書は裁許・地頭職補任・譲与安堵・守護への大番下向命令をあつかったものである。対象地域は、下知状が尾張国、中間様式文書が和泉国・武蔵国・下総国・若狭国・伊予国・筑前国・肥前国となっていて、五畿七道・関東御分国等による分類はできない。対象地の本所は、下知状の尾張国堀尾庄は殿下渡領、中間様式文書のあつかう下総国相根は香取神宮領、若狭国国富庄は太政官厨家領、伊予国忽那庄は長講堂領、筑前国本木内殿は宗像神社領となっている。文書受給者は、下知状は御家人、中間様式文書は御家人・寺院・神社となっている。対象地の本所に関し多少の相違点が考えられなくはないが、残存数の少ないこと、他の要素に差異はないこと、さらに下知状と同月十四日付中間様式文書の署判者が五人とも同じであることなどから、これらの政所職員連署による中間様式文書を下知状と区別する必要性はないものと判断される。(55)つまり、政所職員連署中間様式文書も一括して下知状の範疇で考えてよいものと思われるのである。

それではなぜ、実朝の袖判による下文が発給されるべき時期に、政所職員連署による文書が発給されたのであろうか。御判の下文から政所職員連署文書への移行理由が問題となるところであるが、残念ながらこの間の事情は判然としない。ただ、『吾妻鏡』などに見られる官僚層の活動徴証より、この文書発給によって、大江広元以下の政所職員が時政のような将軍権力の吸収・奪取を意図したとは到底考えられないことは明らかである。また、中間様式文書が、袖判下文的要素を多分に含み、かつ奉書的性格を有する文書様式であることより、政所職員が将軍にかわり、将軍の仰せを奉って文書を発給するに際し、最も適した文書様式ということで多く用いられたのではないかと推察されるのである。

表15　政所職員連署下知状・中間様式文書（番号に○印を付けたものが中間様式文書）一覧

	年月日	受給者	対象地	内容	出典	遺文番号
1	建永元年（一二〇六）七月四日	後藤行直	尾張国堀尾庄	裁許	宮内庁書陵部所蔵文書	一六二六
②	建永元年（一二〇六）七月十四日	宗像氏用	筑前国本木内殿	裁許	宗像神社文書	一六二八
③	建永二年（一二〇七）六月四日	尋覚	肥前国宇野御厨内小値賀島	地頭職補任	肥前青方文書	一六八七
④	承元元年（一二〇七）十二月　日		若狭国国富庄	裁許	壬生家文書	一七〇九
⑤	承元二年（一二〇八）三月十三日	有道・有高	武蔵国吾那春原広瀬郷越生郷	譲与安堵	報恩寺年譜	一七二二
⑥	承元二年（一二〇八）閏四月二十七日	藤原国重	伊予国忽那島	譲与安堵	伊予忽那文書	一七四〇
⑦	承元三年（一二〇九）三月十七日	香取社	下総国相根村他	裁許	香取社旧大禰宜家文書	一七八四
⑧	承元三年（一二〇九）六月十六日	三浦盛連	（和泉国）	大番催促	筑後和田文書	一七九四

右記以外に時政下知状発給期に次の二通が存する。

①	元久元年（一二〇四）十二月十八日	行助・能行	武蔵国別符郷	裁許	集古文書十二成田行明蔵	一五〇九
②	元久二年（一二〇五）五月二十八日	庄官等	加賀国額田庄	裁許	中院家文書	一五四九

時政発給の中間様式文書と政所職員連署の中間様式文書は、署判者を除くと同じ様式の文書である。同じ様式の文書は同時代において同じ機能を有することから、その発給者たる時政と大江広元以下の政所職員は同様な権力・権限を有すると考えられるのであるが、文書発給における時政の意図と政所職員の意図は明らかに相違する。時政は時政個人が「将軍権力の完全なる代行者」たらんとし、将軍権力の簒奪を意図していたが、広元らは文書発給を通して将軍権力を代行してはいるが、将軍権力を自らの思うままにしようとしていたとは到底考えられない。中間様式文書はその様式的特徴より将軍権力の代行文書として最もふさわしい文書であったことより、政所職員たちが連署判を以てこの時期発給していたと考えられるのである。

実朝の三位昇任に伴って、政所下文が発給されるようになる。その現存する最古のものが承元三年（一二〇九）七月二十八日付の文書であるが、[56]そこに義時の署判を見ることはできない。政所機構が整備されて以来、政所下文には別当以下、令・知家事・案主が署判を加えることが原則であったはずであるから、この文書に義時の署判が見られない事実は、義時が政所別当に就任していなかったことを推測させる。杉橋氏はこの文書が案文であることより、案文作成段階において義時の署判を落してしまったと考えられているが、[57]先の政所職員連署中間様式文書に義時の署判はなく、また、政所下文に移行した最初の文書にも義時の署判がないこと、さらにこの当時の御教書にも義時の署判がないことより、[58]岡田清一氏も指摘されているように、[59]義時の政所別当就任は時政失脚後すぐにではなく、署判から考えると、承元三年（一二〇九）七月二十九日以降同年十二月三日以前とするべきであろう。

ところで、政所下文への署判で、もう一つ注目すべきこととして、建保四年（一二一六）四月以後別当が九人に増員されることがあげられる。九人のうち過半数の五人は大江広元をはじめとする官僚層、一人は義時、もう一人は時房、残る二人が将軍家一族の源頼茂と大内惟信である。この将軍家一族の登用に関する評価は二つに分かれているが、[60]

当時実朝に権力が集中していたとは考え難いことより、杉橋氏が言及されているように、[61]別当九人制は義時主導で行われ、将軍家一族の二人が「政所に一つの勢力をなしたとは考えがたく、その地位は名誉職に近いもの」であり、「この二人を別当に登用することによって、政治の実権が源氏将軍の手から離れていく事態に対する源氏一族の不満を和らげる効果を狙った」と考えるのが妥当であろう。

以上のことより、時政を追放した後の義時の政策は、次のように総括されよう。義時は時政追放後、時政の例には倣わず、単独署判の下知状を発給しなかった。そして文書発給は、実朝の手、その後実朝の仰せを奉じた政所職員の手に委ねられた。義時は時政失脚後約四年半の間政所別当に就任せず、就任後も政所下文に別当の一人として署判するだけで、単独署判による下知状を発給することはなかった。つまり義時は、時政が行った幼い実朝を擁しての強引な権力独占政策を転換し、官僚層を幕政の表面に立てる政所重視の姿勢を見せていたのである。[62]つまり、政所職員との協調体制をはかりながら、自己の実力を徐々に養っていたと考えられるのである。承元三年（一二〇九）十二月十一日付政所下文[63]から建保三年（一二一五）十月二日付政所下文[64]まで義時は政所別当上首であり、そして別当九人制[65]が義時主導と考えられることより、このことは端的に示されているといえよう。

時政失脚後、実朝暗殺までの幕府は以上のような状況であった。しかし、建保七年（一二一九）正月二十七日、実朝が公暁によって鶴岡八幡宮境内で暗殺されると、状況は大きく変化したと言わざるを得ない。幕府は実朝の後継者として、頼朝と血縁関係にある藤原頼経を京より迎えるが、当時頼経は二歳の幼児であり、将軍宣下も受けておらず、嘉禄二年（一二二六）正月二十七日までは、あくまで次期鎌倉殿「候補」にすぎなかった。政所下文発給の権利者である公卿実朝の死に伴い、必然的に政所下文の発給はただちに停止され、機能代行の必要性より義時単独署判による下知状が登場する。しかしこの下知状には、時政発給の下知状との間に注目すべき相違点が存在する。それは、時政発給の下知状に「依鎌倉殿仰」という文言があるのに対して、義時発給の下知状には「依仰」とあるだけで、「鎌倉殿」という文言がなくなっている点である。このことが、頼経がまだ鎌倉殿「候補」でしかないことを幕府発給文書の表面に端的に表現しているのは確実である。また、この時、義時が単独署判の下知状を発給し得たのは、幕府内で大きな発言力を有していたとされる彼の姉で、頼朝未亡人である政子の影響力も考慮しなければならないが、彼自身の養ってきた実力の大きさによるところがむしろ大であったと思われる。すなわち彼の有した御家人の代表者としての実力が、将軍不在期の将軍権力代行者義時を誕生させたと考えられるのである[66]。

この義時単独署判の下知状の発給期には、中間様式文書が一通も残存していない。当時、幕府には将軍がおらず、執権義時主導型の政治体制が整えられていたことより、時政期のような将軍権力の凌駕を意図する必要性はなく、また、政所職員連署期のような下文的要素を含む文書様式も必要としていなかったため、中間様式文書の発給が見られなかったものと考えられるのである。

五　中間様式文書の性格

以上、中間様式文書の位置づけについて考察を加えてきた。繰り返しにはなるが、中間様式文書は、鎌倉時代前期に下知状の一形態として発給され、そこには執権による将軍権力の凌駕が意図されており、将軍家袖判下文が意識されたことによって、下文的要素が下知状に付加されていたと考えられるのである。

近藤成一氏の論考にも示されていることではあるが[67]、第一章で下文の様式変化が下知状の影響を受けたものであることを指摘した。そして、時頼期以降、下文に花押を据えるのが執権・連署だけとなる。このことは、執権・連署署判の下知状・御教書の存在と相俟って、幕府政治の実権が北条氏の掌中に帰したことを文書表面上に反映したものと考えられるのである。中間様式文書は、執権制成立・確立期における幕府権力の方向性を示すものと言えるのではないだろうか。

註

(1) 「出羽中条家文書」(『鎌倉遺文』一五一九号)。
(2) 「尊経閣所蔵文書」(『鎌倉遺文』一五五〇号)。
(3) 五味文彦「源実朝―将軍独裁の崩壊」(『歴史公論』五巻三号、一九七九年。のち『吾妻鏡の方法』吉川弘文館、一九九〇年)。
(4) 湯山賢一「北条義時執権時代の下知状と御教書」(『國學院雑誌』八〇巻一一号、一九七九年。のち日本古文書学会編『日本古文書学論集5 中世I』吉川弘文館、一九八六年、湯山賢一第一論文)。
(5) 杉橋隆夫「鎌倉執権政治の成立過程―十三人合議制と北条時政の『執権』職就任―」(御家人制研究会編『御家人制の研究』吉川弘文館、一九八一年。のち日本古文書学会編『日本古文書学論集5 中世I』吉川弘文館、一九八六年、杉橋隆夫第一論文)。
(6) 菊池紳一「北条時政発給文書について―その立場と権限―」(『学習院史学』一九号、一九八二年)。
(7) 青山幹哉「「御恩」授給文書様式にみる鎌倉幕府権力―下文と下知状―」(『古文書研究』第二五号、一九八六年、青山幹哉第一論文)。
(8) 「壬生家文書」(『鎌倉遺文』一七〇九号)。
(9) 建保四年(一二一六)八月十七日付「壬生家文書」(『鎌倉遺文』二二五八号)。
(10) 青山氏の言われる「下知/下文A型」を本章ではイ型、「B型」をロ型と呼んでいる。
(11) 相田二郎『日本の古文書』上(岩波書店、一九四九年)。
(12) 佐藤進一『古文書学入門』(法政大学出版局、一九七一年、新版一九九七年)。
(13) 近藤成一「文書様式にみる鎌倉幕府権力の転回―下文の変質―」(『古文書研究』第一七・一八合併号、一九八一年。のち『鎌倉時代政治構造の研究』校倉書房、二〇一六年)。
(14) 瀬野精一郎「鎌倉将軍家下知状」(『国史大辞典』三、吉川弘文館、一九八三年)。

(15)　折田悦郎「鎌倉幕府前期将軍制についての一考察（下）」（『九州史学』七七号、一九八三年）。
(16)　仁平義孝「鎌倉前期幕府政治の特質」（『古文書研究』第三一号、一九八九年）。
(17)　熊谷隆之「鎌倉幕府の裁許状と安堵状―安堵と裁許のあいだ―」（『立命館文学』六二四号、二〇一二年）。
(18)　「皆川文書」（『鎌倉遺文』二八七号）。
(19)　「出羽市河文書」（『鎌倉遺文』一四三四号）。
(20)　「肥後小代文書」（『鎌倉遺文』一三七九号）。
(21)　青山幹哉前掲第一論文。
(22)　頼朝は二位にありながらも文治五年（一一八九）まで袖判下文を発給し（建久三年〈一一九二〉九月十二日付文書〈「松平基則氏旧蔵文書」（『鎌倉遺文』六一九号）〉は例外）、建久元年（一一九〇）の上洛後、翌同二年（一一九一）に政所を開設してから政所下文を発給している。
(23)　建仁三年（一二〇三）九月十六日以前にも下知状は発給されている。建久六年（一一九五）六月五日付文書（「高野山文書宝簡集七」〈『鎌倉遺文』七九四号〉）は、平盛時・中原邦業・大江広元連署による備後国大田庄に関する裁許状である。ただし、時政下知状発給期以前は、下知状の所見は少なく、佐藤進一氏も前掲著書において述べられているとおり、頼朝期の下知状の用途、および下文・御教書との用途上の明確な分類は、極めて困難であると言わなければならない。
(24)　実朝暗殺後、頼経（三寅）が鎌倉に下向していたが、嘉禄二年（一二二六）まではあくまで将軍「候補」でしかなかった。
(25)　青山幹哉前掲第一論文。工藤勝彦「九条頼経・頼嗣将軍期における将軍権力と執権権力」（『日本歴史』五一三号、一九九一年）。
(26)　11号文書は、文書冒頭部が事書で始まる一般的な下知状とは異なっている。案文のため「下」が脱落したもので、本来は中間様式文書であったと推察される。
(27)　湯山賢一「北条時政執権時代の幕府文書」（小川信編『中世古文書の世界』吉川弘文館、一九九一年、湯山賢一第二論文）。
(28)　湯山賢一前掲第二論文では14号文書。
(29)　湯山賢一前掲第二論文では15号文書。
(30)　5号文書は、「下」に続く『宛所』が事書となっており、文書様式としては疑わしいものであるため第一章では考察対象外とした。案文でもあり、本章では「下」のない下知状として表に掲出したが、論旨を左右するものではない。

8号・10号文書はともに、奥上に宛名が記されており文書様式としては疑わしいものであるが、論旨を左右するものではないので掲出しておく。

11号文書は御家人に宛てた法令であり、他の文書とは性格が異なるかとも思われるが、一応掲出しておく。

(31) 杉橋隆夫前掲第一論文で、承元元年(一二〇七)十二月日付中間様式文書を建保四年(一二一六)八月十七日付将軍家政所下文において「当家政所下文」と引用していることから、「発給主体を政所とする下文」であるとされている。ところが、天福元年(一二三三)九月十七日付六波羅下知状(「山城神護寺文書」〈『鎌倉遺文』四五六三号〉)では貞永元年(一二三二)九月二十四日付中間様式文書(「山城神護寺文書」〈『鎌倉遺文』四三七九号〉)を「下知状」と呼び、中間様式文書が「下知状」と呼ばれていたことがわかる。また、承久三年(一二二一)閏十月十二日付関東下知状(「伊予忽那文書」〈『鎌倉遺文』二八七四号〉)を貞永元年(一二三二)七月二十七日付六波羅下知状(「伊予長隆寺文書」〈『鎌倉遺文』四三四九号〉)では「下文」と呼んだり、「下知状」と呼んだりしており、下知状が「下文」と呼ばれていたことが確認される。一方下文を「下知状」と呼んだ例は管見の限り見出せず、以上のことよりも、中間様式文書は下知状の範疇で考えるべきものと言える。

(32) 佐藤進一前掲著書。

(33) 『吾妻鏡』のこの記事が時政の政所別当としての初見記事ではあるが、この記事が就任記事と考えることには疑問が残る。別当就任はこの日以前とも考えられるのではないか。

(34) 元久二年(一二〇五)八月二十三日付(「常陸鹿島神宮文書」〈『鎌倉遺文』一五七四号〉)。

(35) 元久二年(一二〇五)十一月十二日付(「伊予長隆寺文書」〈『鎌倉遺文』一五八八号〉)。

(36) 元久元年(一二〇四)十二月十八日付文書(「集古文書十二成田行明蔵」〈『鎌倉遺文』一五〇九号〉)、元久二年(一二〇五)五月二十八日付文書(「中院家文書」〈『鎌倉遺文』一五四九号〉)はいずれも大江(中原)広元・平盛時・中原仲業・清原実業の連署文書であり、時政の署判はない。なぜ広元らの連署文書となったかに関しては、仁平義孝氏が前掲論文において、息子「政範の死により喪に服していたため」と推測されている。

(37) 杉橋隆夫前掲第一論文。

(38) この点に関しては、湯山賢一氏が前掲第二論文において、ほぼ同様の見解を示されている。

(39) 湯山賢一前掲第二論文。

(40) 佐々木文昭「鎌倉幕府評定制の成立過程」(『史学雑誌』九二編九号、一九八三年)。
(41) 仁平義孝前掲論文。
(42) 「山城神護寺文書」(『鎌倉遺文』四三七九号)。
(43) 青山幹哉「鎌倉幕府将軍権力試論―将軍九条頼経〜宗尊親王期を中心として―」(『年報中世史研究』第八号、一九八三年、青山幹哉第二論文)。
(44) 佐藤進一『日本の中世国家』(岩波書店、一九八三年)。
(45) 追加法二一一条。
(46) 追加法二一三条。
(47) 「山城醍醐寺文書」(『鎌倉遺文』六二〇四号)。
(48) 「香取旧大禰宜家文書」(『鎌倉遺文』六二三九号)。
(49) 『北条九代記』では、義時の執権就任を元久二年(一二〇五)三月七日としている。
(50) 「豊前到津文書」(『鎌倉遺文』一八二〇号)。
(51) 「豊後詫摩文書」(『鎌倉遺文』一八二一号)。
(52) 「宮内庁書陵部所蔵参軍要略下裏文書」(『鎌倉遺文』一六二六号)。
(53) 政所職員連署による中間様式文書には註(36)で示した二通もあるが、時政による文書発給期にあたるので、ここでは考察対象外とした。含めたとしても論旨に影響するものではない。
(54) 杉橋隆夫前掲第一論文。
(55) 「筑前宗像神社文書」(『鎌倉遺文』一六二八号)。
(56) 「筑前宗像神社文書」(『鎌倉遺文』一七九七号)。
(57) 杉橋隆夫「執権・連署制の起源」(『立命館文学』第四二四〜四二六号、一九八〇年。のち日本古文書学会編『日本古文書学論集5 中世I』吉川弘文館、一九八六年、杉橋隆夫第二論文)。
(58) 承元三年(一二〇九)十二月六日以前の御教書への署判者は次のようになっている。(建永元年〈一二〇六〉六月二十八日付御教書(「高野山文書又続宝簡集百四十二」〈『鎌倉遺文』一六二五号〉)が中原仲業、建永二年(一二〇七)五月六日付御教書(「伊

予忽那文書」〈『鎌倉遺文』一六八三号〉）が二階堂行政、建永二年（一二〇七）八月二十八日付御教書（「筑後上妻文書」〈『鎌倉遺文』一六九六号〉）が中原師俊・清原清定・惟宗孝実の連署、承元三年（一二〇九）三月二十九日付御教書（「高州文書」〈『鎌倉遺文』一七八五号〉）が中原仲業である。

(59) 岡田清一「執権制の確立と建保合戦」（安田元久先生退任記念論集刊行委員会編『中世日本の諸相』下巻、吉川弘文館、一九八九年）。

(60) 五味文彦氏は、源頼茂・大内惟信（前掲論文で大内惟信を源頼定と比定していたが、その後「執事・執権・得宗―安堵と理非―」〈石井進編『中世の人と政治』吉川弘文館、一九八八年〉で、大内惟信と訂正している）の起用を、この時期における将軍権力拡大に伴う「一門の実朝への従属化、将軍と一門とのあいだの主従関係の形成を意味している」とされている。これに対し杉橋隆夫氏は前掲第二論文で、この二人の起用を義時のとった策と見て、以下本文で引用するように位置づけられている。

(61) 杉橋隆夫前掲第二論文。

(62) 『吾妻鏡』には時政失脚、義時執権継承後の義時の活動として、宇都宮頼綱の陰謀問題・守護定期交替制提唱・義時被官の御家人化要請などが見られ、義時の政治姿勢が時政の権力独占策を継承したかのように書かれている。しかし、守護定期交替制提唱・義時被官の御家人化要請はいずれも失敗し、また、義時のこれらの活動を裏づける文書類も残存していない。幕府発給文書からは本論のような結論が導き出されると考える。

(63) 「豊後詫摩文書」（『鎌倉遺文』一八二二号）。

(64) 「肥前武雄神社文書」（『鎌倉遺文』二一八一号）。

(65) 別当九人制の初見は建保四年（一二一六）四月二十二日付政所下文（「豊後詫摩文書」〈『鎌倉遺文』二二二七号〉）。

(66) 仁平義孝氏は前掲論文において、実朝期の幕政における合議制の観点から北条義時が合議機関の一構成員でしかなく、幕府政治の主導権を掌握するには至っていなかったとされ、実朝死後、合議機関を主導していく立場、大江広元らの一ランク上に位置するように変化したとされている。実朝の死は一つの契機ではあるが、それによって義時の地位が急浮上したとするよりは、実朝の生前より徐々に養われていた彼の力がこの時期表面化したと考えるのが自然であろう。このことは政所別当九人制の評価の違いにもあらわれている。

(67) 近藤成一前掲論文。

第三章　下知状による安堵・充行

はじめに

近藤成一氏が整理されたように[1]、嘉禄元年（一二二五）末に四代将軍九条頼経が元服して下文が発給されるようになるまで、下知状は下文の代用として用いられていた。しかし頼経元服に伴う下文の発給をもって消滅するはずであった下知状は、下文の用途を知行充行と譲与安堵の二項目に限定し、課役免除、守護不入の特権付与や裁許などといった永続的効力の期待される事項に用いられ続けた。当初は下文の代用にすぎなかった下知状が、下文の用途を限定し、永続的効力の期待される事項の用途の一部を奪ったのである。さらに、下文に留保されたはずの知行充行と譲与安堵においても、『鎌倉遺文』を通覧してみると、下知状によって伝達されたものが約二百通散見される。この安堵や知行充行文書を青山幹哉氏が「「御恩」授給文書」として、鎌倉幕府権力との関連性を論じられた[2]。そこで本章では、安堵や知行充行に用いられた下知状を整理し、近藤氏や青山氏、さらには佐藤進一氏ら[3]の諸論考を再検討することを通して、下知状と鎌倉幕府権力との関連性、ひいては鎌倉幕府における文書行政の一側面を考察することとする。

一　下知状による安堵・充行

『鎌倉遺文』を通覧し、管見に触れた安堵および充行に関わる下知状を用途ごとに細分した一覧が表16である。本節では残存文書をその用途ごとに検討する。

1　譲与安堵

用途別で最も多く残存しているのが譲与安堵に関わる下知状である。鎌倉幕府は所領の譲与に対する承認を求められると、政所下文か下知状を発給して申請に応えていた。しかし、嘉元元年（一三〇三）の外題安堵法により、譲状の袖に安堵文言と執権・連署が署判を書き加えることで譲与が承認され、政所下文・下知状が発給されることはなくなった。表16を見ると、一通の例外を除き、[4]七十八通が外題安堵法の発布される以前に発給されていたことがわかる。

〔史料一〕[5]

可早以藤原氏字乙姫、令領知陸奥国宮城郡南宮庄内荒野柒町岩切村地頭職事、

右人、任亡父家元今年七月八日譲状、可領知之状、依仰下知如件、

文暦元年（一二三四）十一月廿九日

武蔵守平（北条泰時）（花押）

相模守平（北条時房）（花押）

右の史料一は譲与安堵の下知状の初見である。藤原氏字乙姫に宛て、亡父家元の譲状に任せて陸奥国宮城郡南宮庄

表16　下知状による安堵・充行

年	譲与安堵	未処分地配分	買得安堵	紛失安堵	その他安堵	代替地充行	所領所職充行
1226					1		
1227							
1228					1		
1229					1		
1230							
1231							
1232							1
1233							1
1234	1						
1235							1
1236	1				1		
1237							
1238		1			2		
1239	1				1	1	
1240					1		
1241							1
1242							
1243							
1244							
1245					1		
1246							
1247							1
1248							
1249							
1250							
1251							
1252							1
1253							
1254							
1255							
1256							
1257					1		
1258							
1259					1		
1260	1						
1261	1						
1262				1			
1263							
1264					1		
1265	3	1			1		1
1266	1						
1267	5						
1268	2						
1269	2						
1270	8						
1271	3						
1272	2	3			1		
1273	1						
1274	2						
1275							
1276	1						
1277							
1278	2						
1279	1						
1280	1						1
1281	1	1					
1282							
1283							3
1284						1	
1285	3						1
1286	2				1		4
1287	3	1		1		1	
1288	1				1		1
1289							
1290	2	1				1	
1291	1					1	
1292	2					1	
1293					1		
1294	3	4					
1295	2		2				
1296	3				1		1
1297	3						
1298	1	1					
1299	2	1					2
1300	1						
1301	7						
1302	1	1					
1303	1						
1304							1
1305						1	2
1306							
1307			2				
1308				1			
1309							1
1310		1					
1311				1			
1312							2
1313							
1314			1				
1315		1	1				
1316			1				
1317			2			1	
1318			2	1			
1319							
1320			2				1
1321		2			1		
1322			1				1
1323		2					
1324			1		1		
1325							
1326				1			1
1327							
1328			1				
1329	1	8			1		
1330							
1331			2				
1332							
1333							
合計	79	29	18	6	21	8	29

内荒野の地頭職を安堵したものである。亡父家元とは留守家元であり、留守家元の嗣子は留守家広であるので、藤原氏字乙姫は嫡子とは言えない。佐藤進一氏が譲与安堵の文書として「嫡子は下文をもらい、それ以外の者は下知状をもらったと推定される」(6)とされ、右の下知状も佐藤氏の推定に従う早い例と考えられるが、青山幹哉氏が佐藤説を詳細に再検討した結果として、下文・下知状の区別は文永〜弘安期に部分的にしか行われなかったものであり、弘安期以後は廃止されたとされている。(7)この青山氏の言われる「部分的にしか行われなかった」というのは、嫡子には下文、それ以外には下知状が用いられているものがある一方で、当てはまらない例があることを論証されているのである。つまり一歩進めて言えば、嫡子・それ以外と下文・下知状は対応していないと言えるのではないだろうか。また、青山氏は譲与安堵を含む「御恩」授給文書として下文と下知状が併用された時期を幕府権力の変遷、「文書発給の執行機関」に注目して論じられてもいる。下知状の発給機関を政所別当の地位を含まない執権、「執権」とされ、政所下文の発給責任者である政所別当とは区別して考えられているのである。はたして、青山氏の言われるように、執権は政所別当と「執権」とを意識して区別していたのであろうか。残念ながら下文と下知状の発給機関の違いを特定するだけの考えを今は持ち合わせないので、この点は今後の課題とせざるを得ないが、佐藤説・青山説はそれぞれの説として留保しつつも、下文と下知状の使いわけに何らかの理由・意図があったことも確かであろう。(8)『鎌倉遺文』には、譲与安堵の下知状に対応する譲状も残存しており、管見の限り、四十三通を数えることができる。

2　未処分地配分

未処分地配分は、生前に譲状が書き残されなかった所領を、幕府が遺領を譲与される権利の有資格者に対して適宜の配分を行ったものである。『鎌倉遺文』には二十九通の残存が確認される。

〔史料二〕(9)

（端書）「二」

可令早平重広領知相模国渋谷庄寺尾村内田肆段・在家弐宇、薩摩国入来院内塔原郷田陸町・在家拾弐宇坪付見配分状、事

右、以亡父渋谷孫三郎惟重跡、所○被配分也者、早守先例、可令領掌之状、依仰下知如件、

元徳元年（一三二九）十月廿日

相模守平朝臣（北条守時）

右の史料二は、平重広に宛てて、亡父渋谷惟重の遺領のうち、相模国渋谷庄寺尾村内田肆段・在家弐宇および薩摩国入来院内塔原郷田陸町・在家拾弐宇を配分した下知状である。渋谷惟重の未処分地を配分した下知状は右の史料二の他に七通が残存し、計八通が知られている。これを表17に示す。この例に見られるように、幕府は未処分の遺領をその相続者たちに適宜に配分し、下知状をもって通達すると同時に、権利の保障を行っていたのである。

3　買得安堵

次の史料三は買得安堵の初見である。

〔史料三〕(10)

若児玉弥次郎氏元後家尼妙性申武蔵国西条郷伊豆熊名内田柒町弐段・畠四町・在家參宇名字坪付載沽券事、

右、彼田畠在家者、西條弥六法師法名西願永仁元年（一二九三）十一月五日限永代沽却之由、妙性依申之被尋下之処、如西願今年六月廿日請文者、沽却之条、不及子細云々、爰当郷私領之旨、先々其沙汰畢、然則任西願放券、以妙性可令領掌、次停止公事之由、雖載証文、如被定下者、不足信用、有無宜依先例者、依鎌倉殿仰、下知如件、

永仁三年《（一二九五）》九月十三日

陸奥守平朝臣《（北条宣時）》（花押）

相模守平朝臣《（北条貞時）》（花押）

右の史料三が発給された永仁三年（一二九五）は、二年後にいわゆる永仁の徳政令が発布されることからも、所領の売買が数多く行われるようになった時期と考えられる。所領の買得者は幕府に所領買得の旨を伝え、あわせてその承認・安堵を求めた。幕府は売主に実否を尋ね、売主は請文をもって売買の実否を回答する。幕府は売買の事実をもって安堵の下知状を発給しているのである。買得安堵の下知状の中には「可給御下知之由」を買得者が申し出たものもあり、安堵の手続きが「御下知」と意識されていたことがわかる。『沙汰未練書』によると「御下知」とは「就訴論人相論事、蒙御成敗下知状也、又裁許云也」とあり、幕府が買得安堵の手続きの中で売主に実否を尋ね、売主の請文をうけて、下知状を発給していることは、買得安堵が裁判手続きに倣ったものと、言い得ることができよう。(11)

買得安堵の下知状は、『鎌倉遺文』に十八通の残存が確認される。また、該当の売券が四通残存し、うち二通には裏書として「為後証、封裏也」、「為後証、奉行人所封裏也」の文言と裏を封じた日付、奉行人の署判が記されている。(12) この裏書から裏を封じた日と安堵の下知状発給の日が同日であったことが確認される。この裏書も裁判における証拠文書のあつかいと同様の手続きである。実否を問う問状とそれに応えた請文は残存していない。

表17　渋谷惟重跡配分

受給者	配　分　地
重　広	相模国渋谷庄寺尾村内田四段・在家二宇 薩摩国入来院内塔原郷田六町・在家十二宇
二郎丸	薩摩国入来院内塔原郷田二町九段・在家九宇
重　名	薩摩国入来院内塔原郷田二町九段・在家九宇
尼妙智	薩摩国入来院内塔原郷田二町五段・在家五宇
内　重	薩摩国入来院内塔原郷田一町八段・在家三宇
重　見	薩摩国入来院内塔原郷田一町・在家二宇
鶴王丸	薩摩国入来院内塔原郷田五段半・在家一宇
平　氏	薩摩国入来院内塔原郷田三段・在家一宇

4　紛失安堵

〔史料四〕(13)

可令早左衛門尉宗信領知陸奥国宮城郡山村・伊予国恒松名地頭職事、

右、如申状者、御下文以下証文、弘安三年(一二八〇)十一月廿八日宿所炎上之時焼失之由、令申之間、被尋問一門高柳孫四郎直行并清久弥次郎入道浄心之処、如請文者、所申無相違云々者、早守先例、可致沙汰之状、依仰下知如件、

弘安十年(一二八七)三月十三日

相模守平朝臣(北条貞時)(花押)

陸奥守平朝臣(北条業時)(花押)

左衛門尉宗信が、宿所の炎上によって御下文以下の証文が焼失したことを幕府へ申し出、それをうけて幕府が一門の高柳孫四郎直行と清久弥次郎入道浄心に実否を尋ねたところ、申し出に相違ない旨の請文が提出された。幕府はこの一連の手続きを経て、紛失安堵の下知状を発給したのである。ここに見られる安堵申請から下知状発給までの流れは、先の買得安堵と同様であり、安堵申請者には「御下知」が意識されていたものと推察される。

紛失安堵の下知状は、『鎌倉遺文』に六通の残存が確認されるが、実否を問う問状とそれに応えた請文は残存していない。

5　その他の安堵

右以外にも、幕府は下知状をもって次のような安堵を行っていた。

〔史料五〕[14]

紀伊国由良庄地頭職事

右、件職者、葛山五郎入道願生宛給之、年来所致沙汰也、而今如願生申状者、以当庄寄進高野山金剛三昧院、可奉訪故二品(北条政子)聖霊并右大臣(源実朝)家御菩提也、但願生在生之間、知行不可有相違云々者、任申請、為件寺領可奉資彼御菩提之状、依仰下知如件、

嘉禎二年(一二三六)四月三日

武蔵守平(北条泰時)在判

修理権大夫平(北条時房)在判

右の史料五は、葛山五郎入道願生が北条政子と源実朝の菩提を弔うために紀伊国由良庄地頭職を高野山金剛三昧院へ寄進した旨の申請に対して、幕府が発給した安堵の下知状である。寄進状は残存していないが、葛山五郎入道願生は下知状発給の翌日付けで金剛三昧院別当に宛てて寄進に関わる書状[15]を発給している。

右の史料五以外に二通の寄進安堵の下知状[16]が残存している。

〔史料六〕[17]

可令早伊佐掃部助菅原有信、領知陸奥国大谷保泉田村内紀藤太跡名田壹町・在家壹宇事、

右、任伊佐八郎有政弘長元年(一二六一)五月廿九日相博状以有信所領同保内三宅村、清平入道屋敷相博之云々、可令領掌之状、依仰下知如件、

文永元年(一二六四)十一月廿二日

左馬権頭平朝臣(北条政村)（花押）

相模守平朝臣(北条時宗)（花押）

右の史料六は、伊佐八郎有政が発給した相博状[18]に従って、伊佐掃部助菅原有信が陸奥国大谷保泉田村内紀藤太跡名田壹町・在家壹宇を領知することを安堵した下知状である。

〔史料七〕[19]

可令早平林左衛門太郎親継（平林頼継）法師法名行円領知豊後国毛井社内田畠員数載避状、事

右、任舎弟法師法名道願弘安六年（一二八三）二月廿五日・同九年（一二八六）八月廿五日避状、守先例、可致沙汰之状、依仰下知如件、

永仁元年（一二九三）十一月廿九日

陸奥守平朝臣（北条宣時）（花押）

相模守平朝臣（北条貞時）（花押）

史料七は、舎弟平林頼継の避状をうけて、平林左衛門太郎親継に豊後国毛井社内田畠を安堵した下知状である。二通の避状のうち弘安六年（一二八三）二月二十五日付文書は残存しているが、もう一通の弘安九年（一二八六）八月二十五日付文書[20]は残存していない。

避状に対する安堵の下知状は、史料七の他に一通が残存する。[21]

〔史料八〕[22]

可令早小四郎藤原秀家領知上野国邑楽御厨飯塚郷内名田参町在家弐宇坪付子細見家時去状、事

右、亡父広家未処分之間、兄弟令和与畢、守状、無相違可令領掌之状、依仰下知如件、

正元元年（一二五九）十二月廿三日

武蔵守平朝臣（北条長時）（花押）

相模守平朝臣（北条政村）（花押）

右の史料八は未処分地に関わる文書ではあるが、本節とは違い、亡父の未処分地を兄弟間の和与で配分し、その安堵を幕府に申請したことに対する下知状である。この件の和与状は残存していない。また、別の例として、未処分地かどうかは不明であるが、兄弟間の和与配分状に対する安堵の下知状[23]も残存している。

次の史料九も未処分地に関わる文書である。未処分地を後家が配分したことに対する安堵の下知状である。

〔史料九〕[24]

可令早僧良円(国平子)領知安芸国沼田新□参町名字所当公事間事見配分状事

右、亡父左衛門尉国平末(未)分之間、後家□月日令配分畢者、任彼状、且守先例、可致□(沙汰之状)、依仰下知如件、

正嘉元年(一二五七)七月六日

武蔵守平朝臣(北条長時)(花押)

相模守平朝臣(北条政村)(花押)

ここに示した諸例以外にも、地頭職等の所職や所領を安堵した下知状が残存し、幕府は様々な安堵に下知状を用いていたことがわかる。

6　代替地充行

〔史料十〕[25]

可令早松浦石志四郎壹領知豊後国八坂下庄木村内四箇名得一・鴨河・木苔・紦四郎事

右、為筑前国益丸替、所被充行也者、早守先例、可致沙汰之状、依仰下知如件、

弘安十年（一二八七）十二月十八日

前武蔵守平朝臣（北条宣時）御判
相模守平朝臣（北条貞時）御判

右の史料十は、松浦石志四郎壹に筑前国益丸の替地として豊後国八坂下庄木村内四箇名を充行った下知状である。同様の代替地充行の下知状が計八通残存している。代替の理由はいずれも示されていないので不明と言わざるを得ない。

7　所領充行・所職補任

〔史料十一〕(26)

可令早詫磨別当次郎時秀法師法名領知筑前国志登社地頭職豊前々司景資跡事、

右、依弘安四季蒙古合戦之忠、所被充行也者、早守先例、可令領掌之状、依仰下知如件、

弘安九年（一二八六）十月廿八日

相模守平朝臣（北条貞時）在判
陸奥守平朝臣（北条業時）在判

右の史料十一は、蒙古合戦の恩賞として詫磨別当次郎時秀法師に筑前国志登社地頭職を充行った下知状である。同様に蒙古合戦の恩賞を充行う下知状がもう一通残存し(27)、その他岩門合戦(28)や悪党召し取り(29)の恩賞としての所領充行が下知状によって行われた例がある。また、守護領として地頭職等を補任した下知状(30)や次の史料十二のような所領返付の下知状も残存している。ここに記された留守左衛門二郎家明の咎や別儀は管見の限り不明である。

〔史料十二〕[31]

可令早留守左衛門二郎家明領知知行分五分壹事

右、依有其咎、雖被分召、以別儀、所被返付也者、早守先例、如元可致沙汰之状、依仰下知如件、

元亨二年（一三二二）七月廿七日

相模守平朝臣（北条高時）（花押）

前武蔵守平朝臣（北条貞顕）（花押）

ここに例示した他にも、知行充行、地頭職補任、寺社への所領充行などに下知状が用いられている。

二　下知状の位置づけ

前節では、下知状が安堵や充行に用いられている状況を、史料を掲示しながら確認した。本節では、前節の確認事項を踏まえ、鎌倉幕府発給文書における安堵・充行に用いられた下知状の位置づけを検討することとする。

下文と下知状が併用されるようになった時期の下知状の用途は訴訟の裁許、守護不入等の特権付与、紛失安堵等であり、下文の用途は所職の恩給と譲与の安堵へ限定されたと佐藤進一氏が論じられた。[32]これをうけて近藤成一氏は、下文の用途が「所職の給与と譲与に限定され」るのであり、「所職の給与・譲与の安堵に下知状を用いる事を否定するものではない」とされ、[33]佐藤氏もそれ以前に譲与安堵の下知状を示されていた。[34]これらの点は第一章で下文を整理した際に確認したことであり、さらに前節で示したように様々な安堵や所領所職の充行に下知状が用いられていたことでも確認できる。さて、この併用開始の時期であるが、佐藤氏は「承久乱以後」[35]とされたり、「将軍頼経が下文を

発給するようになると」[36]とされたりしているが、近藤氏が整理されたように、嘉禄元年（一二二五）末以後、将軍頼経が下文を発給するようになった時期とすべきである[37]。青山幹哉氏は、寛喜四年（一二三二）に将軍頼経が従三位に叙せられ、政所が開設されたことに伴って、袖判下文から政所下文に書式が移行した時期をあげられているが[38]、先に示した表16からも併用開始の時期は近藤氏の「嘉禄元年末以後」に従うべきである。

次に前節各項の下知状の発給時期と政治史を結びつけて考えることとするが、その特徴的なことを見出し得るのは、譲与安堵と買得安堵の二項目に限定されてしまう。譲与安堵には、併用期当初から下知状が用いられており、外題安堵への切り替えをもって用いられなくなる。また、買得安堵は十三世紀末に登場し、永仁三年（一二九五）の二通を除くと、いずれも一三〇〇年代である。一時的な効力であったとはいえ、永仁の徳政令による所領の返付命令の影響が考えられ、いつ発布されるとも知れない徳政令への対応が求められていたと想定される。以上の二項目以外、未処分地配分や紛失安堵は鎌倉時代を通して散見され、時期的特徴を捉えることはできない。その他の安堵としても、前節で例示した以外に、神主職安堵が嘉禄二年（一二二六）[39]に、当知行等に基づく地頭職をはじめとする所領所職の安堵が安貞二年（一二二八）、寛喜元年（一二二九）、延応二年（一二四〇）、弘安九年（一二八六）、永仁四年（一二九六）、元亨元年（一三二一）、元徳元年（一三二九）[40]に、裁許状発給後に子細を申すものがあったが改沙汰に及ばず地頭職を安堵したものが寛元三年（一二四五）[41]に、未処分地ではあったが一子のため所領所職が安堵されたものが文永二年（一二六五）[42]に、配分状に任せて所領所職を安堵したものが文永九年（一二七二）[43]にそれぞれ発給されており、これらの下知状の発給時期と政治史を結びつけて考えることは困難と思われる。さらに、代替地充行も時期的特徴を見出し得ず、所領所職の充行においても同様の結論が導き出される。以上のように、下知状による安堵・充行の時期的特徴と政治史には、一部を除き、密接な結びつきを見出すことはできない。下知状の用途を細分し、政治史に落とし込むことは不可能と言える。

そこで下知状の位置づけをする際の視点を変えると、注目すべきこととして、買得安堵と紛失安堵の手続きがあげられる。買得に関わる安堵申請に対して幕府は問状を発給し、売主に実否を尋ねる。売主はそれをうけて請文を提出し、売買が成立している場合には、幕府は安堵の下知状を発給したのである。この手続きの中で、安堵申請者は「可給御下知之由」を申している。『沙汰未練書』に「御下知トハ、就訴論人相論事、蒙御成敗下知状也、又裁許トモ云也」とされており、買得安堵の一連の手続きが訴訟裁許の手続きに準じていることを示している。紛失安堵も同様の手続きで行われており、こちらも訴訟裁許に準じるものと考えられる。譲与安堵や未処分地配分などにおいても、申請をうけた幕府は譲状などの証拠文書をもとに安堵を行っており、その理非判断は、裁許の際の理非判断に通じるものがあると考えられる。つまり、様々な安堵は証拠文書や実否の確認などを経た理非判断に基づいて行われているものであり、ここに裁許状となる下知状が用いられる根源を求めることができるのである。

さて、譲与安堵は下文によっても行われており、この点に関しては前節においても述べたように、下文・下知状の併用に関わる明確な見解を今は持ち合わせていない。ただ、後の外題安堵の文言が「任此状、可令領掌之由、依仰下知如件」と、下知状の書止文言を用いていることより、文書行政の推移の中で、譲与安堵を下文から下知状で行う流れがあったことも推測される。さらに、所領所職の充行に下知状が用いられている例もあり、これらも文書行政の推移の中において、同様のことが推測される。

佐藤進一氏が「下知状の発生と盛行は全く北条氏執権政治の発生発展と照応するといってよい」(44)とされ、近藤成一氏も「下知状を中心とする文書体系が構成され、下文はその中で限定的に用いられたに過ぎない」、「鎌倉幕府の文書体系を下文中心から下知状中心に転換させたのは、主従制的支配権から統治権的権能への権力形態の転回であった。かかる権力の転回は、政治過程のうえには、「将軍独裁」「執権政治」「得宗専制」の三段階の展開として現れる」とされた(45)。執権政治の進展と下知状を結びつけて考えることはすでに定説となっており、私も異を唱えるものではない。本章では下知状による安堵・充行を通覧することで、下文と下知状が併用され、下文の用途である譲与安堵と知行充行を含めた永続的効力を期待される事項に下知状が用いられたことを確認した。このことは幕府の文書行政が下文中心から下知状中心へと移行したことを示しており、執権制が確立したことを文書体系上に示すものと考えられるのである。

三　文書行政の推移

さて、以上のように、下文中心の文書体系から下知状中心の文書体系への推移が確認されたが、第四章で考察する御教書も鎌倉幕府の文書体系の推移の中に位置づけたならば、下知状中心の文書体系はやがて御教書中心の文書体系へと転換していくと言える。前節で、安堵手続き上に見られる理非判断が訴訟裁許に通じることを指摘した。さらに、『沙汰未練書』における裁許状としての下知状の定義づけは、下知状の実際の用途から生じたものであり、下知状の用途が限定化・固定化の方向へと向かうことを示唆している。この方向性の中において、次章で詳説するが、御教書が用途を拡大していくことは、下知状中心の文書体系から御教書中心の文書体系への文書行政の推移を示していると言えるのである。

註

（1）近藤成一「文書様式にみる鎌倉幕府権力の転回―下文の変質―」（『古文書研究』第一七・一八合併号、一九八一年。のち『鎌倉時代政治構造の研究』校倉書房、二〇一六年）。

（2）青山幹哉「「御恩」授給文書様式にみる鎌倉幕府権力―下文と下知状―」（『古文書研究』第二五号、一九八六年）。

（3）佐藤進一『古文書学入門』（法政大学出版局、一九七一年、新版一九九七年）。

（4）「山城冷泉家文書」（『鎌倉遺文』三〇七五一号）。

可早為前左兵衛督□沙汰、阿波国種野山・遠江国高□・備前国吉井村一分・播□等地頭職事

右、依亡父冷泉前中納言為相卿□(応カ)長二年三月十一日譲状等、可被致沙汰之状、□□(依仰カ)下知如件、

元徳元年(一三二九)十月十五日

相模守平朝臣(北条守時)（花押）

前左兵衛督に対し、亡父冷泉前中納言の譲状に任せ、阿波国種野山等の地頭職を安堵した下知状である。この下知状で安堵したのは地頭職であるが、安堵対象者は公家であり、外題安堵法にいう「月卿雲客」にあたるため、「如元加斟酌可申沙汰也」の結果として、譲状への外題安堵ではなく、下知状を発給したものと考えられる。

また、後欠のため発給年月日の特定できない文書が一通残存する（「竹内文平文書」〈『鎌倉遺文』一四七六一号〉）。

（5）「陸奥留守文書」（『鎌倉遺文』四七一〇号）。

（6）佐藤進一前掲著書。

（7）青山幹哉前掲論文。

（8）井戸川和希氏は「武士団構造と安堵状様式についての一試論」（『法政史学』七八号、二〇一二年）において、三浦和田氏を例として、安堵の際に下文が発給されるか下知状が発給されるかは、将軍惟康親王期の「幕府による安堵状様式の下知状への転換に際しての反発と」、御家人「個別の背景に起因する御家人側からの要請によるものであった」とされ、安堵文書発給の主導権が御家人側にあったかのように考えられている。この視点からの検討もあわせて今後の課題と言える。

（9）「薩摩入来院文書」（『鎌倉遺文』三〇七五四号）。

（10）「駿河別符家文書」（『鎌倉遺文』一八九〇一号）。

(11) 熊谷隆之氏も「鎌倉幕府の裁許状と安堵状―安堵と裁許のあいだ―」(『立命館文学』六二四号、二〇一二年)で同様に考えられている。
(12) 文保二年(一三一八)十月十八日付源頼親売券案(「上野長楽寺文書」〈『鎌倉遺文』二六八〇九号〉)の裏書の日付は「文保二年十一月廿三日」となっているが、関東下知状案(「上野長楽寺文書」〈『鎌倉遺文』二六九〇三号〉)の日付は「文保二年十二月廿三日」となっている。案文作成段階でどちらかに誤記が生じたと考えられる。
(13) 「陸奥朴澤文書」(『鎌倉遺文』一六二二五号)。
(14) 「高野山金剛三昧院文書」(『鎌倉遺文』四九五六号)。
(15) 「高野山金剛三昧院文書」(『鎌倉遺文』四九六〇号)。
(16) 嘉禎四年(一二三八)五月十一日付「高野山金剛三昧院文書」(『鎌倉遺文』五二四〇号。『鎌倉遺文』は文書名を「御教書」とするが、「下知状」の誤りである)、延応元年(一二三九)三月四日付「常陸薬王院文書」(『鎌倉遺文』五三九六号)。
(17) 「和泉田代文書」(『鎌倉遺文』九一八五号)。
(18) 「和泉田代文書」(『鎌倉遺文』八六五四号)。
(19) 「碩田叢史平林家古文書」(『鎌倉遺文』一八四一〇号)。
(20) 「碩田叢史平林家古文書」(『鎌倉遺文』一四七九五号)。『鎌倉遺文』は文書名を「譲状」としているが、「避状」とすべきである。
(21) 「薩摩岡元家文書」(『鎌倉遺文』一六六七六号)。避状は残存していない。
(22) 「上野長楽寺文書」(『鎌倉遺文』八四五二号)。
(23) 嘉禎四年(一二三八)十月九日付「肥前武雄市教育委員会蔵」(『鎌倉遺文』補一二四四号)。
(24) 「小早川家文書」(『鎌倉遺文』八一二六号)。
(25) 「肥前石志文書」(『鎌倉遺文』一六四二〇号)。
(26) 「豊後詫摩文書」(『鎌倉遺文』一六〇〇八号)。
(27) 弘安九年(一二八六)閏十二月二十二日付「肥前田尻家文書」(『鎌倉遺文』一六一二三号)。
(28) 弘安九年(一二八六)十月二十九日付「肥前有浦文書」(『鎌倉遺文』一六〇一五号)、同日付「豊後曽根崎文書」(『鎌倉遺文』一六〇一六号)。

(29) 永仁四年(一二九六)十月二十六日付「大阪四天王寺蔵如意寶珠御修法日記裏文書」(『鎌倉遺文』一九一六九号)、永仁七年(一二九九)四月十日付「小早川家文書」(『鎌倉遺文』二〇〇二九号)。

(30) 文暦二年(一二三五)六月五日付「厳島野坂文書」(『鎌倉遺文』四七六三号)。

(31) 「陸奥留守文書」(『鎌倉遺文』二八一一四号)。正中三年(一三二六)三月二十五日付「常陸臼田文書」(『鎌倉遺文』二八三六〇号)も所領返付の下知状である。

(32) 佐藤進一「中世史料論」(『岩波講座日本歴史25 別巻2』、岩波書店、一九七六年。のち『日本中世史論集』岩波書店、一九九〇年)。

(33) 近藤成一前掲論文。

(34) 佐藤進一前掲著書。

(35) 佐藤進一前掲著書。

(36) 佐藤進一前掲著書。

(37) 近藤成一前掲論文。

(38) 青山幹哉前掲論文。

(39) 嘉禄二年(一二二六)八月二十六日付「香取大宮司家文書」(『鎌倉遺文』三五一七号)。

(40) 安貞二年(一二二八)二月六日付「萩藩閥閲録一二一ノ一周布吉兵衛」(『鎌倉遺文』三七一六号)、寛喜元年(一二二九)十月三十日付「肥前武雄鍋島家文書」(『鎌倉遺文』補九八七号)、延応二年(一二四〇)五月二十二日付「薩摩和田文書」(『鎌倉遺文』五五七五号)、弘安九年(一二八六)九月二十八日付「紀伊金剛三昧院文書」(『鎌倉遺文』一五九八八号)、永仁四年(一二九六)三月十九日付「山城大通寺文書」(『鎌倉遺文』一九〇三一号)、元亨元年(一三二一)十月十一日付「薩藩旧記前編十二牛屎文書」(『鎌倉遺文』二七八七七号)、元徳元年(一三二九)十二月十七日付「山城菊大路文書」(『鎌倉遺文』三〇八一九号)。

(41) 寛元三年(一二四五)十一月二十一日付「小早川家文書」(『鎌倉遺文』六五七七号)。

(42) 文永二年(一二六五)十二月二十七日付「薩摩會木文書」(『鎌倉遺文』九四七七号。『鎌倉遺文』は文書名を「御教書」とするが、「下知状」の誤りである)。未処分地ではあるが、遺領の相続対象者が一名のため、配分が行われていない。よってここでは、幕府による「未処分地配分」ではなく、「その他の安堵」として分類した。「未処分地配分」の一通としても本論に影響するものではない。

(43) 文永九年（一二七二）十二月十二日付「備中平川家文書」（『鎌倉遺文』一一一五七号）。

(44) 佐藤進一前掲著書。

(45) 近藤成一前掲論文。

第四章　関東御教書再考

はじめに

鎌倉幕府発給による関東御教書を機能論的観点から論じた代表的な論考として、次の佐藤進一氏や田中稔氏のものがある。佐藤氏は「御教書は幕府の意思を伝えるための文書であって、下文・下知状が権利の付与もしくは認定を目的とするのと全くちがった機能をもつ。したがって文書の時間的効力からいえば、下文・下知状は永続的効力をもつのに対して、御教書（一般的にいえば奉書式文書）は限時的効力をもつにすぎない。すなわち後者は、発給者の意思が相手（名充人）に伝達されれば、その文書本来の機能はなくなるのである」とされている。(1) また、田中氏も「御教書・奉書は幕府の政務一般や命令の伝達に用いられ、所領所職の給付・安堵や権利の付与・承認、裁判の判決には下文・下知状が使用された。したがって御教書・奉書は下文・下知状のような永続的効力を期待して出されたものではなく、その事項について当面要求されるだけの比較的短期間の効力持続を期待すればよい場合に使用された」とされたうえで、発給時期をもとに「源頼朝の御教書」、執権北条時政・義時期の「源頼家以降の御教書」、執権北条泰時期以降の「関東御教書」に分類されている。そして、「非法の停止、法令・命令の伝達」や「問状」・「召文」などに御教書が使用されていたとしているのである。(2)

本章では、通説となっている「幕府の意思を伝える」、「幕府の政務一般や命令の伝達に用いられ」る、「限時的効力」・「比較的短期間の効力」しか持たずに「発給者の意思が相手（名充人）に伝達されれば、その文書本来の機能はなくなる」といった関東御教書の特徴を再検討する。そこで、関東御教書の様式、用途が安定した執権泰時期以降を考察の対象とする。『鎌倉遺文』を通覧すると約七百通の「関東御教書」が見られるが、このうちには、用途に錯綜が見られる頼朝期のものや、書状様式のものが混在しており、[3]本章で考察対象とするのはこれらを除く六百余通とする。

さて、佐藤進一氏は関東御教書の機能を先に示したように規定したのち、別稿[4]において頼朝期の発給文書を概括された際、「後期に入ってようやく機能分化が進み、下文は守護職、地頭職の補任、譲与安堵その他に、下知状は訴訟の裁許に、年付のある御教書は上記以外の、永続的効力の期待される諸事案に用いられ、年付のない御教書は恐らく従前通り随時的な通達に用いられたのであろう」とされ、その後頼経期以降、「年月日完記の御教書が、永続的効力の期待される事柄で下文、下知状が取り扱わないもの（たとえば、荘園領主に対する守護不入其他の特権の承認）から、随時の連絡、通達までを広く取り扱うこととなる」とされている。つまり佐藤氏は御教書を「限時的効力をもつにすぎない」、「発給者の意思が相手（名充人）に伝達されれば、その文書本来の機能はなくなる」文書から永続的効力が期待される文書へと、その機能的規定を変更されていたのである。佐藤氏のこの論考は紙数の関係か、または周知のこととしてか、永続的効力が期待される文書の具体例をあまり示されていない。そこで本章では関東御教書を通覧し、永続的効力が期待される文書を探し出すことから始めることとする。

一　法　令

次に示す史料一は『新編追加』(5)に見られる法令の一つで、強盗殺害人の事について定められたものである。

〔史料一〕

強盗殺害人事、於張本者、被行断罪、至余党者、付鎮西御家人在京之輩幷守護人、可下遣鎮西也、兼又盗犯人中、仮令銭百文、若者二百文之程罪科事、如此之小過者、以一倍可致其弁也、於重科之輩者、雖召取其身、至于不同意縁者親類者、不可及煩費者、依仰執達如件、

寛喜三年（一二三一）四月廿一日　武蔵守（北条泰時）判

相模守（北条時房）判

駿河守（北条重時）殿

掃部助（北条時盛）殿

田中稔氏は史料一のような法令が関東御教書で伝達されていることを指摘されると同時に、関東御教書を「その事項について当面要求されるだけの比較的短期間の効力持続を期待すればよい場合に使用された」とされている。たしかに史料一は法令を伝達した文書であるが、単なる伝達文書と捉えるよりも、法令そのものとすることはできないであろうか。田中氏は御教書の伝達機能に重きを置かれているが、その内容は法令であり、文書受給者は短期間の効力を有する伝達文書としてではなく、永続的効力を有する法令として受け取ったとも考えられるのである。

『中世法制史料集　第一巻鎌倉幕府法』(6)にまとめられている追加法はそのほとんどが御教書であり、解題にも「告

達施行せしめる」ために「通常執権連署両名連記の関東御教書形式を用いたが」、「時には御教書の代りに下知状の様式を用いたことがある」とされている。下知状様式の文書としては『新編追加』嘉禄二年（一二二六）正月二十六日付北条泰時・時房連署による三ヵ条の禁制と永仁二年（一二九四）七月五日付北条貞時・宣時連署による「所当公事対捍輩事」に関わる法令の二通が見られる。(7)このうち泰時・時房連署の関東下知状は禁制であり、佐藤進一氏の整理と整合性があるが、(8)貞時・宣時連署の関東下知状は法令伝達文書としては唯一の下知状様式である。(9)この他に延応二年（一二四〇）二月二日付北条泰時発給文書が書止文言を「下知如件」としているが、署判が「前武蔵守」と官途だけであり、下知状本来の官途・氏、「前武蔵守平」ではない。(10)同様の例が一例あり、(11)この他、書止文言が直状様式の「……之状、如件」で署判が官途だけのものが三例、(12)書止文言が「所仰如件」で署判が官途だけのものが一例、(13)書止文言が直状様式の「……之状、如件」で署判が官途・氏となっているものが一例ある。(14)これらの一覧を表18として示す。『中世法制史料集』の解題には、追加法制定・発布の手続きとして、「現存の追加中に某年月日の「評定」或は「評」と明記したものが少なからず見出され、又吾妻鏡にも同じ事実を伝えた記事の存する点よりすれば、追加も亦御成敗式目と同じく評定衆の評議を経て制定されるのがその正式手続きであったであろう」とされている。表18に提示している追加法のうち延応元年（一二三九）四月十三日付文書について『吾妻鏡』は、「今日被経評議、有被仰六波羅條々」とし、評定衆による評議によって定められたことを記している。つまりこの追加法は制定に際して他の追加法と同様の手続きがとられていたのであり、さらに『吾妻鏡』に、この条々が「御教書」に記されていたとされていることから、この文書が関東御教書であったことが推知される。多くの追加法が関東御教書によって発布・伝達されていたことと同様の手続きがここでもとられていたのであり、このことから、ここに提示した文書はいずれも書止文言や署判から下知状様式とは確定し得ず、むしろ御教書様式の文書であったとしたほうが整合性があるのである。

つまり、伝来過程で文書様式に錯綜が生じたものと考えられ、法令の施行には原則、関東御教書が用いられていたと考えられるのである。

追加法の中には「当面要求されるだけの比較的短期間の効力持続を期待(15)」されるものもあるが、永続的効力を有する法令も当然ある。鎌倉幕府は文書のもつ時間的効力にこだわりをもって文書を発給していたのではなく、用途、ここでは法令施行のための文書として関東御教書を用いていたのである。

表18 御教書以外の法令

年月日	書止文言	署判	内容	出典	遺文番号	追加法
嘉禄二年(一二二六)正月二十六日	下知如件	武蔵守平(泰時) 相模守平(時房)	三ヵ条の禁制(可令搦禁勾引人并売買人輩事、可停止博戯輩事、可禁断私出挙利過一倍并挙銭利過半倍事)	新編追加	三四五五	一五〜一七条
(文暦二年(一二三五)ヵ)七月二十三日	之状如件	武蔵守(泰時) 相模守(時房)	京都問注時雖為枝葉之詞可書付事	新編追加	四八〇三	八九条
延応元年(一二三九)四月十三日	之状如件	前武蔵守(泰時) 修理権大夫(時房)	諸社神人等付在京武士宿所或振神宝或致狼藉事	新編追加	五四一六	一〇三条
延応二年(一二四〇)二月二日	下知如件	前武蔵守(泰時)	鎌倉中保々奉行可存知条々	吾妻鏡	五五二〇	一二二〜一二九条
宝治元年(一二四七)十二月十三日	之状如件	左近将監(時頼) 相模守(重時)	諸国地頭所務事	新編追加	六九一八	二六一条
建長五年(一二五三)十月一日	下知如件	相模守(時頼) 陸奥守(重時)	諸国郡郷庄園地頭代且令存知且可致沙汰条々	新編追加	七六二一	二八二〜二九四条
弘長元年(一二六一)二月二十日	之状如件	武蔵守平朝臣(長時) 相模守平朝臣(政村)	関東新制条々	式目追加条々	八六二八	三三七〜三九七条
弘長二年(一二六二)五月二十三日	所仰如件	武蔵守(長時) 相模守(政村)	自公家被召渡輩事、以下十ヵ条	新編追加	八八二一	四〇七〜四一六条
永仁二年(一二九四)七月五日	下知如件	陸奥守平朝臣(宣時) 相模守平朝臣(貞時)	所当公事対捍輩事	新編追加	一八五九六	六四九条

二　補任・安堵

1　寺社諸職

第一章において将軍家下文によって補任・安堵がなされていることを論じたが、次に示す史料二、史料三のように寺社の所職に関しては関東御教書によって補任・安堵がなされていたことがわかる。

〔史料二〕(16)

永福寺薬師堂供僧職事、以快誉阿闍梨之跡、所被補任也者、仰旨如此、仍執達如件、

文永十一年（一二七四）三月四日

武蔵守（北条義政）（花押）

相模守（北条時宗）（花押）

刑部卿律師御房

鎌倉にあった永福寺薬師堂の供僧職補任に関わる文書である。宛所の「刑部卿律師」を供僧職に補任することを伝達した文書であるが、当然、供僧職に補任することは永続的効力を有したものであったはずである。同様に鎌倉の大慈寺新阿弥陀堂・新釈迦堂供僧職補任の文書も残存している(17)。

〔史料三〕(18)

以所帯若宮別当職、可譲与弟子覚雅阿闍梨事、

右、所帯者、季厳僧都譲与教厳法印、教厳譲与実深法印、今又実深譲与覚雅之条勿論、早任申請、覚雅任先例、

可令施行社務状、依仰執達如件、

正嘉二年（一二五八）十二月十三日

武蔵守（北条長時）御判

相模守（北条政村）御判

大納言法印御房

右の史料三は醍醐寺若宮別当職の譲与安堵の関東御教書である。幕府に譲与安堵の申請があり、幕府はその申請に任せ、別当職の譲与を安堵している。

右より以前、嘉禎三年（一二三七）に肥前国武雄社大宮司職の譲与安堵も幕府が行っている。史料三と同様に申請に任せ、譲与を安堵しているが、この時は将軍家政所下文で譲与安堵を行い[19]、その後の寛元五年（一二四七）には、関東御教書をもって当知行安堵を行っている[20]。おそらくこの十年の間に寺社に対する行政文書が将軍家下文から関東御教書へと変化したものと考えられる。

この他、下総国葛飾八幡宮別当職の補任も関東御教書で行っており[21]、関東御教書によって寺社の所職補任・安堵が行われていたことが確認できる。ただし、関東御教書をもって諸職の補任・安堵を幕府が行っている寺社は、永福寺や大慈寺のような幕府が建立したものや、幕府に申請があった寺社に限られていたものと考えられる。

2　当知行安堵

〔史料四[22]〕

紀伊国湯浅庄地頭職事、任代々御下文、給安堵当知行之上、不可及子細者、仰旨如此、仍執達如件、

宝治二年（一二四八）五月十一日

左近将監（北条時頼）在御判

湯浅太郎入道殿

相模守（北条重時）在御判

右の史料四は、湯浅庄の地頭職を代々の下文に任せて安堵を給わりたい旨の申し出に対し、当知行に相違ないので改めてその必要がないことを告げている。仁治二年（一二四一）五月十四日付田口馬允宛て関東御教書[23]では「当知行依無相違、欲成給安堵御下文□者、当知行之上、不及子細之状」と記されており、改めて安堵の将軍家下文を発給することなく、関東御教書をもって当知行安堵を行っていた。史料四では「給安堵当知行之上」となっているが、おそらくは脱字・脱文等があり、田口馬允宛ての関東御教書と同趣旨の文言が記されていたと考えられる。史料四では代々御下文、田口馬允宛て関東御教書では譲状の存在が示されており、寛元元年（一二四三）十一月二十三日付源二郎宛て関東御教書[24]では領家御下文、寛元二年（一二四四）十二月十一日付上総法橋宛て関東御教書[25]では守護人書状、寛元四年（一二四六）十月二十九日付薩摩夜叉宛て関東御教書、[26]同年十二月十一日付薩摩平三宛て関東御教書、[27]宝治二年（一二四八）二月二十九日付墓崎次郎後家宛て関東御教書[28]ではいずれも譲状が示されている。つまり、残存文書に示されている仁治年間から宝治年間という十三世紀前半において、手継証文が分明であり、当知行に相違がない場合は、関東御教書をもって安堵を行っていたと考えられるのである。

3　様々な所領安堵・充行

〔史料五[29]〕

肥前国小値賀嶋内浦部嶋地頭職事

峯又五郎湛去年五月十日預御下知畢、至下沙汰者、且守彼御下知、且任暦仁・建長和与状、可令領掌之状、依仰

執達如件、

文永十年（一二七三）九月一日　　武蔵守（北条義政）御判

相模守（北条時宗）御判

青方太郎殿

史料五は、前年の下知状[30]および暦仁・建長年間の和与状[31]に任せて、地頭職を領掌すべきことを青方太郎に伝えている。次の史料六では、在京奉公の賞として地頭職を充行っている。

〔史料六〕[32]

紀伊国田殿庄下方地頭職事、依在京奉公之賞、所被充行也者、守先例、可致沙汰、依仰執達如件、

正応二年（一二八九）十二月一日　　陸奥守（北条宣時）在御判

相模守（北条貞時）在御判

湯浅人々中

次の史料七は、案文作成段階で脱字があったものと考えられるが、亡父から譲られた所領が安堵されたものと推知される。同日付けで関東から六波羅探題に宛てた富樫新介入道の知行安堵を伝える関東御教書も残存している。史料八に示す。

〔史料七〕[33]

篝屋料所近江国大原庄事、守亡父泰家之私（脱アランカ）、任先例、可致沙汰之状、依仰執達如件、

正応三年（一二九〇）四月廿八日　　陸奥守（北条宣時）在判

相模守（北条貞時）在判

富樫新介入道殿

〔史料八〕(34)

富樫新介入道定昭申、篝屋料所近江国大原庄事、知行不可有相違之由、所被仰下也者、依仰執達如件、

正応三年（一二九〇）四月廿八日

陸奥守（北条宣時）在判

相模守（北条貞時）在判

越後守殿（北条兼時）

丹波守殿（北条盛房）

この史料七、史料八をうけて次の六波羅御教書が発給されている。この六波羅御教書では、案文のためか日付の齟齬があるが、先の関東御教書を「関東安堵御教書」と呼んでおり、関東御教書をもって安堵が行われていたことが確認される。

〔史料九〕(35)

篝屋料所近江国大原庄事

今年四月廿四日関東安堵御教書如此、早任被仰下之旨、可被知行也、仍執達如件、

正応三年（一二九〇）九月十六日

丹波守（北条盛房）在判

越後守（北条兼時）在判

富樫新介入道殿

次の史料十では、裁許(36)に従い、改沙汰に及ばないことを告げている。

〔史料十〕(37)

肥前国松浦佐志四郎来申佐志村地頭職事
弘安二年《(一二七九)》被裁許之間、不及改沙汰者、依仰執達如件、
正応四年《(一二九一)》四月廿六日
陸奥守(北条宣時)在御判
相模守(北条貞時)在御判
佐志村地頭殿

この他、正応六年(一二九三)七月八日付太政僧正宛て関東御教書[38]では紀伊国長尾郷・大和国丹原庄を先例に任せ沙汰すべきことを、延慶二年(一三〇九)三月十日付河野六郎宛て関東御教書[39]では肥前国神崎庄荒野を先例に任せ元のごとく領掌すべきことを伝えており、いずれも安堵に係る文書である。さらに、延慶二年(一三〇九)六月二十九日付長老証道宛て関東御教書[40]では河内国讃良庄を寺領として返付することを伝え、文保元年(一三一七)十二月二十一日付高野山金剛三昧院長老宛て関東御教書[41]では讃良庄を元のごとく沙汰すべきことを命じている。これらの文書も、ただの伝達を主目的とした文書とするよりも、その後も効力を有し続ける安堵の範疇で考えるべき文書と言えるのではないだろうか。

ここであげた関東御教書を「発給者の意思が相手に伝達されれば、その文書本来の機能はなくなる」と考えるのは如何なものであろうか。関東御教書を「下文・下知状が権利付与もしくは認定を目的とするのとは全くちがった機能をもつ」とした場合、今まで示してきた関東御教書は「権利付与もしくは認定を目的」としていなかったことになる。しかし、史料六では地頭職の充行が行われており、史料九では関東御教書をもって所領の安堵が行われているのである。つまり文書上には権利の付与や認定が示されているである。

4　文書受給対象御家人の嫡庶

本節で確認してきた所職の安堵文書の受給者は僧侶に加え、御家人等も対象とされていた。そこで本項では、文書を受給した御家人の嫡庶を検討することとする。

〔史料十一〕[42]

肥前国神崎庄荒野事、守先例、如元可令領掌之状、依仰執達如件、

延慶二年（一三〇九）三月十日

陸奥守（北条宗宣）（花押）

相模守（北条師時）（花押）

河野六郎（通有）殿

右の関東御教書の宛所「河野六郎」の実名は「通有」であり、蒙古襲来の際に勲功のあった河野家の惣領である。

〔史料十二〕[43]

肥前国墓崎村内田地伍町坪付載譲状、畠地参箇所名字載譲状、并本斗代拾斛、丹五入道薗壹所事、任亡夫直明法師法名浄心仁治三年（一二四二）七月二日譲状嫡子氏明加判、并宝阿弥陀仏所譲与直明法師法名浄心嘉禄二年（一二二六）三月廿七日状、当知行無相違□、其上不及子細、早可令領知之状、依鎌倉殿仰、執達如件、

宝治二年（一二四八）二月廿九日

左近将監（北条時頼）（花押）

相模守（北条重時）（花押）

墓崎次郎殿後家

右に示した史料十二は「墓崎次郎殿後家」に宛てられているが、文書中に「嫡子氏明加判」の亡夫譲状のことが記されていることから、墓崎家の惣領権は嫡子に譲られており、後家にはその権限がなかったと推測される。さらに先に示した史料六の関東御教書の宛所は「湯浅人々中」、史料十の関東御教書では「佐志村地頭殿」となっており、惣領と確定できない人々にも、関東御教書で所領の安堵が行われている。佐藤進一氏[44]、青山幹哉氏[45]が譲与安堵に際し、嫡子庶子の違いによって将軍家下文と関東下知状が使い分けられていたことを論じられたが、関東御教書においては受給対象の嫡庶を限定することは困難なようである。

三　関東御教書の機能再考

佐藤進一氏は、将軍家下文の用途を次のようにまとめられている。

地頭職その他の職の補任、所領給与、安堵、課役免除、守護不入以下の特権付与や訴訟の判決など、恒久的効力の期待される事項について相当広範囲に用いられたが、下知状が発生すると、次第に多くの事項が下知状に譲られて、承久乱以後はもっぱら知行充行と譲与安堵の二項に限られ、さらに嘉元元年（一三〇三）に譲与安堵に際していちいち下文を発行せず、被相続人から相続人に与える譲状の余白に幕府の執権らが安堵文言を書き加える（これを安堵の外題という）という規定ができて以後は、下文は知行充行だけに限られた。

また関東下知状の用途として、

諸種の特権免許状、一般に周知させるための制札、禁制、訴訟の判決などがその主なものである。（中略）終局的な判決だけでなく、中間判決や、和与の裁許といって判決までゆかずに和解した場合の幕府側の承認など、すべて下知状が用いられた。また譲与安堵には前述の如く政所下文が用いられたが、これも一部には下知状が用いられた[46]。

とされている[47]。この整理に沿って、「はじめに」冒頭で示したように関東御教書も整理されたが、後に永続的効力が期待される案件にも関東御教書が用いられているとされた[48]。田中稔氏は佐藤氏の当初の整理を踏襲されたようであるが[49]、第二節で確認したように、本来将軍家下文や関東下知状で行われるはずの諸職の補任・安堵が関東御教書で行われることがあったのである。繰り返しになる部分もあるが、今一度、どのような場合に、関東御教書によって補任・安堵が行われていたのか、整理することとする。

まず文書の受給対象であるが、前節第1項では、幕府が建立した寺院の所職の補任や幕府に申請のあった寺社の所職の補任・安堵に関東御教書が使われていたことを確認した。第2項以下では僧侶に加え、御家人等も対象として所職の安堵が行われていたことを確認した。

次に時期的なものとしては、前節第2項の当知行安堵では十三世紀前半に文書が残存していたが、第3項で確認した所領安堵・充行はいずれも十三世紀末から十四世紀初めにかけてのものであった。第一章で下文を整理した表を提示したが、関東御教書による当知行安堵が確認される仁治年間から宝治年間以降、下文による当知行安堵は管見の限り見出せない。さらに関東御教書による所領安堵・充行が確認される十三世紀末、正応年間以降になると、下文による所領所職の補任・充行が、替地充行を除くと、正応元年（一二八八）に二通確認できて以降は正慶元年（一三三二）に一通確認されるだけである。嘉元元年（一三〇三）に譲与安堵が外題安堵になったとはいえ、政所下文の残存数も一気に減少し、所領充行の政所下文はわずかになってしまう。その一方で、関東御教書による所領安堵・充行が行われていたのである。

従来、関東御教書の機能を将軍家下文・関東下知状との差異で見た場合、将軍家下文・関東下知状は永続的効力を期待される文書であり、これに対して関東御教書は限時的効力、比較的短期間の効力しか期待されていない文書とされてきた。そのため、関東御教書は政務一般や命令の伝達が主な用途となり、発給者の意思が受給者に伝達されればその文書本来の機能はなくなると言われたのである。しかし、本章で確認してきたとおり、関東御教書を網羅的に検討してみると、永続的効力が期待される文書が何通も残存している。その一つが史料一で例示したような法令であり、第二節で論じてきたような、所領所職の補任・安堵の文書なのである。

以上から、関東御教書について次のように考えたい。鎌倉幕府は創設期、将軍家下文と関東御教書の二系統の文書をもって幕府の文書行政をスタートさせた。頼朝期にはその用途に錯綜しているものが見られたが[50]、その後、文書行政の進展に伴い、文書の用途は整理され、安定したものになってくる。執権政治の発展と関東下知状の発生発展の照応性は佐藤進一氏[51]・近藤成一氏[52]らによってすでに述べられてきたが、職の補任、所領給与、安堵、課役免除、守護不入以下の特権付与や訴訟の判決など永続的効力を期待される案件は将軍家下文・関東下知状によって通達され、比較的短期間の効力しか期待されていない幕府の意思・命令を一時的に伝達する文書として関東御教書が用いられるようになる。しかし、法令の発布は執権泰時期には確実に関東御教書をもって行われており、その後、一部の寺社や御家人等に対して職の補任、所領給与、安堵に際し、関東御教書が用いられるようになるのである。佐藤進一氏は「御教書に永続的効力を付与するという、文書様式上の新たな変化は、文書の単なる発給伝達手続上の問題ではなく、所有権法における事実の認識と密接な関係があることに想到せざるをえない[53]」とされている。確かに職の補任、所領給与、安堵においては所有権と密接な関係があるが、法令は所有権法に限定されたものではない。史料一として例示した法令は強盗殺害人のことであり、所有権とは関係のない法令である。関東御教書は従来の用途に加え、将軍家下文・関東下知状で対処しきれなくなった事項への臨機の対応として活用されるようになったのである。将軍家下文の用途が、嘉禄元年（一二二五）末以降、[54]知行充行と譲与安堵の二項目に限定され、さらに嘉元元年（一三〇三）の外題安堵法によって知行充行の一項目に限定化・固定化された。関東下知状も幕府権力のおよぶ範囲の拡大に伴う訴訟案件の増加の中で裁許文書として一般化し、用途の限定化・固定化の方向への進展が見られるようになるのである。この下知状の用途の限定化・固定化は『沙汰未練書』の次の一節によって明確に示されていると言える。「御下知トハ、就訴論人相論事、蒙御成敗下知状也、又裁許トモ云也[55]」。このように将軍家下文・関東下知状の用途の限定化・固定化が進展して行くのに対して、関東御教書は柔軟な文書として、臨機応変に活用された結果、用途が拡大したのである。

将軍家下文・関東下知状と関東御教書との差異は時間的効力という枠組みで捉えるのではなく、用途という枠組みで捉えるべきであり、将軍家下文・関東下知状であつかわれない事項を関東御教書は広くカバーするようになるのである。法令の伝達を出発点とし、その後の将軍家下文・関東下知状の用途の限定化・固定化という文書行政の変化の中で関東御教書は用途を拡大させたのである。ただし、下知状は、第三章で示したように、鎌倉時代後期においても所領所職の安堵に用いられており、用途が裁許状として限定化される方向にあったとは考えられるが、完全に限定されるには至っていない。如上のように御教書の用途拡大が見られてはいるが、ある段階で下知状にかわって御教書が幕府文書の中核に座るとまでは言い切れず、この方向性が移行として完成されるのは室町期の御判御教書・御内書に至ってと言えるのである。

ところで、関東御教書の用途拡大の端緒となる仁治年間から宝治年間は、泰時の晩年から経時を経て時頼へと執権が引き継がれる時期にあたり、執権と将軍頼経との確執、幼少の将軍頼嗣の擁立という時期であった。そしてその後の時宗・貞時期という得宗専制体制の進展と相俟って関東御教書の用途のさらなる拡大、すなわち関東御教書による所領安堵・充行が行われ、その中で将軍家下文の発給にかかわる譲与安堵の際の外題安堵への移行も行われているのである。つまり、関東御教書に見る文書行政の変化の裏にも、将軍家下文や関東下知状の変化と同様に執権の権力伸長の意図をうかがい知ることができるのである。

註

(1) 佐藤進一『古文書学入門』(法政大学出版局、一九七一年、新版一九九七年)。
(2) 田中稔「第四　鎌倉時代の武家文書の一」(日本歴史学会編『概説古文書学　古代・中世編』吉川弘文館、一九八三年)。
(3) 高橋一樹「関東御教書の様式について」(『鎌倉遺文研究』第八号、二〇〇一年)。
(4) 「中世史料論」(『岩波講座日本歴史25　別巻2』、一九七六年。のち『日本中世史論集』岩波書店、一九九〇年)。
(5) 「新編追加」(『鎌倉遺文』四一二六号)。
(6) 佐藤進一・池内義資編(岩波書店、一九五五年)。引用に際し、旧字は新字に、旧仮名遣いは新仮名遣いに改めた。
(7) 「新編追加」(『鎌倉遺文』三四五五号)。
(8) 「新編追加」(『鎌倉遺文』一八五九六号)。
(9) 佐藤進一前掲著書。
(10) 『吾妻鏡』(『鎌倉遺文』五五二〇号)。
(11) 建長五年(一二五三)十月一日付「新編追加」(『鎌倉遺文』七六二一号)。
(12) (文暦二年〈一二三五〉ヵ)七月二十三日付「新編追加」(『鎌倉遺文』四八〇三号)、延応元年(一二三九)四月十三日付「新編追加」(『鎌倉遺文』五四一六号)、宝治元年(一二四七)十二月十三日付「新編追加」(『鎌倉遺文』六九一八号)。
(13) 弘長二年(一二六二)五月二十三日付「新編追加」(『鎌倉遺文』八八二一号)。
(14) 弘長元年(一二六一)二月二十日付「式目追加条々」(『鎌倉遺文』八六二八号)。
(15) 田中稔前掲論文。
(16) 「保坂潤治氏所蔵文書」(『鎌倉遺文』一一五六七号)。

史料二以外に永福寺薬師堂供僧職補任の御教書が二通残存している。正安三年（一三〇一）九月十一日付「諸寺文書」（『鎌倉遺文』二〇八六〇号）、正和四年（一三一五）十二月三十日付「第二回西武古書大即売展目録」（『鎌倉遺文』二五七〇五号）。

(17) 建長七年（一二五五）十一月十七日付「保坂潤治氏所蔵文書」（『鎌倉遺文』七九三一号）、正元元年（一二五九）十月二十七日付「保坂潤治氏所蔵文書」（『鎌倉遺文』八四一九号）、弘安五年（一二八二）六月二十九日付「尊経閣文庫所蔵武家手鑑」（『鎌倉遺文』一四六三六号）、弘安八年（一二八五）十二月二十日付「早稲田大学所蔵文書」（『鎌倉遺文』一五七六五号）、正和元年（一三一二）十二月十八日付「昭和四十三年六月東京古典会展観入札目録」（『鎌倉遺文』二四七四三号）、元徳元年（一三二九）十月二十八日付「相模文書」（『鎌倉遺文』三〇七六四号）。

(18) 「山城醍醐寺文書」（『鎌倉遺文』八三二四号）。

(19) 嘉禎三年（一二三七）九月五日付「肥前武雄神社文書」（『鎌倉遺文』五一七五号）。譲状は、同年八月二十五日付「肥前武雄神社文書」（『鎌倉遺文』五一七〇号）。

(20) 寛元五年（一二四七）二月二日付「肥前武雄神社文書」（『鎌倉遺文』六七九七号）。

(21) 正和五年（一三一六）閏十月五日付「相模相承院文書」（『鎌倉遺文』二五九七八号）。

(22) 「紀伊埼山文書」（『鎌倉遺文』六九六六号）。

(23) 「豊前奥山猪三郎氏所蔵文書」（『鎌倉遺文』五八六〇号）。

(24) 「保坂潤治氏所蔵手鑑」（『鎌倉遺文』六二五三号）。

(25) 「薩摩比志島文書」（『鎌倉遺文』六四一七号）。宝治元年（一二四七）十月二十九日付関東御教書（「薩摩比志島文書」〈『鎌倉遺文』六八九二号〉）では、当知行の文言はないが、譲状に任せ、領知すべき旨が示されている。

(26) 「薩摩延時文書」（『鎌倉遺文』六七五三号）。「薩藩旧記三末吉羽島文書」（『鎌倉遺文』六七五四号）。

(27) 「薩摩延時文書」（『鎌倉遺文』六七七三号）。

(28) 「肥前後藤家文書」（『鎌倉遺文』六九四三号）。

(29) 「肥前青方文書」（『鎌倉遺文』一一四〇五号）。

(30) 「肥前青方文書」（『鎌倉遺文』一一〇二九号）。

(31) 暦仁元年（一二三八）十二月二十五日付源持・源等和与状（「肥前青方文書」〈『鎌倉遺文』五三五九号〉）。

(32)「紀伊崎山文書」(『鎌倉遺文』一七二二五号)。
(33)「大阪四天王寺所蔵如意宝珠御修法日記裏文書」(『鎌倉遺文』一七三三四号)。
(34)「大阪四天王寺所蔵如意宝珠御修法日記裏文書」(『鎌倉遺文』一七三三三号)。
(35)「大阪四天王寺所蔵如意宝珠御修法日記裏文書」(『鎌倉遺文』一七四四九号)。
(36)弘安二年(一二七九)十月八日付関東下知状(「肥前有浦文書」〈『鎌倉遺文』一三七三一号〉)。
(37)「肥前有浦文書」(『鎌倉遺文』一七六〇三号)。
(38)「尊経閣所蔵文書」(『鎌倉遺文』一八二四六号)。
(39)「尊経閣蔵武家手鑑」(『鎌倉遺文』二三六二六号)。
(40)「金剛三昧院文書」(『鎌倉遺文』二三七二〇号)。
(41)「金剛三昧院文書」(『鎌倉遺文』二六四七六号)。
(42)「尊経閣蔵武家手鑑」(『鎌倉遺文』二三六二六号)。
(43)「肥前後藤家文書」(『鎌倉遺文』六九四三号)。
(44)佐藤進一前掲著書。
(45)「「御恩」授給文書様式にみる鎌倉幕府権力―下文と下知状―」(『古文書研究』第二五号、一九八六年)。
(46)青山幹哉氏が前掲論文でこの点に関する佐藤進一氏の説を再検討されている。
(47)佐藤進一前掲著書。一部省略した部分があるが、佐藤氏の論旨自体を損ねるものではない。
(48)佐藤進一前掲論文。
(49)田中稔前掲論文。
(50)佐藤進一は前掲著書では、下知状の残存数が少なく、「下文・御教書との用途上の区分を明確にすることはきわめて困難」とされているが、前掲論文においては、頼朝の発給文書を概括され、「はじめに」において引用したように、「後期に入って機能分化が進んだ」とされている。私は、頼朝期の文書はまだまだ機能分化は十分ではなく、建久年間に裁許の下文が存在するなど、用途の錯綜が見られると考えている。
(51)佐藤進一前掲著書。

(52) 近藤成一「文書様式にみる鎌倉幕府権力の転回—下文の変質—」(『古文書研究』第一七・一八合併号、一九八一年。のち『鎌倉時代政治構造の研究』校倉書房、二〇一六年)。

(53) 佐藤進一前掲論文。

(54) 佐藤進一は前掲著書で「承久乱以後」とされているが、ここでは近藤成一前掲論文の整理に従っている。

(55) 『沙汰未練書』において、下文は「御下文トハ、将軍家御恩拝領御下文也」、御教書は「御教書トハ、関東ニハ両所御判、京都ニハ両六波羅殿御判ノ成ヲ云也」とある。下文・下知状は用途が示されているが、御教書は署判のことのみが示されていて用途が示されていない。ここにも用途の多様性が想定される。

第二部　地方機関関連文書

第一章　発給文書の伝達経路に見る六波羅探題

はじめに

承久の乱後、「如右京兆爪牙耳目、廻治国之要計、求武家之安全」[1]、「洛中警固并西国成敗」[2]を職務とする六波羅探題が設置され、尾張・三河以西をその管轄圏とした。その後、蒙古襲来に伴い鎮西探題が設置されるに至り九州は管轄外となるが、鎌倉幕府の西国統治機関としてその滅亡まで機能していたことは言うまでもない[3]。『鎌倉遺文』には五百通をこえる六波羅探題発給文書が残る。本章では、この六波羅探題発給文書の名宛人を通覧することにより、六波羅探題発給文書の伝達経路を確認し、そこから、六波羅探題の西国統治機関としての本質を考察する。

〔史料一〕[4]

「関東御教書并六波羅殿御施行案」

異賊降伏御祈事、先度被仰下了、六波羅奉行国々寺社、殊可抽懇丹之由、重可令相触守護人等之状、依仰執達如件、

正応元年（一二八八）七月五日　　前武蔵守（北条宣時）御判

越後守殿《(北条兼時)》
越後右近大夫将監殿《(北条盛房)》

史料一は、関東より六波羅探題に宛てられた関東御教書であり、その管轄下各国の守護人に対し、国内寺社への異賊降伏祈禱命令を下達するように命じたものである。つまりこの文書は、関東が六波羅探題に各国守護人への施行を命じた文書なのである。

〔史料二〕(5)

異賊降伏御祈事、今年七月五日関東御教書如此、任被仰下之旨、殊可抽懇丹之由、可被相触摂津国中寺社也、仍執達如件、

正応元年《(一二八八)》八月五日　　右近将監《(北条盛房)》御判
越後守《(北条兼時)》御判

長崎左衛門入道殿

右の六波羅御教書は、史料一の関東御教書をうけて六波羅探題が発給した施行状の一通である。名宛人長崎左衛門入道は当時摂津国守護代であり、守護正員は六波羅探題北方北条兼時であった(6)。すなわち、六波羅探題は関東よりの命令を守護正員ではなく、守護代に施行したのである。

大犯三ヵ条を柱に管国内地頭御家人の統治等を命じられていた守護正員を名宛人として、文書が発給されるのが本来の伝達経路であったと考えられ、事実、関東御教書はいずれも守護正員宛に発給されており、守護代を名宛人とする文書は一通も残存していない。この文書伝達経路は六波羅探題にも適用されるものと考えられるのであるが、実際

には、史料二のごとく、守護代に宛てた文書が三十九通残存している。表19がその一覧である。(7)

そこで、どのような場合に六波羅探題より守護代に宛て、また守護正員に宛てて文書が発給されるのか、以下事例を示しつつ確認していくこととする。

表19　六波羅探題発給守護代宛文書一覧

	年月日	署判人	名宛人	守護	国	内容	職	出典	遺文番号	
1	承久三年（一二二一）八月十三日	北条泰時・時房	三浦又太郎	三浦義村	紀伊	丁		高野山文書	二七九七	案
2	元仁二年（一二二五）四月五日	北条時房	守護代	三浦氏	河内	丁		河内金剛寺文書	三三六四	正
3	嘉禄元年（一二二五）五月三日	北条時房	伊賀国守護代		伊賀	丁		東大寺文書	三三七六	案
4	嘉禄三年（一二二七）二月十四日	北条時氏・時盛	守護代	三浦氏	河内	丁		河内金剛寺文書	三五七四	正
5	嘉禄三年（一二二七）十一月六日	北条時氏・時盛	河内国守護所代	三浦氏	河内	丁		河内金剛寺文書	三六八三	案
6	（嘉禄三年〈一二二七〉）十一月十三日	北条時氏・時盛	守護代		伊賀	甲		大和春日神社文書	三六八八	案
7	寛喜元年（一二二九）三月二十日	北条時氏・時盛	肥後国守護代		肥後	乙		山城疋田家文書	補九七五	案
8	寛喜元年（一二二九）十二月二十八日	北条時氏・時盛	播磨国守護代	小山朝政	播磨	丙		山城疋田家文書	補九九五	案
9	寛喜二年（一二三〇）七月十九日	北条重時・時盛	河内国守護代	三浦氏	河内	丁		河内金剛寺文書	四〇〇一	正
10	文暦二年（一二三五）六月十三日	北条重時・時盛	守護代	北条重時	若狭	乙	探題	山城座田文書	補一一六七	案
11	嘉禎三年（一二三七）九月十二日	北条重時・時盛	守護代	佐原家連	紀伊	丁		根来要書中	五一七六	案
12	仁治二年（一二四一）六月十一日	北条重時・時盛	守護所代		備前	乙		備前金山寺文書	五八八六	正
13	仁治三年（一二四二）二月十三日	北条重時・時盛	守護代	北条時章	筑後	乙		筑後鷹尾家文書	五九八二	案
14	寛元元年（一二四三）五月十二日	北条重時	守護代	大友頼泰	豊後	甲		肥前島原松平文庫文書	補一三〇九	写
15	寛元元年（一二四三）九月一日	北条重時	佐分蔵人	北条重時	若狭	甲	探題	東寺百合文書ノ	六二三一	案
16	寛元元年（一二四三）十二月三日	北条重時	守護代	北条時章	筑後	乙		筑後高良神社蔵高良記裏文書	六二五七	案
17	寛元三年（一二四五）十月二十七日	北条重時	安芸国守護代	武田氏	安芸	丙		厳島野坂文書	六五六九	案
18	寛元四年（一二四六）四月十二日	北条重時	守護代	逸見氏	和泉	丙		筑後田代文書	六六六三	案

19	寛元四年(一二四六)九月五日	北条重時	守護代	島津忠時	薩摩	丙		薩藩旧記三国分寺文書	六七三八	案
20	宝治元年(一二四七)五年十三日	北条重時	紀伊国守護所代	佐原家連	紀伊	丁		根来要書中	六八二八	案
21	宝治元年(一二四七)六月二十二日	北条重時	河内国守護代		河内	丁		新編追加	六八四三	案
22	建長元年(一二四九)八月十一日	北条長時	守護代	島津忠時	薩摩	丁		薩藩旧記四権執印文書	七一〇八	案
23	建長四年(一二五二)六月二十七日	北条長時	守護代	佐々木泰清	出雲	乙		出雲千家家文書	七四五三	正
24	建長七年(一二五五)三月二十五日	北条長時	守護代	北条時章	大隅	乙	評定衆	禰寝文書	七八五九	正
25	正嘉二年(一二五八)四月十八日	北条時茂	佐治左衛門尉	北条時茂	和泉	甲	探題	和泉和田文書	八二一二	案
26	文永五年(一二六八)三月二十八日	北条時茂・時輔	守護代		紀伊	丁		高野山文書	九九〇二	正
27	文永六年(一二六九)九月二十日	北条時茂・時輔	守護代	北条時章	大隅	乙	評定衆	禰寝文書	一〇四九五	正
28	文永十年(一二七三)十月十五日	北条義宗	守護代	北条時宗	若狭	乙	執権	東寺百合文書ホ	一一四三五	案
29	弘安九年(一二八六)閏十二月二十五日	北条時村・兼時	守護代		播磨	丁		播磨大山寺文書	一六一二八	正
30	正応元年(一二八八)八月五日	北条兼時・盛房	長崎左衛門入道	北条兼時	摂津	甲	探題	摂津勝尾寺文書	一六七一一	案
31	正応二年(一二八九)八月十五日	北条兼時・盛房	守護代	北条貞時	若狭	乙	執権	東寺百合文書ア	一七一〇七	案
32	正応四年(一二九一)二月二十一日	北条兼時	長崎左衛門入道	北条兼時	摂津	甲	探題	摂津勝尾寺文書	一七五五七	案
33	正応四年(一二九一)十月五日	北条兼時・盛房	高橋三郎入道	北条時兼	紀伊	丁	評定衆	高野山文書	一七七二三	案
34	正安二年(一三〇〇)七月二十二日	北条宗方・宗宣	守護代	北条宗方	若狭	乙	探題	若狭大音寺文書	二〇四九五	案
35	延慶二年(一三〇九)四月二十三日	北条貞房	越前国守護代	後藤氏	越前	甲		大和西大寺文書	二三六七一	案
36	正和二年(一三一三)十二月二十五日	北条貞顕・時敦	信太三郎左衛門入道	北条熙時	和泉	丁	執権	和泉久米田寺文書	二五〇八八	正
37	嘉暦二年(一三二七)七月二日	北条範貞・貞将	守護代	宇都宮氏	伊予	丁		伊予忽那文書	二九八八三	正
38	嘉暦二年(一三二七)七月十二日	北条範貞	小串新右衛門尉	北条範貞	摂津	丙	探題	東大寺文書	二九八九三	案
39	嘉暦二年(一三二七)八月二十七日	北条範貞	小串四郎兵衛尉	北条範貞	播磨	丙	探題	大和福智院家文書	二九九四六	案

内容　甲：関東よりの指令の伝達・執行　乙：召文・問状等、訴訟事務
　　　丙：所務・雑務沙汰の執行命令　丁：検断沙汰の執行命令

一　守護代宛文書

まず守護代宛文書に関して、いくつかのケースに分けて検討を加えることとする。

1　執権守護兼任国

〔史料三〕(8)

若狭国御家人等申旧御家人等跡事、去七月二日関東御教書副訴状具書、如此、早任被仰下之旨、為尋沙汰、相具所職得替御家人等、可令上洛之状如件、

文永十年(一二七三)十月十五日　左近将監(北条義宗)在御判

守護代

史料三は、六波羅探題より若狭国守護代に宛てて発給された文書で、当時の若狭国守護正員は北条時宗であった。つまり、執権が守護職を有していたのである。

関東より若狭国守護正員としての北条時宗に宛てて発給された文書が二通残存している。その一通が次に示す史料四である。

〔史料四〕(9)

諸国田文事、為支配公事、被召置之処、令欠失云々、駿河・伊豆・武蔵・若狭・美作国等文書、早速可被調進、且神社仏寺庄公領等、云田畠之員数、云領主之交名、分明可令注申給者、依仰執達如件、

文永九年(一二七二)十一(衍カ)月廿日　　　　　　左京権大夫(北条政村)在御判

謹上　相模守(北条時宗)殿

田文が欠失したので若狭国を含む五ヵ国の文書を調進し注申せよ、というものであるが、この文書の署判者は連署の北条政村一名であり、執権の時宗は署判を加えず、命令を受ける守護として、名宛人となっている。時宗を名宛人とするもう一通の関東御教書[10]も連署単独署判であり、さらに貞時の執権在任期にも同様式の文書、貞時を名宛人とする連署単独署判の文書が二通残存している[11]。

次に示す史料五は史料四と同内容のことを安芸国守護正員武田信時に命じた関東御教書であり、この文書は、執権・連署がともに署判を加える本来の関東御教書の様式を示している。

〔史料五〕[12]

諸国田文事、為支配公事、被召置之処、令欠失云々、安芸国文書、早速可令調進、且神社仏寺庄公領等、云田畠員数、云領主之交名、分明可被注申也者、依仰執達如件、

文永九年(一二七二)十月廿日　　　　相模守(北条時宗)判

　　　　　　　　　　　　　　　　　左京権大夫(北条政村)判

武田五郎次郎(信時)殿

関東御教書には、本来、史料五のごとく執権・連署がともに署判を加えるはずであるが、執権が文書受給者となる場合に限って、史料四のような連署単独署判の文書がみられる。つまり、執権が守護正員となっている場合は史料四のように執権を名宛人とする連署単独署判の文書が発給されていたことが確認されるのである。

ところが、執権が守護職を兼任する国に対して六波羅探題から文書が発給される場合には、先に示した史料三のよ

うに守護代が名宛人となり、執権・守護兼任者に宛てた文書は見られないのである。

2　評定衆守護兼任国

〔史料六〕(13)

大隅国御家人佐汰九郎宗親子息阿古丸代憲光申所領事、去六月廿四日関東御教書如此、宗親後家在京之間、尋問相伝仁之処、地蔵幷石王之知行云々、早可催上彼両輩之状如件、

文永六年(一二六九)九月廿日　散位(北条時輔)（花押）

陸奥守(北条時茂)（花押）

守護代

史料六は、所領相論に関し当知行の二名を催上するよう六波羅探題が守護代に命じた六波羅御教書である。この相論に係わる関連文書より(14)、この守護代は大隅国守護代であることが判明する。当時の大隅国守護正員は北条時章であり、時章は評定衆であった。

〔史料七〕(15)

美濃国津布郎庄堤事、如守護□(代カ)長村取進盛資請文者、於大井庄者、雖為地置許、不修其功、至笠縫・青柳者、不□云々、招其咎歟、□可令修固之由、可被相触、此上□(者、随カ)被注申解、可有其沙汰之状、依仰執達如件、

永仁四年(一二九六)九月廿五日　陸奥守(北条宣時)在判

相模守(北条貞時)在判

武蔵守殿(北条時村)

史料七は、関東が評定衆北条時村に宛てて発給した守護の管国統治関連文書の一通である。多少の虫食いはあるが、美濃国内の堤修築に関する文書であることがわかる。美濃国は六波羅探題管轄下の国であったが、右のごとく、関東より守護正員北条時村に宛てて文書が発給されている。

つまり、評定衆が守護正員を兼任する場合、関東からは守護正員宛に文書が発給され、一方、六波羅探題からは守護代を名宛人として文書が発給されていたことが確認できるのである。

3　六波羅探題守護兼任国

ついで先の史料二に関して、検討を加えることとする。この文書が発給された当時の摂津国守護正員は六波羅探題北方北条兼時であり、長崎左衛門入道は守護代であった(16)。探題・守護兼任者は改めて自分宛に文書を発給せず、実際に現地で管国統治を行っている守護代に宛てて文書を発給していたのである。関東から執権・守護兼任者に文書が発給される際には、先述のごとく、執権は署判を加えず、連署単独署判となり、執権が名宛人となるのであるが、六波羅探題からは、南北両探題が署判を加えた守護代宛文書が発給されていたのである。

また、六波羅探題より守護兼任国に宛てた文書には次のような特徴も見出される。六波羅探題はその被官を守護代に任命していたと考えられ(17)、そのため多くの文書が宛所を「守護代」とせず、「長崎左衛門入道」などのように文書受給者の名前を明記し(18)、書止文言が「仍執達如件」と奉書様式になっている文書もあるのである。これに対し、六波羅探題以外が守護の国へ宛てた文書は必ず宛所が「守護代」となっており、書止文言は「之状如件」と直状様式となっている。

なぜ六波羅探題守護兼任国とそれ以外の国との間で、このような文書様式上の差異が生じたのであろうか。このことは、六波羅探題が自らの被官を他の守護代と区別していたことの現われと推察される。関東から絶対的見地に立てば、六波羅探題の被官も他の守護正員の被官も同じ陪臣ではあるが、六波羅探題にとっては、得宗家における御内人同様、自らの被官は西国支配の場において重要な役割を担っていたのであり、(19)そのため、探題被官の立場は相対的に上昇し、彼らを受給者とする文書上に、彼らを御家人層と同等にあつかうべきものと考えていたことが示唆されるのである。このことが、書止文言「仍執達如件」となる奉書様式にあらわれていたのである。

4　外様守護国

執権・評定衆・六波羅探題と、北条氏が守護正員の場合に関して論を進めてきたが、(20)次に北条氏以外の外様守護の管国に宛て、六波羅探題が文書を発給している場合を検討する。

〔史料八〕(21)

出雲国岩坂郷地頭代与神魂神官等相論堺間事、就請文、国造申状遣之、此事可参決之由、令下知之処、地頭代寄事於正員、不及参洛者、太自由也、所詮、来七月中可令催上彼地頭代於京都之状如件、

建長四年（一二五二）六月廿七日　　左近将監（北条長時）（花押）

守護代

史料八は、出雲国における堺相論の訴訟に関し、地頭代を京都に催上するよう六波羅探題が守護代に命じたものである。当時の出雲国守護正員は佐々木泰清であり、この泰清は『吾妻鏡』に鎌倉での活動が確認される御家人の一人である。(22)つまり、佐々木泰清は、文書発給当時鎌倉にいたことが明らかとなっているのである。この佐々木泰清以外にも『吾妻鏡』に鎌倉での活動が確認される外様守護がおり、(23)彼らの管国に対し六波羅探題が発給した文書はいずれ

も守護代宛となっている。守護正員に宛てた文書は一通も確認することはできない。

以上確認してきた六波羅探題が守護代に宛てて文書を発給する状況を整理してみると、次の二通りにまとめることができる。

①守護正員が執権や評定衆として、また、有力御家人として鎌倉にいる場合。

②六波羅探題本人が守護職を兼任している場合。

このいずれの場合も、実際の管国統治は守護代が行っており、六波羅探題は直接現地の守護代に宛てて文書を発給したものと言える。これに対し、関東からはあくまで守護正員に宛てて文書が発給されていたのである。

二 守護正員宛文書

1 守護正員任国下向

次に六波羅探題より守護正員に宛てられた文書について検討を加えることとする。表20がその一覧である。

〔史料九〕(24)

宗像社雑掌申守護使入部事、任去年十月廿六日関東御教書、可有沙汰候、仍執達如件、

建長五年十二月廿七日(一二五三)　　左近将監(北条長時)(花押)

豊前々司(少弐資能)殿

史料九は、筑前宗像神社の雑掌が守護使入部の件につき訴えたところ、関東より御教書が発せられ、それを六波羅

表20　六波羅探題発給守護正員宛文書一覧

	年月日	署判人	名宛人	国	内容	出典	遺文番号	
A	承久三年(一二二一)九月十四日	北条泰時	安保右馬允	播磨	甲	久我家文書	二八三一	正
B	承久三年(一二二一)後十月七日	北条泰時	安保右馬允	播磨	甲	久我家文書	二八六六	正
C	寛喜三年(一二三一)九月三日	北条重時・時盛	佐々木信綱	近江	甲	筑後田代文書	四二〇四	案
D	文暦元年(一二三四)十一月十三日	北条重時・時盛	逸見入道	和泉	丙	九条家文書	四七〇九	案
E	嘉禎二年(一二三六)九月五日	北条重時・時盛	少弐資能	豊前	丙	豊前益永文書	五〇三三	案
F	建長三年(一二五一)八月十九日	北条長時	藤原親実	周防	乙	東大寺文書	七三四一	案
G	建長五年(一二五三)十二月二十七日	北条長時	少弐資能	筑前	甲	筑前宗像神社文書	七六八一	正
H	正嘉元年(一二五七)四月十四日	北条時茂	少弐資能	筑前	乙	松平定教氏所蔵文書	八〇九八	正
I	正嘉二年(一二五八)十月二日	北条時茂	少弐資能	肥前	乙	肥前深堀家文書	八二九三	案
J	弘長元年(一二六一)四月五日	北条時茂	島津忠時	薩摩	乙	薩摩新田神社文書	八六四三	案
K	文永元年(一二六四)六月三日	北条時茂	島津忠時	薩摩	乙	書陵部所蔵八幡宮関係文書	九一〇四	案
L	文永四年(一二六七)九月十九日	北条時茂・時輔	少弐資能	肥前	乙	肥前深堀家文書	九七六七	案
M	文永八年(一二七一)七月二十七日	北条時輔	武田信時	安芸	乙	東寺百合文書ほ	一〇八五三	案
N	文永十二年(一二七五)二月三十日	北条義宗	少弐資能	筑前	丙	筑前宗像氏緒氏文書	一一八三二	正
O	弘安元年(一二七八)後十月十七日	北条時村・時国	島津久経	薩摩	乙	薩藩旧記六在水引権執印	一三二二九	案
P	弘安二年(一二七九)六月一日	北条時村・時国	北条実政	豊前	乙	豊前永勝院文書	一三六〇八	案
Q	弘安七年(一二八四)十二月二十二日	北条時村	佐々木頼綱	近江	乙	近江竹生島文書	一五三八九	案
R	弘安八年(一二八五)二月二十四日	北条時村・兼時	佐々木頼綱	近江	乙	近江竹生島文書	一五四四三	案
S	正応六年(一二九三)四月二十一日	北条兼時	島津忠宗	薩摩	甲	比志島文書	一八一七八	案
T	永仁五年(一二九七)十月五日	北条宗方・宗宣	佐々木頼綱	近江	乙	近江菅浦文書	一九四七七	案
U	正安二年(一三〇〇)九月二十一日	北条宗方・宗宣	後藤基頼	越前	丁	荻野仲三郎氏所蔵文書	二〇八六六	正
V	元亨元年(一三二一)三月十五日	北条維貞	後藤基雄	越前	乙	弘文荘待買書目三十六号	二七七五〇	正

W	元亨三年（一三二三）八月十三日	北条範貞・維貞	北条時直	長門	乙	防長風土注進案	二八四八三 案
X	嘉暦四年（一三二九）五月五日	北条仲時・貞将	佐々木時信	近江	乙	近江菅浦文書	三〇六〇一 案

内容　甲：関東よりの指令の伝達・執行　乙：召文・問状等、訴訟事務
　　　丙：所務・雑務沙汰の執行命令　丁：検断沙汰の執行命令

探題が守護正員少弐資能に宛てて施行した文書である。文中の「関東御教書」が次の史料十であり、関東からも守護正員少弐資能に宛てて文書が発給されていたことが認められる。

〔史料十〕(25)

「校正了」

宗像社雑掌申守護使入部事、訴状副具書遣之、如状者、度々被停止之処、近年令乱入云々、事実者、其不穏便、早任元久・建保両度御下知、可令停止濫妨也、若又有子細者、可令注申之状、依仰執達如件、

建長四年（一二五二）十月廿六日

相模守（北条時頼）在御判

陸奥守（北条重時）在御判

豊前々司（少弐資能）殿

当時、少弐資能は大宰府守護所下文(26)に袖判を加えていることなどより、九州に下向していたことが明らかである。

〔史料十一〕(27)

薩摩国新田宮所司神官等申当宮造営事、院宣并春宮大夫家・新大納言家御文（注カ）副領家注文訴状具書、如此、早相尋子細於彼郡司・名主等、可被注申也、仍執達如件、

弘安元年（一二七八）後十月十七日　左近将監（北条時国）在御判
陸奥守（北条時村）在御判

大隅修理亮（島津久経）殿

また、史料十一は六波羅探題より薩摩国守護正員島津久経に宛て、新田宮造営のことに関して発給された文書である。この島津久経は、建治元年（一二七五）に下向し、異国警固の任についたことが知られている。(28)

〔史料十二〕(29)

長門国松嶽寺々僧申当寺領地頭濫妨事、綸旨・右大将家御消息副解状具書、如此、子細見状候、仍執達如件、

元亨三年（一三二三）八月十三日　右近将監（北条範貞）在判
陸奥守（北条維貞）

上野前司（北条時直）殿

さらに、史料十二の名宛人北条時直は当時長門国守護であったことより、彼もまた在国していたと考えられる。少弐資能・島津久経・北条時直と三例を示したが、守護正員が下向している場合はいずれも、六波羅探題より守護正員を名宛人として文書が発給されていたことが確認される。

2　守護正員在京

〔史料十三〕(30)

日吉社大宮御油神人能延申越前国河合庄沙汰人光信・覚賀以下輩被殺害神人道円等一類七人由事、座主宮令旨副訴状具書、如此、早任傍例、可被尋沙汰候、仍執達如件、

正安二年(一三〇〇)九月廿一日　右近将監(北条宗方)（花押）
前上野介(北条宗宣)（花押）

後藤筑後入道(基頼)殿

史料十三は、越前国河合庄の沙汰人が日吉社神人を殺害したとの訴えに関し、尋沙汰せよと、六波羅探題が越前国守護正員後藤基頼に命じた文書である。この後藤基頼は『尊卑分脈』などより、有力な在京御家人の一人だったことが判明している。したがって、守護正員が在京している場合は、六波羅探題より直接守護正員に宛てて文書が発給されていたことが確認される。

3　守護代論人

〔史料十四〕[31]

安芸国新勅旨(田脱)雑掌申、為守護代時定、被押領田地并色々物由事、重訴状具書如此、子細見状、不日可遂参決之由、可被下知也、仍執達如件、

文永八年(一二七一)七月廿七日　散位(北条時輔)在判

武田五郎次郎(信時)殿

史料十四は、安芸国守護代が田地を押領しているという雑掌の訴えに対し、すぐに参決させるようにと、六波羅探題より守護正員武田信時に宛てられた文書である。武田信時の安芸国下向は文永十一年（一二七四）であり[32]、守護代が論人となった場合は、守護正員の下向以前であっても守護正員を名宛人として文書が発給されていたことが認められる。

以上の確認より、守護正員宛文書は、次の三通りに整理される。
①守護正員が任国に下向している場合。[33]
②守護正員が在京している場合。[34]
③守護代が論人となっている場合。[35]

三　守護職務代行者宛文書

さて、前節までに、六波羅探題発給による守護代宛、守護正員宛文書の伝達経路を確認してきたが、ここに例外的文書が存在する。

〔史料十五〕[36]
周防国与田保公文高村申、為地頭不敍用度々下知由事、周防前司入道状副高村申状如此、之（ママ）事不従関東御下知、妨公文職、押取所従牛馬等之由、就訴申、被下重御教書問（間カ）度々雖被加下知、不承引、弥致狼藉者、事実者、太不穏便、所詮、為令注進関東、可被取進地頭請文也、仍執達如件、
建長三年（一二五一）十月七日　左近将監（北条長時）在御判
大内介殿

〔史料十六〕[37]
周防国与田保公文高村申為当保地頭覚念・同子息朝貞等、不敍用度々召符、剰被押取所従牛馬苅稲等由事、朝貞請文披見了、就之、重訴状如此、早々可令参上之由、乍令申領状、于今不来、太自由也、所詮、為尋究所存、来

正月中可被催上覚念・朝貞等也、仍執達如件、

建長三年(一二五一)十二月十三日　左近将監(北条長時)在御判

大内介殿

史料十五は、周防国与田保公文簗地三郎高村が地頭武者次郎朝貞の狼藉を訴え出たのに対し、幕府が度々の下知を出しているが、地頭は叙用せず、そこで六波羅探題が大内介に地頭の請文を取り進めるよう命じたものである。そして、史料十六では、覚念・朝貞等の催上を大内介に命じている。この一連の訴訟における請文の取り進めや論人催上は本来守護の職務であり、当初は守護正員藤原親実に命じられたものであった。しかし、その後すぐに大内介に対して命令が下されている。

前節までの確認に従えば、大内介は守護正員もしくは守護代となるが、守護正員が東国出身有力御家人に占められている中で、在地出身の大内介が任じられるということは考え難く、また、守護代に関しても、確認事項に従えば、奉書様式の書止文言より、大内介が六波羅探題被官ということになり、これもまた考え難い。

大内介は、系図によれば、平安時代末期より周防国在庁の有力者として周防権介を世襲し、鎌倉時代末期には重弘が六波羅評定衆として在京していたことが知られる。松岡久人氏に従えば[38]、重弘の祖父弘貞や父弘家の在京も考えられるが、先の史料十五・十六が発給された建長三年(一二五一)当時は在国していたものと推測される。

この建長三年(一二五一)という年は翌年にかけて周防国守護正員が交代した時期にあたっており、藤原親実の守護正員としての在職徴証の下限が建長三年(一二五一)八月十九日付六波羅御教書[39]、次の守護正員長井泰重の在職徴証の上限が翌建長四年(一二五二)二月十一日付書状[40]である。史料十五・十六は、この間の建長三年(一二五一)十月七日・十二月十三日にそれぞれ発給されたものであり、六波羅探題は守護正員空席期に、御家人であり、また在庁

の有力者でもある「大内介」に対して、守護職務の代行を命じたものと考えられる。つまり六波羅探題は、在地勢力に対して直接働きかけていたのである。

この在地勢力を利用しての支配の例として、外岡慎一郎氏が紀伊国をあげられているが、[41]周防国において、守護交代期という特殊事情はあるにせよ、「権介」を世襲し、国衙在庁機構を掌握する御家人大内氏を通して在地支配を意図していたことがうかがえるのである。

また、大和国国分寺・一宮等への異国降伏祈禱命令を施行した次の史料十七も守護職権代行者宛文書と言える。

〔史料十七〕[42]

異国降伏御祈事、今月三日関東御教書如此、任被仰下之旨、大和国々分寺・一宮幷為宗（寺脱カ）社、殊可抽丹誠之由、可被相触、且毎月可被執進巻数也、仍執達如件、

正応四年（一二九一）二月廿日

丹波守（北条盛房）在判
越後守（北条宣時）在判

加藤左衛門尉殿

正応年間前後に幕府から異国降伏祈禱命令が各国守護を通して寺社に下達されている。名宛人の加藤左衛門尉は、端裏書に伊賀国大内に居住していたと記されていること以外いかなる人物かはっきりしないが、佐藤進一氏が言われるとおり、「おそらくは地頭御家人の有力者」[43]として、守護不設置の大和国における守護職権を代行していたと考えられるのである。

加藤克氏は「六波羅探題の管轄下にある西国のうち、何らかの理由で守護が存在しない場合、その守護が果たすべき職務を六波羅探題と奉行人が代行しており、そうした国々を」「六波羅奉行国」と呼称されている。[44]そして熊谷隆

之氏は、加藤氏の「六波羅奉行国」という考え方を評価されたうえで、「守護正員、守護代、在京その他の御家人といった種々の遵行主体が相互補完的な関係を保ちながら西国への遵行をおこなう」とされている。[45]加藤氏はその論考の中で史料十五の周防、史料十七の大和も例にあげられ、守護不在・不設置国への六波羅探題の関わりとして「六波羅奉行国」を想定されているが、史料一の「守護人」を奉行人とされるのにはいささか同意しかねる。「守護人」は守護（守護代を含む）ではないのであろうか。また、「六波羅奉行国」とは六波羅探題管轄下の国々ではいけないのであろうか。六波羅探題管轄下の西国において、守護不在時や守護不設置国等、本来守護が行う職務を何らかの理由で守護が遂行しえない場合に、有力御家人が代行していることを史料十五や史料十七は示しているのではないだろうか。こうした想定のもと、周防の「大内介」や大和の「加藤左衛門尉」は、熊谷氏の言われる単独の使節と評価し得ると考えるのである。

四　六波羅探題の本質

外岡慎一郎氏は六波羅探題と文書伝達経路の関係について次のように述べられている。[46]

元仁～嘉禄年間、（中略）、従来、幕府＝関東→守護→守護代であった指令伝達ルートの一部を吸収して（関東）→六波羅探題→守護代ルートが開かれる。（中略）、統治権的支配権に属する諸指令の多くは六波羅探題から直接訴訟担当者に、あるいは守護代・両使を通して管国に伝達・執行されるようになる。

しかし、表19・20の比較から明らかなように、六波羅探題設置直後より、「（関東）→六波羅探題→守護代ルート」と「（関東）→六波羅探題→守護正員ルート」が存在し、この両者の間に内容面における差異は見出せない。つまり、

「幕府＝関東→守護→守護代」という従来の文書伝達経路に、西国を管轄圏とする中間統括機関六波羅探題が設置されることにより「（関東）→六波羅探題→守護正員ルート」という文書伝達経路が生まれ、文書が発給された当時の守護正員の所在地、ひいては政治的立場によって、補助的経路として「守護代ルート」が開かれるのである。関東の意思は各国守護正員に宛てられ、そのうち西国に関するものは六波羅探題を経て、西国守護正員に施行される。ただし、西国守護正員に任じられているものでも、六波羅探題の手を経ずにその内容を知り得るもの、執権や評定衆、あるいは有力御家人として東国在住のものには、六波羅探題は文書を施行せず、文書伝達の対象者を現地で管国統治を行っている守護代にするのである。

また、探題被官を守護代とする場合、書止文言を「仍執達如件」とする奉書様式がとられていることは、六波羅探題が自らの被官と他の守護の被官を区別していたことを文書様式上に明示したものであり、得宗家における御内人が幕府政治の中枢部で重要な役割を担っていたのと同様に、探題被官が西国支配の中枢部の一員として活動していたことが文書様式上に現れたものと考えられるのである。

以上より、当初の目的であった西国統治機関としての六波羅探題の本質に迫ってみることにする。

六波羅探題は諸機能の整備に伴い、名実ともに西国統治機関となっていったが、西国御家人等の関東への提訴とそれに対する関東からの裁許は、六波羅探題の西国成敗権が関東を凌駕できなかったことを明示している。このことは、六波羅探題による西国統治の限界点が示される一例であるが、さらに六波羅探題発給守護代宛文書の存在も限界を示す一例と言い得よう。執権や評定衆といった幕府の中枢に位置するものが守護正員となっている場合、関東御教書は彼等を名宛人として発給されるが、六波羅御教書は必ず守護代が名宛人とされる。探題被官である守護代に宛てた奉書様式文書に、西国統治における探題被官の重要性が垣間見られる一方で、文書施行機関としての側面は最後まで拭い去ることができなかった。六波羅探題は関東からの指令を、直接、管国統治にあたっている守護代に宛て伝達・施行する中継点に過ぎなかったのである。前節で国衙機構と強く結びついていた在地有力御家人大内氏の例を例外的存在としてあげたが、六波羅御教書の名宛人となる守護代が守護正員の代弁者として管国統治にあたっていたことと考え合わせると、六波羅探題は実際の現地統治者に直接働きかけていたと言える。大内氏の場合は、守護正員交代期という特殊事情によって、本来の執行者の代行をしたと考えれば、矛盾するものではない。また、大和国の加藤氏の場合も守護不設置国への施行であり、実質的な職務執行の可能な人物として、文書が宛てられたと考えられるのである。

六波羅探題は、幕府による全国統治のための、西国統括機関として、西国各地に直接的・能動的統治を試みていたのであるが、文書伝達経路上には「中継点」的性格も示されていた。守護代宛文書はこの表裏を我々に示してくれていると言えるのではないだろうか。守護代宛六波羅探題発給文書の存在は、六波羅探題の関東を凌駕できないでいた中間統括機関としての性格を示しているのである。

以上、六波羅探題発給文書の伝達経路を確認し[47]、六波羅探題の限界点について考察を加えてきた。この一連の文書伝達経路の確認より、類推すれば、いまだ守護正員が明らかとなっていない国で、守護代宛文書および関連文書が残存している場合は、守護正員を推定・補完することも可能となるのではないだろうか。

註

(1)『吾妻鏡』承久三年(一二二一)六月十六日条。
(2)『沙汰未練書』(『中世法制史料集』第二巻所収〈岩波書店、一九五七年〉)。
(3)六波羅探題に関する代表的な研究としては、佐藤進一『鎌倉幕府訴訟制度の研究』(岩波書店、一九九三年、初出は一九三八年、佐藤進一第一著書)、上横手雅敬「六波羅探題の成立」「六波羅探題の構造と変質」「六波羅探題と悪党」(『鎌倉時代政治史研究』

吉川弘文館、一九九一年、初出はそれぞれ、『ヒストリア』七号（一九五三年）、『ヒストリア』一〇号（一九五四年）、『金沢文庫研究』六巻八号〈一九六〇年〉）、外岡慎一郎「六波羅探題と西国守護―〈両使〉をめぐって―」（『日本史研究』二六八号、一九八四年、外岡慎一郎第一論文）、同「鎌倉末〜南北朝期の守護と国人―『六波羅―両使制』再論―」（『ヒストリア』一三三号、一九九一年）、同「使節遵行と在地社会」（『歴史学研究』六九〇号、一九九六年）など、森茂暁『鎌倉時代の朝幕関係』（思文閣出版、一九九一年）、高橋慎一朗『中世都市と武士』（吉川弘文館、一九九六年）第一部、森幸夫『六波羅探題の研究』（続群書類従完成会、二〇〇五年）、久保田和彦「六波羅探題発給文書の研究―北条泰時・時房探題期について―」（『日本史研究』四〇一号、一九九六年）、同「六波羅探題発給文書の研究―北条重時・時盛探題期について―」（鎌倉遺文研究会編『鎌倉時代の政治と経済』東京堂出版、一九九九年）、同「六波羅探題発給文書の研究―北条時氏・時盛探題期について―」（『年報三田中世史研究』七号、二〇〇〇年）、同「六波羅探題北条長時発給文書の研究」（『日本史攷究』二六号、二〇〇一年）、同「六波羅探題発給文書の研究―北条時茂・時輔・義宗探題期について―」（北条氏研究会編『北条時宗の時代』八木書店、二〇〇八年）、加藤克「『六波羅奉行国』に関する一考察」（『北大史学』三七号、一九九七年）、熊谷隆之「六波羅探題発給文書に関する基礎的考察」（『日本史研究』四六〇号、二〇〇〇年）、同「六波羅施行状について」（『鎌倉遺文研究』第八号、二〇〇一年）、同「六波羅における裁許と評定」（『史林』八五巻六号、二〇〇二年）、同「六波羅・守護体制の構造と展開」（『日本史研究』四九一号、二〇〇三年）、同「六波羅探題任免小考―『六波羅守護次第』の紹介とあわせて―」（『史林』八六巻六号、二〇〇三年）、同「六波羅探題考」（『史学雑誌』一一三編七号、二〇〇四年）、木村英一『鎌倉時代公武関係と六波羅探題』（清文堂出版、二〇一六年）などがある。

（4）「摂津勝尾寺文書」（『鎌倉遺文』一六六九一号）。

（5）「摂津勝尾寺文書」（『鎌倉遺文』一六七一一号）。

（6）佐藤進一『増訂鎌倉幕府守護制度の研究』（東京大学出版会、一九七一年、佐藤進一第二著書）。

（7）表中守護正員の比定は基本的には佐藤進一前掲第二著書によっている。

（8）「東寺百合文書ホ」（『鎌倉遺文』一一四三五号）。

（9）「東寺百合文書ア」（『鎌倉遺文』一一一二五号）。

（10）弘安六年（一二八三）十二月十二日付「白河本東寺文書一」（『鎌倉遺文』一五〇二六号）。

（11）弘安十年（一二八七）正月二十三日付「肥後大慈寺文書」（『鎌倉遺文』一六一五七号）、正応五年（一二九二）十月五日付「東寺百合文書リ」（『鎌倉遺文』一八〇二六号）。

(12)「萩藩閥閲録五十八内藤次郎左衛門」（『鎌倉遺文』一一一二六号）。

(13)「禰寝文書」（『鎌倉遺文』一〇四九五号）。

(14) 訴訟関連文書のうち文永八年（一二七一）十月十六日付関東御教書案（『鎌倉遺文』一〇九〇二号）に『当国（大隅）佐汰村事』と書かれ、また、文永九年（一二七二）十月二十一日付大隅国守護代藤原盛定挙状（『鎌倉遺文』一一一二八号）がある。

(15)「東大寺文書四ノ九」（『鎌倉遺文』一九一五〇号）。

(16) 佐藤進一前掲第二著書。

(17) 佐藤進一前掲第二著書。

(18)〔史料Ⅰ〕

南禅寺領播磨国矢野例名雑掌申範家法師以下輩狼藉事、院宣・入道太政大臣家御消息副訴状具書、如此、如訴状者、範家法師・法念弥太郎・安芸法橋等、引率悪党、打入当名、焼払政所以下数宇民屋、奪取数百石年貢、及殺害刃傷、構城郭、籠置悪党云々、就之、殊加炳誡、可沙汰居雑掌於庄家之由、所被仰下也、早守護代相共、莅彼所、見知城郭有無、事実者破却之、相鎮狼藉、沙汰居雑掌於庄家、且載起請詞、注申子細、且可被召進法念以下交名人等也、仍執達如件、

正和四年（一三一五）十一月廿三日　越後守（北条時敦）御判

陸奥守（北条維貞）御判

石原又次郎殿

「東寺百合文書」（『鎌倉遺文』二五六六四号）

〔史料Ⅱ〕

南禅寺領播磨国矢野例名雑掌申範家法師以下輩狼藉事、（中略、史料Ⅰと同文）、早石原又次郎相共、（中略）且載起請詞、注申子細、且可被召進法念以下交名人等也、仍執達如件、

正和四年（一三一五）十一月廿三日　越後守（北条時敦）御判

陸奥守（北条維貞）御判

糟室（屋カ）弥次郎殿

（東寺百合文書〈『鎌倉遺文』二五六六五号〉）

両使宛て文書のうち史料Ⅰで「守護代」と呼んでいる人物は史料Ⅱの名宛人糟屋弥次郎である。この両使の派遣された播磨国の守護正員は六波羅探題の兼任であり、守護代宛て文書の充所を「守護代」とせず、名前を記している。探題守護兼任国以外では、「守護代」となっており、本論を補足するものである。ただし、表19の33号・36号は一応ここでは例外としておく。佐藤進一氏の前掲第二著書に従い、33号文書発給時の紀伊国守護正員を北条時兼、36号文書発給時の和泉国守護正員を北条熈時としたが、高橋三郎入道と時兼、信太三郎左衛門入道と熈時の直接的被官関係はいずれも論じられておらず、高橋氏と重時流北条氏の関係、正中三年（一三二六）の信太左衛門三郎と北条茂時の関係からの類推であって、今後の課題と言えよう。また、表19の10号・34号は探題守護兼任者が「守護代」に宛てた文書であり、これは逆の意味で例外といえる。この二通はいずれも得宗分国若狭国の例であり、得宗分国という点を踏まえて、今後の検討課題としたい。

(19) 外岡慎一郎前掲第一論文、高橋慎一朗「六波羅探題被官と北条氏の西国支配」（『中世の都市と武士』、初出は一九八九年）に、六波羅両使制への探題被官の参入、「守護代一方両使」があげられ、探題被官を使っての西国支配の志向が示されている。

(20) 連署の守護兼任国に関する文書は残存していないが、これは執権の場合に準ずるものと考えてよいと思われる。

(21) 「出雲千家家文書」（『鎌倉遺文』七四五三号）。

(22) 安貞二年（一二二八）七月二十三日の記事を初見として正元二年（一二六〇）四月一日までの間に二十二度、『吾妻鏡』にその名が確認される。史料八発給前後では、建長四年（一二五二）四月十四日・七月二十三日・十一月十一日に、いずれも将軍供奉人として鎌倉で活動している。

(23) 表中1号の三浦義村、2号・4号・5号・9号の三浦氏（義村・泰村のいずれか確定できないが、いずれの場合も『吾妻鏡』に活動が確認される）、8号の小山朝政、11号・20号の佐原家連、14号の大友頼泰、19号・22号の島津忠時。また、北条一族ではあるが当時評定衆などの職にはついていなかった北条時章も『吾妻鏡』に鎌倉での活動が確認される。

表中1号の宛所が「守護代」ではなく、「三浦又太郎」となっているのは、加藤克氏が前掲論文で指摘されているとおり、六波羅探題の機構が整備途上であるためと考えられる。

(24) 「筑前宗像神社文書」（『鎌倉遺文』七六八一号）。

(25) 「筑前宗像神社文書」（『鎌倉遺文』七四八七号）。

(26) 天福元年（一二三三）十一月十八日付「肥前河上神社文書」（『鎌倉遺文』四五七四号）、嘉禎四年（一二三八）十月三十日付「肥前山代文書」（『鎌倉遺文』五三一七号）、仁治二年（一二四一）十月十五日付「肥前大川文書」（『鎌倉遺文』五九四三号）、寛元二年（一二四四）八月十八日付「肥前山代文書」（『鎌倉遺文』六三六三号）、建長七年（一二五五）五月二十三日付「肥前深堀家文書」（『鎌倉遺文』七八七三号）、康元二年（一二五七）二月十一日付「肥前多久家文書」（『鎌倉遺文』八〇七五号）、文応元年（一二六〇）六月十七日付「肥前石志文書」（『鎌倉遺文』八五三〇号）がある。大宰府守護所下文以外にも少弐資能の九州での活動を示す文書は数多く残存している。

(27) 「薩藩旧記六在水引権執印」（『鎌倉遺文』一三二二九号）。

(28) 嘉元三年（一三〇五）二月日付島津忠長（久長）申状案（「島津家文書伊作家文書」〈『鎌倉遺文』二二一一一号〉）。

(29) 「防長風土注進案八吉田宰判山野井村」（『鎌倉遺文』二八四八三号）。

(30) 「荻野仲三郎氏所蔵文書」（『鎌倉遺文』二〇八六六号）。

(31) 「東寺百合文書ほ」（『鎌倉遺文』一〇八五三号）。

(32) 文永十一年（一二七四）十一月一日付関東御教書案（「東寺百合文書ヨ」〈『鎌倉遺文』一一七四一号〉）。

(33) 佐藤進一氏は表中P号の北条実政を豊前国守護代とされているが、村井章介氏は「蒙古襲来と鎮西探題の成立」（『アジアのなかの中世日本』校倉書房、一九八八年、初出は一九七八年）で守護とされている。ここでは村井氏の説に従う。つまり、当時北条実政は豊前国守護として九州に下向していたのである。

(34) 表中F号の藤原親実の在京に関しては、湯山学氏が「鎌倉幕府の吏僚に関する考察（I）—中原忠順・広季一族を中心として—」（『政治経済史学』三一一号、一九九二年）で述べられている。J号・K号の島津忠時は、正元二年（一二六〇）正月の時点で鎌倉にいたことが『吾妻鏡』より確認できるが、それ以後の記事はなく、それまで頻繁に活動の跡がうかがえたものが見えなくなったということは、鎌倉を離れた可能性も考えられる。弘長二年（一二六二）七月十日付関東御教書案（「薩摩八田家文書」〈『鎌倉遺文』八八二八号〉）に『催具薩摩国御家人等、自明年七月一日至同十二月晦日』京都大番役を勤仕するよう記されており、弘長四年（一二六四）正月二日付文書（「薩摩比志島文書」〈『鎌倉遺文』九〇三七号〉）は、島津忠時の発給した覆勘状であった。番役終了二日後の文書ということより、この時、忠時が在京していたことが推知される。つまり、J号・K号 発給当時の忠時の在京ないし任国下向が推測されるのである。また、C号の佐々木信綱は、『吾妻鏡』寛喜二年（一二三〇）八月二十八日条に園城寺査察のために上洛したという記事があり、その後二年間記事がない。これもまた、信綱の在京ないし任国下向を推測させるものである。

(35) 史料十六の他に、表中D号・Q号・R号・V号・X号がこれに当たる。
(36) 「東大寺文書」(『鎌倉遺文』七三六八号)。
(37) 「東大寺文書」(『鎌倉遺文』七三九〇号)。
(38) 「鎌倉末期周防国衙領支配の動向と大内氏」(『荘園制と武家社会』吉川弘文館、一九六九年)。
(39) 「東大寺文書」(『鎌倉遺文』七三四一号)。
(40) 「東大寺文書」(『鎌倉遺文』七四〇六号)。
(41) 外岡慎一郎前掲第一論文。
(42) 「東大寺文書」(『鎌倉遺文』一七五五六号)。
(43) 佐藤進一前掲第二著書。
(44) 加藤克前掲論文。
(45) 熊谷隆之前掲論文「六波羅・守護体制の構造と展開」。
(46) 外岡慎一郎前掲第一論文。
(47) 六波羅探題発給文書の宛所に注目し、文書伝達経路を確認してきたが、これと同じ事が鎮西探題発給文書においても確認される。表21は鎮西探題より守護代に宛てて発給された文書の一覧であり、表22は同じく守護正員を名宛人とする文書の一覧である。

表21　鎮西探題発給守護代宛文書一覧

	年月日	署判人	名宛人	守護	国	内容	出典	遺文番号	
1	正安元年(一二九九)十月五日	北条実政	守護代	北条実政	肥前	丙	肥前東妙寺文書	二〇二五一	正
2	正安二年(一三〇〇)八月二十六日	北条実政	守護代	(得宗カ)	肥後	甲	肥後阿蘇文書	二〇五八六	正
3	延慶二年(一三〇九)二月二十六日	北条政顕	守護代	北条政顕	肥前	戊	肥前実相院文書	二三六〇四	案
4	正和二年(一三一三)四月四日	北条政顕	守護代	北条政顕	肥前	乙	肥前有浦文書	二四八三八	案
5	正和三年(一三一四)六月十四日	北条政顕	肥前国守護代	北条政顕	肥前	乙	肥前青方文書	二五一五五	案

	年月日	署判人	名宛人		国	内容	出典	遺文番号	
6	文保二年(一三一八)七月二日	北条随時	守護代	北条随時	肥前	丙	肥前東妙寺文書	二六七二五	正
7	元亨二年(一三二二)後五月二十五日	北条英時	守護代	北条英時	肥前	戊	肥前実相院文書	二八〇四九	案
8	元亨三年(一三二三)二月十八日	北条英時	守護代	北条英時	肥前	甲	肥前実相院文書	二八三三二	案
9	正中二年(一三二五)十二月二十三日	北条英時	守護代	北条英時	肥前	乙	肥前河上神社文書	二九二九六	正
10	正中三年(一三二六)三月八日	北条英時	守護代			丁	大隅台明寺文書	二九三七六	案
11	正中三年(一三二六)三月八日	北条英時	守護代	北条氏一門	日向	丁	大隅台明寺文書	二九三七七	案
12	元弘元年(一三三一)九月四日	北条英時	守護代	北条英時	肥前	戊	武雄神社文書	未収録	案

内容　甲：関東よりの指令の伝達・執行　乙：召文・問状等、訴訟事務
丙：所務・雑務沙汰の執行命令　丁：検断沙汰の執行命令　戊：祈禱命令等

表22　鎮西探題発給守護正員宛文書一覧

	年月日	署判人	名宛人	国	内容	出典	遺文番号	
1	永仁七年(一二九九)二月二十四日	北条実政	島津忠宗	薩摩	甲	薩藩旧記前編巻十国分寺文書	一九九五六	案
2	正安三年(一三〇一)八月二十三日	北条実政	島津忠宗	薩摩	戊	薩藩旧記前編巻十一国分寺文書	二〇八四三	案
3	正安三年(一三〇一)八月二十三日	北条実政	北条時直	大隅	戊	大隅桑幡文書	補一八一一	
4	嘉元二年(一三〇四)正月四日	北条政顕	島津忠宗	薩摩	甲	薩藩旧記前編巻八国分寺文書	二一七二四	案
5	延慶二年(一三〇九)二月二十六日	北条政顕	大友貞親	豊後	戊	肥前島原松平文庫文書	補一八七九	
6	延慶四年(一三一一)二月二日	北条政顕	北条時直	大隅	戊	大隅台明寺文書	二四一九六	案
7	延慶四年(一三一一)六月二日	北条政顕	北条時直	大隅	戊	大隅台明寺文書	二四二九九	案
8	正和二年(一三一三)七月十七日	北条政顕	島津忠宗	薩摩	乙	薩摩比志島文書	二四九二七	案
9	正和二年(一三一三)八月二十一日	北条政顕	大友貞宗	豊後	乙	豊前到津文書	二四九五五	正
10	正和二年(一三一三)九月八日	北条政顕	大友貞宗	豊後	丁	豊前永弘文書	二四九九〇	案
11	正和二年(一三一三)十月九日	北条政顕	大友貞宗	豊後	丙	大友家文書録	二五〇一四	案
12	正和五年(一三一六)二月二十七日	北条種時	少弐貞経	筑前	戊	筑前大悲王院文書	二五七五三	正

	年月日	署判人	名宛人	国	内容	出典	遺文番号	
13	文保元年(一三一七)十一月二十九日	北条随時	少弐貞経	筑前	戊	保坂潤治蔵手鑑	二六四四五	正
14	嘉暦二年(一三二七)十二月十六日	北条英時	少弐貞経	筑前	丁	金剛三昧院文書	三〇一〇三	正
15	嘉暦二年(一三二七)十二月十六日	北条英時	糸田貞義	豊前	丁	金剛三昧院文書	三〇一〇四	正
16	嘉暦三年(一三二八)三月九日	北条英時	規矩高政	肥後	丙	肥前深江文書	三〇一七八	正
17	元徳二年(一三三〇)八月十日	北条英時	規矩高政	肥後	甲	肥後藤崎八幡宮文書	三一一七八	案
18	正慶二年(一三三三)四月一日	北条英時	島津貞久	薩摩	丁	島津家文書	三二〇七七	案

内容　甲：関東よりの指令の伝達・執行　　乙：召文・問状等、訴訟事務
　　　丙：所務・雑務沙汰の執行命令　　丁：検断沙汰の執行命令　　戊：祈禱命令等

〔史料Ⅲ〕

異賊事、可襲来之由、有其聞、殊抽丹誠、可致懇祈之旨、相触肥前国為宗寺社物官、早速可被執進請文之状如件、

延慶二年二月廿六日（一三〇九）　　前上総介（北条政顕）御判

守護代

「肥前実相院文書」（『鎌倉遺文』二三六〇四号）

史料Ⅲは、異賊襲来の風聞があり、肥前国内の寺社に祈禱を命じるよう、鎮西探題北条政顕より守護代に宛てて発給された文書である。当時肥前国守護正員は鎮西探題の兼任であり、六波羅探題より守護兼任国に宛てられた文書と同様に、鎮西探題より守護兼任国の守護代に宛てて文書が発給されていたことになる。ただし、六波羅探題発給文書との相違点として、文書受給者の名前が見られず、「守護代」と記されている点が指摘できる。当然のごとく、鎮西探題守護兼任国においても探題被官が守護代に任じられていたはずであるが、六波羅御教書の宛所に探題被官の名が記されていたのとは異なり、鎮西御教書においては「守護代」と記されている。この相違が何に起因するものであるかは不明とせざるを得ないが、ここでは相違点の指摘だけに止めておく。栗林文夫氏は「鎌倉時代の日向国守護について」（『日本歴史』五二七号、一九九二年）において、この「守護代」宛て文書の発給主体を鎮西探題ではなく、守護正員と考えるが、先述のごとく、六波羅探題より外様守護国の「守護代」に宛てて、史料Ⅲと同様の直状様式の文書が発給されていることより、ことさらに守護正員としての立場を強調することには首肯し難い。

〔史料Ⅳ〕

異賊防禦御祈禱事、去年十二月十日関東御教書如此、早任被仰下之旨、可抽懇祈之由、可被相触薩摩国中為宗寺社管領之仁也、仍執達如件、

嘉元二年(一三〇三)正月四日　掃部助(北条政顕)御判

下野前司入道殿(島津忠宗)

「薩藩旧記」（『鎌倉遺文』二一七二四号）

史料Ⅳも異賊防禦の祈禱命令であるが、薩摩国内の寺社に対する命令であり、名宛人下野前司入道島津忠宗は守護正員として、九州に下向していた。彼の九州での活動を示すものの一つとして、異国警固番役に対する覆勘状があげられ、弘安八年（一二八五）五月一日付「比志島文書」（『鎌倉遺文』一五五八一号）を初見とし、『鎌倉遺文』に二十八通を数えることができる。つまり、守護正員が九州に下向している場合は、鎮西探題より守護正員に宛てて文書が発給されていたのである。これもまた、六波羅探題より守護正員を名宛人として文書が発給される場合と同様である。

第二章　発給文書に見る鎮西探題の諸権限

はじめに

鎮西探題の成立時期については、軍事指揮権と訴訟裁断権の視点から、北条兼時・時家下向時の永仁元年（一二九三）説と北条実政下向時の永仁四年（一二九六）説の二説がある。この二説に関しては、築地貴久氏が整理されているので[1]、ここでは詳説を避けるが、『沙汰未練書』には鎮西探題の性格規定として「鎮西九国成敗事　管領、頭人、奉行、如六波羅在之」と記されている。そして、「六波羅」とは「洛中警固并西国成敗御事也」とある。鎮西探題発給文書を通覧しても、下知状による裁許状をはじめ、御教書による召文や問状、使節遵行命令、訴訟案件に関わる調査命令、中には訴訟の棄捐を伝える文書など、多くの訴訟関連文書が残存し、成立時期をどちらにするとしても、訴訟裁断権が重きをなしていったことは確かである。

さて、鎮西探題の成立時期や訴訟裁断権に関しては多くの先行研究がある一方、訴訟関連を除く、鎮西御家人に対する種々の命令等を論じられたものは、管見の限り、少ないと言わざるを得ない。そこで本章では、発給文書を通して、軍事指揮権・訴訟裁断権以外の権限を整理し、鎮西探題の有した諸権限を明らかにするとともに、その性格づけを行うこととする。

一　寺社関連

本節では、寺社関連文書を通覧する。ただし、関東からの命令の施行は後節であつかうこととする。

1　祈禱

次に示す史料一は、異賊降伏の祈禱を命じる、豊後国守護大友貞親宛の鎮西御教書である。また、史料二は、その鎮西御教書を国内の寺社宛に施行した大友貞親の施行状である。

〔史料一〕(2)

異賊事、可襲来之由有其聞、殊抽丹誠、可致懇祈之旨、相触豊後国、為宗寺社惣官、早速可被執進請文候也、仍執達如件、

延慶二年(一三〇九)二月廿六日　　　前上総介(北条政顕)御判

大友出羽守(貞親)殿

〔史料二〕(3)

異賊降伏御祈禱可抽丹誠由事、今月廿六日博多御教書如此、早任彼仰下之旨、可被致懇祈候也、仍執達如件、

延慶二年(一三〇九)二月廿七日　　　出羽守(大友貞親)在判

六郷山執行御房

同様の祈禱命令が、鎮西探題から肥前国守護代、大隅国守護北条時直に宛てて発給されている。(4)

また、薩摩国守護島津忠宗、大隅国守護北条時直に宛てて、彗星出現に際し、天下泰平の祈禱を管国内の寺社に命じるよう指示したものもある(5)。鎮西探題は鎮西各国内の寺社に対し祈禱命令を発していたのである。

2　造営

肥前国河上社の造営に関わって次に示す史料三(6)が発給されている。

〔史料三〕

肥前国河上社造営事、白石次郎通朝・国分又次郎長季無沙汰之間、所差改豊前々司盛資・河野六郎通有也、次国衙直人等相綺徴納以下条、不可然候間、所被停止也、早可被存知其旨、仍執達如件、

正安二年(一三〇〇)十月廿六日　前上総介(北条実政)御判

河上座主御房

河上社造営に関し、白石次郎通朝・国分又次郎長季の両名が無沙汰のため、豊前々司盛資・河野六郎通有に変更したことなどを河上社座主に伝えている。これに先立ち、河上社の破壊状況等の検見を豊田太郎兵衛尉家綱・橘薩摩彦次郎に命じたことを大宮司に伝えてもいる(7)。

正和三年(一三一四)には河上社遷宮奉行を伊勢民部大夫入道と渋谷重郷に命じ(8)、渋谷重郷には造営用途について注申するよう命じている(9)。しかし、文保二年(一三一八)になっても遷宮は行われず、奉行の伊勢民部大夫入道と渋谷重郷両名に急ぎ執り行うよう命じているが(10)、その後も遷宮は一向に行われていない。そして、元亨二年(一三二二)に至ってようやく執り行われたことがわかる(11)。さらに翌年には、鎮西探題から神役の沙汰命令が出されている(12)。

河上社以外にも、筑前国宗像社、肥前国櫛田宮などの造営に関わる文書が鎮西探題から発給されている。(13) 鎮西探題が多くの寺社造営に関わっていたことが確認される。

3　その他

祈禱、造営以外にも、次のような文書が鎮西探題から発給されている。

〔史料四〕(14)

肥前国春日山高城護国寺雑掌申当寺事

右、如解状者、当寺為関東御祈禱所之処、甲乙人等動乱入寺領、致狩猟以下濫妨云々、甚招罪科歟、向後固禁断殺生、可令停止狼藉之状、依仰下知如件、

元亨二年（一三二二）十一月十一日

修理亮平朝臣（北条英時）（花押）

右の史料四は鎮西探題が発給した禁制であり、寺領内の殺生が禁じられている。下知状様式の文書であることから、濫妨に対する訴えの裁許とも考えられるが、ここでは内容から、禁制として考える。

また、次の史料五は鎮西探題発給の寄進状である。

〔史料五〕(15)

寄進

肥後国古保里庄内佐野寺免田事

合十一町者

右、件田地者、停止万雑公事、限永代、所奉寄進之也、至于子々孫々、不可致其妨候、仍為後々証文、寄進之状
　如件、
　　元亨元年（一三二一）辛酉二月二日　　　遠江守平朝臣（北条随時）
　東明和尚

この他に、神馬送状(16)、巻数請取(17)、供米弁済命令(18)、神役勤仕の際の証状・請文発給に関すること(19)、寺内狼藉停止命令(20)、仏神事遂行命令(21)が鎮西探題から発せられている。

史料一のような祈禱命令をはじめ、河上社を例とする造営に関わる文書が残存している。さらに、禁制等様々な命令を発出していることより、鎮西探題は寺社への統治権限を広く有していたと考えられるのである。

二　所領関連

本節は所領に関わる文書を通覧する。その際、関東からの安堵の施行は後節であつかうこととする。

1　安　堵

〔史料六〕(22)

肥前国高来郡西郷大河村□犬法師丸名地頭職、被譲嫡□（子カ）孫太郎能幸之□（状カ）承了、恐々謹言、
永仁六（一二九八）
三月十三日　　　実政（北条）在判

犬法師丸名（覚明）地頭殿御返事

右の鎮西探題北条実政発給文書は、書状様式であり、「安堵」文言が記されてはいないが、譲与を「承」っていることより、譲与安堵の文書と解される。この「承」った内容は、次に示す史料七である。

〔史料七〕(23)

□申上候肥前国高来西郷大河村□納言房僧覚明之分領屋敷犬法師丸名田□等地頭職事、

一所屋敷弥三郎細工薗　一所上伍段二丈
一所扇下壹段一丈
一所薗田壹段一丈　一所坂下壹段一丈
一所竹原町西伍段　井料田伍段
一所乙権法田壹町　同敷地壹町

右、以去正応元年（一二八八）相副次第証文、為孫太郎能幸□（於カ）嫡子、譲与候畢、及于覚明八旬余候之間、存生之□（間カ）預御一行、為給与能幸候、令参上候、以此旨、可有御披露候、覚明恐惶謹言、

永仁五年（一二九七）十二月十二日　僧覚明上

進上　御奉行所

つまり、覚明からの譲与に関する申状を受け、鎮西探題北条実政は了承した旨を書状で伝えているのである。この了承には安堵の意があったものと考えられる。

同様に、実政発給文書には、書状様式で、約三十年前の譲状と安堵の下文を披見したことを伝える文書(24)もあり、この文書も所領安堵の意が含まれていたと考えられる。

直接所領安堵には結びつかなかったものではあるが、北条英時発給文書には、地頭職安堵のために当知行の実否、支申仁の有無を問う御教書[25]がある。そのうちの一件、薩摩国谷山郡山田・上別府両村地頭職については支申仁が出来し、訴訟となり、鎮西探題から裁許の下知状[26]が発給されている。

2　配　分

次の史料八は、弘安の役に係る恩賞地配分状である。

〔史料八〕[27]

弘安四年（一二八一）蒙古合戦勲功賞配分事

一人横溝馬次郎資為法師

田地五町　筑後国三潴庄田脇村（午尾田孫太郎跡）

一所一町　（廿六條一甲東預町）

一所一町　美栗町

一所一町　薦町

一所一町　高房

一所一町　須田町

屋敷二宇

一宇　弥次郎丸

一宇　八郎太郎

右、孔子配分如此、早守先例、可令領知之状如件、

嘉元三年（一三〇五）四月六日　　上総介平朝臣（北条政顕）（花押）

横溝助三郎殿

鎮西探題による恩賞地配分状は、この他に嘉元三年（一三〇五）四月六日付の文書が二通[28]、徳治二年（一三〇七）十月二十二日付の文書が一通[29]残されている。すでに、相田二郎氏[30]、瀬野精一郎氏[31]によって論じられていることではあるが、弘安九年（一二八六）に恩賞地配分権が少弐経資・大友頼泰に委ねられ[32]、嘉元三年（一三〇五）の第六回配分に至って鎮西探題に配分権が移譲されたことがわかる。

以上、所領に関わって、鎮西探題には安堵権限、配分権限が与えられていたことが確認された。御家人にとって所領は一所懸命の地であり、安堵権限、配分権限は所務沙汰裁断権とならび重要なことである。蒙古襲来の脅威が去らぬ時に、いかに鎮西の御家人を鎮西の地に留まらせるか。六波羅や鎌倉へ出さないためにも、鎮西探題に所領に関わる大きな権限を付与する必要性があったことがわかる。

三　その他の諸命令

次の史料九は、鎮西探題が発給した年貢納入に関する文書である。

〔史料九〕[33]

大宰府雑掌中薩摩国阿多郡北方年貢事、如去月廿七日小目代成宗請取者、府領薩摩国阿多郡北方年貢用途四十五貫文、自正和五年（一三一六）至元亨元年（一三二一）六ヶ年分請取云々、尋下雑掌之処、如今月九日雑掌為平請文者、阿多郡北方府方年

貢事、去月廿七日返抄無相違云々、可被存其旨、仍執達如件、

正中二（一三二五）十月十六日　修理亮（北条英時）（花押）

隠岐三郎左衛門尉殿

薩摩国阿多郡北方の年貢として、正和五年（一三一六）から元亨元年（一三二一）に至る六ヵ年分、四十五貫文が納入されたことを伝える鎮西御教書である。翌嘉暦元年（一三二六）には、それ以前の分の年貢が皆納されたことを伝える御教書が発給されている[34]。この他に、同様の年貢納入に関する御教書二通[35]が残存しており、鎮西探題から年貢納入に関する連絡が伝えられている。

また、筑後国三潴庄の年貢に関し、申状への対応を求めた御教書[36]も発給されている。

このように、年貢納入に関し、支障がある場合にはその調査を行った上で、適宜の伝達を行っていたことがわかる。

次の史料十は、鎮西探題が発給した過所である。

〔史料十〕[37]

関東御祈禱所肥前国東妙寺造営材木勝載船壹艘事、

右、九州津々関泊、無煩可勘過之状如件、

延慶三年（一三一〇）五月廿日　前上総介（北条政顕）（花押影）

東妙寺の造営用材木を運搬する船の関所通過に煩いなきよう命じたものである。

次の史料十一は、鎮西探題が海賊の取締りを命じた文書である。

〔史料十一〕[38]

豊後国津々浦々船事、為被鎮海賊、不論大小、随船見在、輙難削失之様、彫付在所并船主交名於彼船、来月中可被注申員数、且有海賊之聞者、守護・地頭・沙汰人等、構早船、不廻時剋、可令追懸、然者、乗人者縦赴陸地、雖令逃脱、至船者、令棄置之時、船主之所行歟、他人之借用歟、尋明之者、可露顕之故也、又追懸之時、乍知及不合力之輩者、可被注進交名、仍執達如件、

正安三年(一三〇一)三月廿七日　前上総介(北条実政)（花押）

下野彦三郎左衛門殿(島津久長)

この御教書で、船に在所と船主の名を彫り付けるよう命じているが、実際にどれだけの船に在所と船主の名が彫り付けられ、どれほどの効果をあげたものか、管見の限りは不明と言わざるを得ない。

次の史料十二は、鎮西探題が橋の勧進のために合力するよう命じた文書である。

〔史料十二〕[39]

肥後国河尻大悲禅寺長老申、当渡橋用途勧進事、国中第一難所云々、各可被合力也、仍執達如件、

永仁七年(一二九九)二月六日　前上総介(北条実政)在判

この御教書には宛所が記されていないため、命じられた対象が不明であるが、「国中第一難所」の文言、およびこの文書が肥後国大悲寺の所蔵文書であることから、おそらく大悲寺を通して、肥後国御家人らに命じられたものと推測される。

次の史料十三は、謀書の罪を犯した筑前国粥田庄勝野郷先名主四郎義直の身を召し進めるよう、鎮西探題北条英時が筑前国守護少弐貞経に命じた文書である。

〔史料十三〕[40]

筑前国粥田庄勝野郷先名主四郎義直事、号右大将（源実朝）家御教書、構謀書之由、被成関東御教書之間、為罪名沙汰、可召進之旨、先日被仰之処、不見在云々、随見合、可召進其身之由、可被相触筑前国中也、仍執達如件、

嘉暦二年（一三二七）十二月十六日　　修理亮（北条英時）（花押）

筑後前司（少弐貞経）入道殿

文言の一部に違いはあるが、同日付で同内容の御教書が豊前国守護糸田貞義にも発給されており[41]、筑前国のみならず近隣諸国へも義直の身を召し進めるよう命じたことがわかる。謀書に関しては『御成敗式目』第十五条に制裁規定が記されており、鎮西探題は義直を重罪人として筑前国および近隣諸国に指名手配したことになる。

四　関東・六波羅探題からの命令の施行

1　関　東

鎮西探題が関東からの命令を施行した文書には、次のようなものが残存している。

史料十四は、異賊防禦の祈禱を命じた関東御教書を薩摩国守護島津忠宗に宛てて施行した鎮西御教書である。文書中の関東御教書は残存していない。

〔史料十四〕[42]

異賊防禦御祈禱事、去年十二月十日関東御教書如此、早任被仰下之旨、可抽懇祈之由、可被相触薩摩国中為宗寺社管領之仁也、仍執達如件、

嘉元二年（一三〇四）正月四日　　掃部助（北条政顕）御判

下野前司入道殿（島津忠宗）

第一節で示したように、鎮西探題から寺社へ祈禱が命じられているが、祈禱命令は関東からも発出されており、右のほかにも関東御教書を施行した鎮西御教書(43)が一通残存している。

寺社の造営でも、関東からの命令を施行した鎮西御教書があり、豊前国宇佐宮造営(44)、肥後国藤崎社造営(45)が命じられている。

祈禱・造営以外でも寺社関連の施行文書(46)が残存している。第一節で示した禁制(47)の例もある。

次の史料十五は、豊後国検断の事につき、守護人とともに厳密の沙汰にあたるよう島津久長に命じたものである。文書中の関東御教書を史料十六に示した。

〔史料十五〕(48)

豊後国検断事、去六月廿四日関東御教書如此、守護人相共、可被致厳密沙汰候也、仍執達如件、

正安二年（一三〇〇）十一月廿六日　　前上総介（北条実政）（花押）

下野彦三郎左衛門尉殿（島津久長）

〔史料十六〕(49)

鎮西検断事、早撰器量之仁、相副国々守護人、可被致厳密之沙汰之状、依仰執達如件、

正安二年（一三〇〇）六月廿四日　　陸奥守（北条宣時）御判

相模守（北条貞時）御判

上総前司殿（北条実政）

島津久長は、言うまでもなく薩摩国の御家人であるが、「器量之仁」として、豊後国の検断に守護人大友氏とともに従事することになったのである。[50] 先に示した史料十一で島津久長は豊後国の海賊取締りを命じられており、この命令が実行されていたことがわかる。そしてこの久長はのちに出家するに際し、関東に許可を求め、その免許が次の史料十七であり、鎮西探題の施行状が史料十八である。

〔史料十七〕[51]

嶋津大隅前司久長申出家暇事、注進状披露訖、所詮、所労難治云々、所被免許也者、依仰執達如件、

元亨三年（一三二三）五月十日　相模守（北条高時）（花押）

修理権大夫（北条貞顕）（花押）

武蔵修理亮（北条英時）殿

〔史料十八〕[52]

出家暇事、今年五月十日関東御教書如此、可被存其旨也、仍執達如件、

元亨三年（一三二三）九月五日　修理亮（北条英時）（花押）

嶋津大隅前司（久長）殿

次の史料十九は、安芸杢助を鎮西評定衆に任命する旨の関東御教書を施行した文書である。当該の関東御教書は残存していない。

〔史料十九〕[53]

被食加鎮西評定衆由事、今年二月廿八日関東御教書案文如此、可被参勤也、仍執達如件、

正安四年（一三〇二）四月十日　掃部助（北条政顕）

安芸杢助殿

次に示す史料二十は、検断沙汰に関し、関東から狼藉人の流刑を命じられ、鎮西探題が施行した御教書である。文書中の当該の関東御教書は残存していない。

〔史料二十〕(54)

大隅国正八幡宮雑掌尚円幷神官所司等申、兼意以下輩破損神王面・御鉾、致殺害刃傷放火由事、今年正月廿九日関東御教書如此、早任被仰下之旨、為処流刑、不日可召進兼意・永寿・慶喜・慶円・能兼・兼幸・永誉・覚増・覚栄・増範・貞兼之状如件、

正中三年(一三二六)三月八日　　修理亮(北条英時)御判

守護代

右と同日付で同内容の鎮西御教書が日向国守護代に宛てて発給されている。(55) 残存文書は案文であり、文書の奥に「薩摩国同前」と書かれていることより、こちらは残存してはいないが、同様の御教書が薩摩国守護ないし守護代に宛てて発給されていたと考えられ、兼意以下の狼藉人を召進め、流刑に処することを奥三国に命じていたことがわかる。兼意らが奥三国のいずこかに潜み隠れていると考えられていたのであろうか。

次の史料二十一は、関東からの所領安堵を施行した文書である。文書中の関東御下文は史料二十二の関東下知状である。

〔史料二十一〕(56)

建部氏字又、今者死去、子息禰寝弥次郎清種申、大隅国禰寝院南俣内田伍段郡本馬門東依、・畠弐町壹段・在家肆宇南入道薗事、

右、任去年十二月七日関東御下文、可令氏女跡領掌之状如件、

元亨四年（一三二四）七月五日

修理亮（北条英時）平朝臣（花押）

〔史料二十二〕(57)

可早以建部氏字又領知大隅国禰寝院南俣内田伍段郡本馬門東依、・畠弐町壹段・在家肆宇南入道蘭事、

右、以亡父宮原五郎頼重跡、所配分也者、早守先例、可令領掌之状、下知如件、

元亨三年（一三二三）十二月七日

相模守平朝臣（北条高時）（花押）

修理権大夫平朝臣（北条貞顕）（花押）

右の史料二十二、関東下知状で大隅国禰寝院南俣内田畠等の配分安堵を行っている。宮原頼重跡を建部氏に配分しているが、その施行段階の史料二十一の時点では、建部氏は死去しており、その子息禰寝弥次郎清種に領掌が命じられている。

右以外にも関東からの所領安堵を施行した文書(58)が残存している。さらに、譲与安堵が外題安堵様式に切り替えられた後の施行状として次の史料二十三がある。「関東御外題」は管見の限りでは確認できなかった。

〔史料二十三〕(59)

橘薩摩六郎公有法師法名智蓮申

肥前国長嶋庄下村内田畠在家山野并皮古山地頭職事

右、任去年八月六日関東御外題、可令領掌之状如件、

嘉暦三年（一三二八）三月廿日

修理亮（北条英時）御在判

2　六波羅探題

六波羅探題からの命令を施行した文書も残存している。その一例が次の史料二十四である。

〔史料二十四〕[60]

安楽寺領薩摩国々分寺友貞濫妨狼藉事、就綸旨・六波羅施行、有其沙汰之処、於下地者、可依相論落居之旨、雑掌申之上、不及子細、至于年貢者、可被渡沙汰雑掌也、仍執達如件、

元亨三年（一三二三）九月十六日　修理亮（北条英時）御判

嶋津下野三郎左衛門尉（忠宗）殿

国分友貞と兄友任および安楽寺との一連の相論[61]の中で発給された鎮西御教書である。文書中の「綸旨」も「六波羅施行」の御教書も残念ながら残存していない。この御教書については、同年十一月日付の友貞申状[62]に「仰当奉行人奈古三郎入道春寂、被召返島津下野三郎左衛門尉貞久所給御教書」と記され、奈古春寂にこの御教書が渡されたようであるが、その後、史料二十四と同内容の鎮西御教書が同年十二月三日付で使節莫禰郡司宛に発給されており[63]、鎮西探題はあくまで六波羅探題の施行に従ったようである。

この一連の訴訟に関しては、第三章で詳説することではあるが、綸旨等を受けてのものであり、特殊な例である。原則的には六波羅探題から鎮西探題へ宛てて命令が発せられることはなく、鎮西探題は関東からの命令を直接受けて、それを施行していたのである。

以上、関東および六波羅探題からの命令を施行する文書を通覧した。六波羅探題からの命令は特殊な例であり、鎮

西探題は関東から鎮西統治に係る様々な命令を受け、それを施行していたことが確認できる。

五　鎮西探題の特質

鎮西探題に関しては、その発給した裁許状をはじめとする多くの訴訟関連文書から、訴訟裁断権に係る研究や、軍事指揮権・訴訟裁断権を論拠とした設置時期の研究が多くなされてきたが、本章では、鎮西探題が有した軍事指揮権・訴訟裁断権を除く諸権限を、その発給文書から明らかにしてきた。

まず、寺社への統治権限として、祈禱命令、造営、禁制、神馬関連、巻数請取、供米弁済命令、神役勤仕関連、寺内狼藉停止命令、仏神事遂行命令、と様々な権限を有していたことが確認された。

次に、所領に関わり、安堵権限および配分権限を有していたことが確認された。

さらに、年貢納入関連、過所、勧進への合力命令など、様々な命令を発していたことが確認された。また、軍事指揮権の一つとも考えられるが、海賊取締り命令や罪人の逮捕命令も発せられていた。

以上より、鎮西探題は、軍事指揮権・訴訟裁断権に、本章で発給文書から確認した様々な権限を加えることによって、全鎮西におよぶ比肩すべきもののない最高統治権者であったといえる。

しかし一方で、鎮西探題発給文書には関東からの命令を施行した文書も残されている。寺社へは祈禱命令をはじめとする様々な関東からの命令が施行され、人事関連、検断沙汰、所領安堵などを施行した文書もある。これらの施行文書の内容には、第一節から第三節で確認した鎮西探題の権限として発給された文書でもあつかわれていたものもあり、関東の独自性を見出すことはできない。つまり、鎮西探題の命令と同内容の命令が関東からも発出されていたのである。そして、施行状は、その文言から、鎮西探題独自の判断を差し挟むことなく、関東からの命令をただ忠実に伝えるものであった。このことは、鎮西探題も六波羅探題同様、関東からの命令に忠実な中間統括機関としての一面を有していたことを示しており、その一面は鎌倉幕府滅亡まで脱することのできない面として鎮西探題を縛るものであったと言えるのである。

多くの裁許状が示すように、鎮西探題には、その立地や成立過程の関係上、最終訴訟裁断権が与えられており、この権限が鎮西探題の中で大きな意味を有していたことは確実である。そして、鎮西における最高統治権者たる鎮西探題が、軍事指揮権・訴訟裁断権に加えて、多くの諸権限を有していたことを忘れてはならない。しかしその一方で、関東からの命令を施行した文書の存在は、関東を凌駕することのできない中間統括機関としての鎮西探題の限界を示すものと言えるのである。

註

（1）築地貴久「鎮西探題の成立と鎌倉幕府」（『文学研究論集』二八、明治大学大学院、二〇〇八年）。北条兼時・時家下向時の永仁元年（一二九三）説の代表的なものとしては、相田二郎『蒙古襲来の研究　増補版』（吉川弘文館、一九八二年、初版は一九五八年）、佐藤進一『鎌倉幕府訴訟制度の研究』（岩波書店、一九九三年、初版は一九四三年）、村井章介『アジアのなかの中世日本』（校倉書房、一九八八年）、近藤成一『日本の時代史9　モンゴルの襲来』（吉川弘文館、二〇〇三年）。北条実政下向時の永仁四年（一二九六）説の代表的なものとしては、石井良助「鎌倉時代の裁判管轄（二）—主として武家裁判所の管轄—」（『法学協会雑誌』五七巻一〇号、一九三九年）、川添昭二「鎮西惣奉行所—北条兼時・時家の鎮西下向—」（『金沢文庫研究』一八巻一二号、一九七二年）、瀬野精一郎『鎮西御家人の研究』（吉川弘文館、一九七五年）、同「鎮西探題と北条氏」（『金沢文庫研究』二五巻二号、一九七九年）、友成和弘「鎌倉時代における鎮西統治機関についての一考察—北条兼時・時家の鎮西下向を中心に—」（『金沢文庫研究』二七五号、一九八五年）、新井孝重『戦争の日本史7　蒙古襲来』（吉川弘文館、二〇〇七年）。

（2）「肥前島原松平文庫文書」（『鎌倉遺文』補一八七九号）。

（3）「肥前島原松平文庫文書」（『鎌倉遺文』補一八八〇号）。

（4）延慶二年（一三〇九）二月二十六日付「肥前実相院文書」（『鎌倉遺文』二三六〇四号）、延慶四年（一三一一）二月二日付「大隅台明寺文書」（『鎌倉遺文』二四一九六号）、延慶四年（一三一一）六月二日付「大隅台明寺文書」（『鎌倉遺文』二四二九九号）。ただし、延慶四年（一三一一）二月二日付「大隅台明寺文書」と延慶四年（一三一一）六月二日付「大隅台明寺文書」は重複文書の可能性がある。

（5）「薩藩旧記前編巻十一国分寺文書」（『鎌倉遺文』二〇八四三号）。

彗星出現事、於薩摩国為宗之寺社、不日致天下泰平御祈禱、可被執進巻数也、仍執達如件、

正安三年（一三〇一）八月廿三日　前上総介（北条実政）御判

下野前司（島津忠宗）殿

同日付けで同内容の文書が大隅国守護北条時直に宛てて発給されている。「大隅桑幡文書」（『鎌倉遺文』補一八一一号）。

（6）「肥前河上神社文書」（『鎌倉遺文』二〇六一九号）。

（7）正安二年（一三〇〇）八月二日付「肥前実相院文書」（『鎌倉遺文』二〇五五五号）。

（8）正和三年（一三一四）三月二日付「肥前実相院文書」（『鎌倉遺文』二五一〇二号）。

（9）正和三年（一三一四）十月十六日付「肥前実相院文書」（『鎌倉遺文』二五二六四号）。

（10）文保二年（一三一七）三月二十二日付「肥前河上神社文書」（『鎌倉遺文』二六六〇六号）。

（11）元応元年（一三一九）十月二日付「肥前実相院文書」（『鎌倉遺文』二七二六三号）、元亨二年（一三二二）四月二十八日付「肥前実相院文書」（『鎌倉遺文』二八〇〇七号）、元亨二年（一三二二）後五月二十五日付「肥前実相院文書」（『鎌倉遺文』二八〇四九号）、元亨二年（一三二二）六月二十日付「肥前河上神社文書」（『鎌倉遺文』二八〇六五号）、元亨二年（一三二二）六月二十七日付「肥前実相院文書」（『鎌倉遺文』二八〇七四号）。

（12）元亨三年（一三二三）十一月二十八日付「肥前河上神社文書」（『鎌倉遺文』二八六〇〇号）。

（13）正和五年（一三一六）二月二十七日付「筑前大悲王院文書」（『鎌倉遺文』二五七五三号）、文保元年（一三一七）十一月二十九日付「保坂潤治蔵手鑑」（『鎌倉遺文』二六四四五号）、文保二年（一三一八）七月二日付「肥前東妙寺文書」（『鎌倉遺文』

二六七二五号)、文保二年(一三一八)八月二十五日付「豊前小山田文書」(『鎌倉遺文』二六七六四号)、元亨二年(一三二二)閏五月七日付「肥前櫛田神社文書」(『鎌倉遺文』二八〇四三号)、嘉暦元年(一三二六)九月四日付「筑前大悲王院文書」(『鎌倉遺文』二九五九八号)。

『鎌倉遺文』二五七五三号「筑前大悲王院文書」は北条種時発給文書である。種時は探題職務の代行者と考えられているので、ここでは便宜上、鎮西探題発給文書として考察対象とする。

(14)「肥前高城寺文書」(『鎌倉遺文』二八二二八号)。
(15)「肥後国壽勝寺誌」(『鎌倉遺文』二七七四二号)。
(16)元亨二年(一三二二)九月二日付「豊前益永家文書」(『鎌倉遺文』二八一六六号)。
(17)(年未詳)十二月二十日付「筑前大悲王院文書」(『鎌倉遺文』二六二六三号)、(年未詳)十二月二十三日付「筑前大悲王院文書」(『鎌倉遺文』二六二六四号)。
(18)正中二年(一三二五)九月五日付「薩藩旧記前編十四正文在水引宮内大検校」(『鎌倉遺文』二九一九一号)。
(19)元亨三年(一三二三)九月十六日付「薩摩新田神社文書」(『鎌倉遺文』二八五二五号)、元亨三年(一三二三)十一月十六日付「薩摩新田神社文書」(『鎌倉遺文』二八五八六号)。
(20)正和三年(一三一四)七月六日付「肥前正法寺文書」(『鎌倉遺文』二五一七二号)。
(21)(年未詳)正月二十五日付「豊前到津文書」(『鎌倉遺文』二〇二〇四号)。
(22)「肥前大川文書」(『鎌倉遺文』一九六二五号)。
(23)「肥前大川文書」(『鎌倉遺文』一九五五八号)。
(24)永仁六年(一二九八)四月六日付「島津家文書」(『鎌倉遺文』一九六四七号)。

譲状は文永八年(一二七一)九月十五日付島津道佛置文案(「島津家文書」〈『鎌倉遺文』一〇八七九号〉)、安堵の下文は文永八年(一二七一)十二月二十四日付関東下知状(「島津家文書」〈『鎌倉遺文』一〇九四五号〉)である。

この他、正和二年(一三一三)二月五日付「筑後国史三十七大隈氏」(『鎌倉遺文』二四七八六号)も鎮西探題北条実政発給による所領安堵の文書である。

(25)嘉暦四年(一三二九)五月二十三日付「薩摩山田文書」(『鎌倉遺文』三〇六〇九号)、嘉暦四年(一三二九)七月二十七日付「薩摩山田文書」（『鎌倉遺文』三〇六八〇号）、元徳元年（一三二九）十二月三日付「豊前金光清明系図清圓條」（『鎌倉遺文』三〇七八八B）。

(26) 一連の訴訟関連文書は次のとおりである。いずれも「薩摩山田文書」。嘉暦四年（一三二九）六月日付山田諸三郎丸申状（『鎌倉遺文』三〇六四六号）、（嘉暦四年〈一三二九〉ヵ）七月一日付覚信（谷山資忠）和与状（『鎌倉遺文』三〇六四九号）、嘉暦四年（一三二九）九月二十五日付島津実忠請文（『鎌倉遺文』三〇七〇六号）、嘉暦四年（一三二九）九月二十七日付平忠世請文（『鎌倉遺文』三〇七〇七号）、元徳二年（一三三〇）四月二十日付鎮西御教書（『鎌倉遺文』三一〇〇二号）、元徳二年（一三三〇）壬六月二日付谷山覚信請文（『鎌倉遺文』三一〇九一号）、元徳二年（一三三〇）後六月八日付渋谷定圓請文（『鎌倉遺文』三一〇九七号）、元徳二年（一三三〇）後六月二十五日付鮫島蓮道請文（『鎌倉遺文』三一一一四号）、元徳二年（一三三〇）七月五日付渋谷元祐請文（『鎌倉遺文』三一一三七号）、元徳二年（一三三〇）十一月日付谷山覚信代教信申状（「載山田譜」『鎌倉遺文』三一二八九号）、正慶元年（一三三二）十二月五日付鎮西下知状（『鎌倉遺文』三一九一二号）、正慶元年（一三三二）十二月十日付鎮西下知状（『鎌倉遺文』三一九一八号）、正慶元年（一三三二）十二月十日付鎮西御教書（『鎌倉遺文』三一九一九号）、正慶元年（一三三二）十二月十日付鎮西御教書（『鎌倉遺文』三一九二〇号）、正慶二年（一三三三）正月二十日付鎮西御教書（『鎌倉遺文』三一九七二号）。

(27) 「筑後国史三十七横溝氏」（『鎌倉遺文』二二一五八号）。

(28) 「筑後河原文書」（『鎌倉遺文』二二一五九号）、「薩摩二階堂文書」（『鎌倉遺文』二二一六〇号）。

(29) 「豊後詫摩文書」（『鎌倉遺文』二三〇六七号）。

(30) 相田二郎前掲著書。

(31) 瀬野精一郎前掲著書。

(32) 弘安九年（一二八六）十月十九日付関東御教書（「筑後立花大友文書」〈『鎌倉遺文』一六〇〇一号〉）。

(33) 「二階堂文書」（『鎌倉遺文』一九二三一号）。

(34) 嘉暦元年（一三二六）十二月二十五日付「二階堂文書」（『鎌倉遺文』二九七〇〇号）。

(35) 嘉暦二年（一三二七）十一月二十五日付「肥前龍造寺文書」（『鎌倉遺文』三〇〇八一号）、嘉暦四年（一三二九）五月二十日付「肥前斑島文書」（『鎌倉遺文』三〇六〇八号）。

(36) 元亨二年（一三二二）三月七日付「筑後大隈氏文書」（『鎌倉遺文』二七九七五号）。

(37)「肥前東妙寺文書」(『鎌倉遺文』二三九九五号)。
(38)「島津家文書」(『鎌倉遺文』二〇七四四号)。
(39)「肥後大悲寺文書」(『鎌倉遺文』一九九四一号)。
(40)「金剛三昧院文書」(『鎌倉遺文』三〇一〇三号)。
(41)「金剛三昧院文書」(『鎌倉遺文』三〇一〇四号)。
(42)「薩藩旧記前編巻八国分寺文書」(『鎌倉遺文』二一七二四号)。
(43) 延慶三年(一三一〇)五月十日付「肥前実相院文書」(『鎌倉遺文』二三九八九号)。文書中の関東御教書は延慶三年(一三一〇)二月二十九日付「肥前実相院文書」(『鎌倉遺文』二三九一八号)。
(44) 嘉暦二年(一三二七)四月二十日付「豊前宇佐記」(『鎌倉遺文』二九八一八号)。文書中の関東御教書は嘉暦二年(一三二七)三月十三日付「豊前宇佐記」(『鎌倉遺文』二九七七五号)。
所役の事として元亨二年(一三二二)五月二十日付「宇佐記」(『鎌倉遺文』二八〇二七号)がある。文書中の関東御教書は元亨元年(一三二一)十二月二十五日付「宇佐記」(『鎌倉遺文』二七九二四号)。
(45) 元徳二年(一三三〇)八月十日付「肥後藤崎八幡宮文書」(『鎌倉遺文』三一一七八号)、元徳二年(一三三〇)八月十日付「肥後藤崎八幡宮文書」(『鎌倉遺文』三一一七九号)。
(46) 寺社修造興行などにつき関東の命令を施行した永仁七年(一二九九)二月二十四日付「薩藩旧記前編巻十国分寺文書」(『鎌倉遺文』一九九五六号)、神人の強訴・狼藉につき関東の命令を施行した元亨三年(一三二三)二月十八日付「肥前実相院文書」(『鎌倉遺文』二八三三二号)、宇佐宮大神宝用途員数につき関東の命令を施行し注申を命じた嘉暦元年(一三二六)九月二十五日付「豊前宇佐記」(『鎌倉遺文』二九六一三号)がある。文書中の関東御教書は管見の限り残存していない。
(47) 永仁六年(一二九八)十一月二十六日付「肥前東妙寺文書」(『鎌倉遺文』一九八七八号)。文書中の宣旨は永仁六年(一二九八)七月十四日付官宣旨(「肥前東妙寺文書」〈『鎌倉遺文』一九七四五号〉)、関東御下知は永仁六年(一二九八)九月七日付関東御教書写(「肥前東妙寺文書」〈『鎌倉遺文』一九七九九号〉)。
(48)「島津家文書」(『鎌倉遺文』二〇六五三号)。
(49)「島津家文書」(『鎌倉遺文』二〇四六九号)。

(50) 相田二郎前掲著書。
(51) 「島津家文書」（『鎌倉遺文』二八三九七号）。
(52) 「島津家文書」（『鎌倉遺文』二八五〇八号）。
(53) 「武家雲箋」（『鎌倉遺文』二一〇三四号）。
(54) 「大隅台明寺文書」（『鎌倉遺文』二九三七六号）。
(55) 「大隅台明寺文書」（『鎌倉遺文』二九三七七号）。
(56) 「大隅池端文書」（『鎌倉遺文』二八七八一号）。
(57) 「大隅池端文書」（『鎌倉遺文』二八六〇九号）。
同日付けで、南俣院内の別の田地の配分安堵が、建部重清に宛てて行われている。「禰寝文書」（『鎌倉遺文』二八六〇八号）。
(58) 正和四年（一三一五）五月十二日付「肥前深江家文書」（『鎌倉遺文』二五五〇七号）。関東御下文は残存していない。
(59) 「肥前小鹿島文書」（『鎌倉遺文』三〇二〇〇号）。
嘉暦二年（一三二七）十二月十六日付鎮西御教書（「筑前麻生文書」〈『鎌倉遺文』三〇一〇五号〉）も「関東御外題」を施行した文書である。この「関東御外題」も確認できなかった。
(60) 「薩摩国分寺文書」（『鎌倉遺文』二八五二七号）。
(61) 一連の訴訟関連文書は次のとおりである。いずれも「薩摩国分寺文書」。元亨二年（一三二二）十二月日付国分友貞申状（『鎌倉遺文』二八二九六号）、元亨三年（一三二三）二月日付国分友貞申状（『鎌倉遺文』二八三四〇号）、元亨三年（一三二三）二月二十六日付鎮西御教書案（『鎌倉遺文』二八三四一号）、元亨三年（一三二三）五月日付国分友貞申状（『鎌倉遺文』二八三九五号）、元亨三年（一三二三）五月九日付鎮西奉行人連署奉書案（『鎌倉遺文』二八三九六号）、元亨三年（一三二三）五月日付国分友貞申状案（『鎌倉遺文』二八四一〇号）、元亨三年（一三二三）五月二十三日付鎮西奉行人連署奉書案（『鎌倉遺文』二八四一一号）、元亨三年（一三二三）五月日付天満宮雑掌祐舜申状案（『鎌倉遺文』二八四一二号）、元亨三年（一三二三）五月二十五日付惟宗友任請文案（『鎌倉遺文』二八四二四号）、元亨三年（一三二三）六月二十日付惟宗友貞請文案（『鎌倉遺文』二八四五八号）、元亨三年（一三二三）七月日付国分友貞申状案（『鎌倉遺文』二八四五九号）、元亨三年（一三二三）七月日付国分友貞申状（『鎌倉遺文』二八五〇二号）、元亨三年（一三二三）八月日付国分友貞陳状（『鎌倉遺文』二八五〇二号）、元亨三年（一三二三）九月十六日付鎮西御教書案（『鎌倉遺文』二八五二七号）、（元亨三年〈一三二三〉）十一月七日付春寂書状案（『鎌倉遺文』二八五七八号）、元亨三年（一三二三）十一月日付国分友貞申状（『鎌倉遺文』二八六〇四号）、元亨三年（一三二三）十二月三日付鎮西御教書案（『鎌倉遺文』二八六〇五号）、正中元年（一三二四）十二月晦日付沙弥正行和与状案（『鎌倉遺文』二八九三九号）、正中元年（一三二四）十二月晦日付惟宗友貞請文案（『鎌倉遺文』二八九四〇号）、正中二年（一三二五）閏正月二十九日付「鎮西御教書案」（『鎌倉遺文』二八九七六号）、正中二年（一三二五）二月日付菅三位（菅原長宣）家雑掌宗清申状（『鎌倉遺文』二九〇一六号）、（正中二年〈一三二五〉）二月晦日付菅三位家和与状（『鎌倉遺文』二九〇一七号）、正中二年（一三二五）三月日付薩摩国分寺雑掌静祐申状（『鎌倉遺文』二九〇二五号）、（正中二年〈一三二五〉）三月二日付後醍醐天皇綸旨案（『鎌倉遺文』二九〇二六号）、（正中二年〈一三二五〉）三月三日付西園寺實衡御教書（『鎌倉遺文』二九〇二七号）、正中二年（一三二五）三月十三日付六波羅御教書案（『鎌倉遺文』二九〇四三号）、正中二年（一三二五）三月十八日付鎮西御教書案（『鎌倉遺文』二九〇五一号）、正中二年（一三二五）四月三日付平某書下案（『鎌倉遺文』二九〇七七号）、（正中二年〈一三二五〉カ）五月十二日付後醍醐天皇綸旨案（『鎌倉遺文』二九一〇五号）、正中二年（一三二五）七月日付国分友貞申状（『鎌倉遺文』二九一五七号）、正中二年（一三二五）七月二十五日付鎮西下知状案（『鎌倉遺文』二九一五八号）。

(62)「薩摩国分寺文書」（『鎌倉遺文』二八六〇四号）。

(63)「薩摩国分寺文書」（『鎌倉遺文』二八六〇五号）。

第三章　防長守護考

はじめに

文永の役後、西国を中心に行われた守護遷替の一つとして、周防・長門守護（以下防長守護）に北条宗頼が補任された。佐藤進一氏はこの宗頼補任を次のように評価されている。再度の蒙古襲来に備え、守護には指揮命令を徹底するための強い指揮権を持たせることが必要となり、「門地・家柄という外形的な権威」から執権時宗の弟宗頼を守護に補任し、以後防長守護は「諸国一般の守護以上に強力な権力をもち、一に長門周防探題と称せられた」(1)。この佐藤氏の研究の後、川添昭二氏が文書に記された「長門探題」の呼称をもとに時直だけを「探題」とし、それ以前を守護とされた(2)。また、児玉眞一氏が「長門探題」を幕府の組織の一つではなく、防長守護の通称として捉えられているが、その具体的な権威の実態を明らかにはなし得ていない(3)。さらに、藤井崇氏が外岡慎一郎氏の視角を継承し(4)、「広域支配機関の地域権力化の度合いに着目」して防長守護を「長門探題」と捉えられている(5)。これら諸氏の論考に対して秋山哲雄氏は、「長門国守護職次第」を考察の対象とし、長門国守護を「探題」とはされず、あくまで守護として論じられている(6)。

以上のように、防長守護を「探題」と捉えるかどうかについてはいくつかの説があり、定説がない。そこで、本章では、先行研究を踏まえながら、防長守護を「探題」と捉えるかどうかについて、防長守護発給文書・受給文書および関連文書の分析を通して考察を加えることとする。

一　発給文書

古文書に見られる「長門探題」の呼称は、川添昭二氏が指摘されているとおり、[7]『伊予忽那文書』元弘三年（一三三三）三月二十八日付忽那重清軍忠状に[8]「長門周防探題上野前司時直」と記されているものが唯一である。「探題」という呼称に関しては、熊谷隆之氏が指摘されているように、[9]六波羅探題でさえ「六波羅探題」と記された文書は確認されていない。この点だけから考えると、防長守護に対する「長門周防探題上野前司時直」の呼称は一見「探題」の存在を示しているかのようである。しかし、関東下知状には防長守護をさして「守護」と記されたものだけが残存している。[10]また、鎌倉幕府の諸機関等を規定している『沙汰未練書』には、六波羅探題に関しては「六波羅トハ、洛中警護并西国成敗御事也」、鎮西探題に関しては「鎮西九国成敗事　管領、頭人、奉行、如六波羅在之」と記されているのに対し、「長門探題」に関する記述は一切ない。つまり関東下知状および『沙汰未練書』からは、「長門探題」なる機関は存在せず、長門・周防には守護が在任し、「長門周防探題上野前司時直」は俗称の域をでるものではないとせざるを得ないのである。

それでは「探題」とはどういった機関なのであろうか。熊谷氏は六波羅探題に関して論じられる中で、「探題」を次のように定義されている。[11]

「探題」という語は、鎌倉幕府においては六波羅と博多の首班のみならず、関東の執権と連署に対しても使われ、聴訴裁断をおこなう役、つまり裁許状に署判をすえる役職のことを意味した。また、引付の首班である引付頭人をさす表現として用いられる場合もあった。

ここで熊谷氏が言われるように「探題」を裁許機関と捉えたとき、防長守護の発給文書中に六波羅探題や鎮西探題のような裁許状が存在するかどうかは、防長守護の性格づけの一つの指標となり得ると考えられる。(12)表23は管見による防長守護発給文書の一覧である。この表からは、次の史料一が唯一の裁許状として見出せる。

〔史料一〕(13)

長門国御家人光富小次郎氏久并伯父久朝与同国成吉名給主河田谷六郎政行・田浦九郎三郎景重相論守光名田畠山野事、

右、両方申旨子細雖多、所詮、件田畠山野依為成吉名内、令領知之所、紀返当知行仁之後、有子細事、可経訴訟之旨、被仰含之間、既返与氏久畢、但当名本主長越五郎依差遣尫弱代官、被押領畢、且本領主成吉尼為当名内之旨、出注文之由、政行等雖申之、従承久以来、氏久等父祖知行之条、不論申歟、年記已経数拾年畢、非沙汰限之状、下知如件、

建治三年（一二七七）正月廿三日

修理権亮（北条宗頼）判

長門国守光名に関する長門国御家人光富小次郎氏久・伯父久朝と同国成吉名給主河田谷六郎政行・田浦九郎三郎景重との相論に際し、年紀法をもって裁いた裁許状である。この裁許状の発給者北条宗頼は、文永の役後の異国警固強化のために防長守護に就任したものであり、(14)執権時宗の弟という出自、また周防・長門という防衛上の重要拠点の守護という位置から強い権限が与えられ、その権限の一つが右のような裁許権であったと考えられなくもない。しかし実際には他国の守護の活動徴証にも裁許状の発給を見出すことができ、(15)史料一のわずか一通から防長守護を六波羅探

題や鎮西探題と並ぶ裁許機関と断定することは拙速と言えよう。

〔史料二〕[16]

大隅国禰寝南俣院地頭職事

右職者、貞応三年（一二二四）十月廿七日曽木太郎重能帯文治三年（一一八七）三月十三日故右大将殿御判御下文案・遠景入道施行幷
元久二年（一二〇五）七月廿八日遠江入道（北条時政）殿御下知状訴申之間、就一方之申状、依難裁断、給問状於重能之処、今禰寝次郎清
重法師子息□冠者清綱帯建仁三年（一二〇三）七月三日左衛門督殿御教書・遠江入道殿御副文幷建保五年（一二一七）正月日問注所勘状、
同年八月廿二日右大臣殿政所下文・貞応三年（一二二四）四月十四日右京権大夫（北条義時）殿御下知状・同年五月廿六日相模（北条時房）・武蔵（北条泰時）両守
殿御副文等、訴申之間、見合両方証文之処、建保五年（一二一七）於問注所、彼是対決之後、就勘状同年八月賜政所下文之上、
貞応三年（一二二四）四月又自大夫殿賜安堵之御下知畢、其上不及問注歟、仍於件職者、清重法師男清綱如元無相違可領掌之、
但有此外之子細者、可尋糺之状、下知如件、

嘉禄元年（一二二五）八月　日

散位平（北条朝時）（花押）

右の史料二は、大隅国禰寝南俣院地頭職をめぐる訴訟に対する守護北条朝時の裁許状である。藤井崇氏は史料一の裁許に関し、「防長御家人の幕府への出訴を許可するか棄却するかの選択に起因する程度の裁判権は原則的に付与されていたのではなかろうか」[17]と推測されているが、この史料二も幕府への出訴に及ばないものと考えられる訴訟への裁許状である。よって、史料一と史料二を比較検討したとき、史料一をもって「探題」と位置づけるにふさわしい裁許権を持った機関の裁許状とは考えられない。つまり、史料一から北条宗頼を「長門探題」とすることは、困難であると言わざるを得ないのである。

表23　防長守護発給文書一覧

	年月日	文書名	署判者	宛所	内容	出典	遺文番号	
1	（建治二年〈一二七六〉）三月八日	北条宗頼書状	修理亮（宗頼）（花押）	平左衛門尉（平頼綱ヵ）	豊後国御家人の出訴を保留させた経緯を幕府に注進	豊後日名子文書	一二二五七	
2	建治三年（一二七七）正月二十三日	北条宗頼下知状案	修理権亮（宗頼）判		裁許	萩藩閥閲録七十一小野貞右衛門所持	一二六五〇	
3	弘安三年（一二八〇）七月十二日	北条兼時書下	平（兼時）（花押）		免田の承認	長府毛利家文書	一四〇一五	*1
4	正応四年（一二九一）三月十日	北条実政書下案	前上総介（実政）御判	松岳寺院主御房	異国降伏祈禱の徹底を伝達	防長風土注進案八吉田宰判山野井村	一七五七二	
5	正応四年（一二九一）五月二十三日	北条実政御教書	前上総介（実政）（花押）	自万覚仏房	召文	櫟木家文書	未収録	
6	永仁二年（一二九四）十月十日	北条実政施行状案	前上総介（実政）在御判	安田保地頭代	関東御教書の施行	大和尊勝院文書	一八六七三	
7	永仁四年（一二九六）八月十日	北条実政袖判御教書	（袖花押）（実政）	長門掃部左衛門尉	灯油船の免除を認可	赤間神宮文書	未収録	
8	正安元年（一二九九）十二月二十二日	北条時仲袖判御教書	（袖花押）（時仲）	伊藤左衛門尉	灯油料船の免除を認可	赤間神宮文書	未収録	
9	正安二年（一三〇〇）七月二十三日	北条時村施行状写	御判	小笠原二郎入道（蓮念）	異国降伏祈禱の徹底を伝達	龍王神社文書	未収録	
10	正安三年（一三〇一）八月二十五日	北条時村袖判御教書	（袖花押）（時村）	伊藤左衛門尉	灯油料船の勘過料の徴収を認可	赤間神宮文書	未収録	
11	正安三年（一三〇一）八月二十五日	北条時村袖判御教書	（袖花押）（時村）	伊藤左衛門尉	殺生禁断の範囲拡大	赤間神宮文書	未収録	
12	正安三年（一三〇一）九月二日	北条時村袖判御教書	（袖花押）（時村）	伊藤左衛門尉	周辺への一般人の居住禁止	赤間神宮文書	未収録	
13	延慶二年（一三〇九）八月十八日	平時仲施行状	前近江守平（時仲）（花押）		下知状下達の施行	三浦家文書	二三七四五	
14	正和元年（一三一二）七月九日	北条時仲御教書	前近江守（時仲）（花押）	小野太郎三郎	二宮造営費用負担の伝達	長門忌宮神社文書	未収録	
15	正和四年（一三一五）五月十二日	北条時仲袖判御教書	（袖花押）（時仲）	小笠原彦太郎	一宮社番役勤仕命令	長門一宮住吉神社文書	二五五〇六	*2
16	文保二年（一三一八）十二月三日	北条時仲袖判御教書	（袖花押）（時仲）	小笠原彦太郎	一宮廻廊材木注文にかかる注進状催促	長門一宮住吉神社文書	二六八七一	*2

17	元応元年(一三一九)十一月十八日	北条時仲施行状案	前尾張守平(時仲)判		下知状下達の施行	萩藩閥閲録九九ノ二 内藤小源太	二七三一六
18	元亨元年(一三二一)四月十五日	北条時直御教書	前上野介(時直)(花押)	金田庄直人等	当年所務の事、沙汰命令	二階堂氏正統家譜十	二七七六五
19	元亨三年(一三二三)九月二十二日	北条時直御教書	前上野介(時直)(花押)	厚六郎左衛門入道	召文	防長風土注進案八吉田宰判山野井村	二八五三一
20	元亨三年(一三二三)十月八日	北条時直御教書	前上野介(時直)(花押)	厚六郎左衛門入道	再度の召文	防長風土注進案八吉田宰判山野井村	二八五四六
21	正中二年(一三二五)三月二日	北条時直御教書	前上野介(時直)(花押)	厚六郎左衛門入道	再度の召文	防長風土注進案八吉田宰判山野井村	二九〇二四
22	嘉暦二年(一三二七)二月二十九日	北条時直御教書	前上野介(時直)(花押)		一宮正殿造営に関する訴訟の散状提出命令	長門一宮住吉神社文書	二九七五四
23	嘉暦二年(一三二七)六月十二日	北条時直御教書	前上野介(時直)(花押)	二宮大宮司	二宮荘内の守護分領を社家一円領とする命令	長門忌宮神社文書	未収録
24	嘉暦三年(一三二八)五月十七日	北条時直御教書	前上野介(時直)(花押)	光富小次郎女子	二宮造営用途催促	長門忌宮神社文書	三〇二六二
25	嘉暦三年(一三二八)九月二十二日	北条時直御教書	前上野介(時直)(花押)	永富弥太郎(季通)	犯科人捕縛命令	武久家文書	未収録
26	元徳二年(一三三〇)十月二十八日	北条時直寄進状	従五位下前上野介平時直(花押)		大般若経転読料所寄進	保阪潤治所蔵手鑑	三一二六二
27	正慶二年(一三三三)二月十日	北条時直御教書	前上野介(時直)(花押)	永富紀藤大夫跡(忠季)	護良親王・楠木正成誅伐命令施行	武久家文書	未収録

＊1…鎌倉遺文は「平某書下」とするが『花押かがみ三　鎌倉時代二』より「平某」を「北条兼時」とした。
＊2…時綱の奉書であり、鎌倉遺文二六八三九号文書・二六九三三号文書・二七三一八号文書には袖判がないが同様に時綱の奉書である。

文保二年(一三一八)十一月六日	時綱奉書案	時綱	小笠原彦太郎	一宮廻廊材木注文による沙汰伝達	長門一宮住吉神社文書	二六八三九
文保三年(一三一九)正月十四日	時綱奉書	時綱	小笠原彦太郎	一宮廻廊修理徹底催促	長門一宮住吉神社文書	二六九三三
(元応元年(一三一九)カ)十一月二十二日	時綱・為綱連署奉書	時綱在判　為綱	小笠原彦太郎	一宮廻廊材木納日記の持参を伝達	長門一宮住吉神社文書	二七三一八

また、防長守護発給文書全体を通覧し、裁許権以外の面から、他国の守護の活動徴証[18]と比較した場合も、防長守護の権限に特筆すべきものは見出せない。

さて、「探題」は裁許機関であると同時にその有する権限を広域におよぼした広域統括機関でもあった。六波羅探題は「西国」を、鎮西探題は「鎮西九国」をその管轄圏とする広域統括機関であり、探題の下には各国の守護が存在した。[19]仮に「長門探題」を想定すると、「探題」管轄下に長門国守護・周防国守護が設置されていたことになるが、その発給文書の宛所等に長門国守護・周防国守護を見出すことはできない。表23より宛所に記された文書受給者を検討すると、1号文書の平左衛門尉は得宗被官の平頼綱と考えられ、守護に比定できない。また、7号文書の長門掃部左衛門尉、8号・10号・11号・12号の伊藤左衛門尉、9号の小笠原二郎入道蓮念、15号・16号の小笠原彦太郎はいずれも一般御家人の庶流と考えられ、これも守護に比定できず、防長守護の被官、守護代と考えられる。[20]さらに、14号の小野太郎三郎は豊浦郡小野村と縁故のある武士[21]と考えられ、19号・20号・21号の厚六郎左衛門入道は厚狭郡厚狭郷より起った厚氏である。[22]24号の光富小次郎は豊浦郡光富名を苗字の地とする武士であり、25号・27号の永富氏も永富名を苗字の地とする武士である。[23]小野氏以下はいずれも在地武士であり、これらも守護に比定することはできない。よって文書受給者に「探題」管轄下の守護を見出すことはできないのである。

つまり、文書から読み取れる職権事項や文書受給者を検討した結果、防長守護の発給文書からは「長門探題」と規定することはできないのである。

二　受給文書

前節においては、発給文書の分析から防長守護を「長門探題」と規定し得るかどうか考察を加えたが、本節では受給文書からその機能・権限を考察することとする。表24(24)は防長守護を宛所とする文書の一覧である。異国降伏祈禱の命令、裁許の下達命令、二宮造営関連の命令が関東からの御教書で行われている。また、六波羅探題からの文書が、管見のおよぶところ三通残存し、守護代・地頭らの押領・非法行為の子細調査が命じられている。

〔史料三〕(25)

長門国阿弥陀院寺別当代相恵申、当寺敷地堺内壱町余事、去永仁五年(一二九七)九月七日関東御教書如此、前守護代押領云々、何様可候哉、仍執達如件、

永仁六年(一二九八)四月十六日

右近将監(北条宗方)（花押）

前上野介(北条宗宣)（花押）

武蔵右近大夫将監殿(北条時仲)

史料三の六波羅御教書は、阿弥陀寺別当代相恵が、敷地内の一町余を守護代が押領したと訴えたことに関する審理過程で、関東から六波羅探題へ出された調査命令を受けて、六波羅探題がさらに現地長門国守護北条時仲に調査を命じた施行状である。次の史料四は関東から六波羅探題へ宛てて発給された調査命令の関東御教書である。

〔史料四〕(26)

長門国阿弥陀寺別当代相恵申、当寺敷地堺内壱町余事、右大将家御消息副訴状具書、如此、早可被尋成敗之状、依仰執

達如件、

永仁五年（一二九七）九月七日

陸奥守（北条宣時）（花押）

相模守（北条貞時）（花押）

上野前司殿（北条宗宣）

右近大夫将監殿（北条宗方）

右の関東御教書は、関東申次西園寺実兼からの訴状をうけて関東から六波羅探題へ出された調査命令である。この史料三・史料四の二通の文書からは、当該案件に関する訴訟の経過として、関東から六波羅探題へ、六波羅探題から現地長門国守護へと命令の伝達がなされていったことが確認できる。つまり、長門国守護は関東から命令を直接受けたのではなく、六波羅探題を介して受けているのである。

表24　防長守護宛文書一覧

	年月日	文書名	署判者	宛所	内容	出典	遺文番号	
1	正応二年（一二八九）十一月二日	関東御教書案	陸奥守（宣時）御判 相模守（貞時）御判	上総前司（実政）	寺社への異国降伏祈禱の徹底を命じられる	防長風土注進案八吉田宰判山野井村	一七一九五	
2	正応四年（一二九一）二月三日	関東御教書案	陸奥守（宣時） 相模守（貞時）	上総前司（実政）	異国降伏祈禱の巻数の献上を命じられる	長門一宮住吉神社文書	一七五三二	*1
3	永仁二年（一二九四）七月二十七日	関東御教書	陸奥守（宣時）（花押） 相模守（貞時）（花押）	上総前司（実政）	地頭の非法行為の子細報告を命じられる	東京大学史料編纂所所蔵文書	一八六〇五	
4	永仁六年（一二九八）四月十六日	六波羅御教書	右近将監（宗方）（花押） 前上野介（宗宣）（花押）	武蔵右近大夫将監（時仲）	押領事件の子細調査命令	赤間神宮文書	未収録	
5	正安二年（一三〇〇）七月十三日	関東御教書写	陸奥守（宣時）御判 相模守（貞時）御判	武蔵守（時村）	異国降伏祈禱の徹底を伝達	龍王神社文書	未収録	

6	嘉元三年（一三〇五）八月五日	関東御教書	陸奥守（宗宣）（花押） 相模守（師時）（花押）	右馬権頭（凞時）	寺領と守護領との境界調査を命じられる	長府毛利文書	二一九三四	*2
7	徳治二年（一三〇七）五月九日	関東御教書	陸奥守（宗宣）（花押） 相模守（師時）（花押）	武蔵右近大夫将監（時仲）	裁許状の下達命令	三浦家文書	二二九六四	
8	徳治三年（一三〇八）九月二十七日	六波羅御教書	越後守（貞顕）（花押）	近江守（時仲）	地頭の非法行為の子細報告を命じられる	防長風土注進案八吉田宰判山野井村	二三三九二	
9	延慶二年（一三〇九）四月八日	関東御教書	陸奥守（宗宣）（花押） 相模守（師時）（花押）	近江前司（時仲）	二宮造営先例報告命令	長門忌宮神社文書	未収録	
10	延慶二年（一三〇九）十一月七日	関東御教書	陸奥守（宗宣）（花押） 相模守（師時）（花押）	近江前司（時仲）	二宮造営の段別米銭賦課命令	長門忌宮神社文書	二三八〇一	
11	応長二年（一三一二）三月二十日	関東御教書	陸奥守（宗宣）（花押）	近江前司（時仲）	二宮造営沙汰命令	長門忌宮神社文書	未収録	
12	正和四年（一三一五）八月五日	関東御教書	相模守（基時）（花押） 武蔵守（貞顕）（花押）	尾張前司（時仲）	二宮造営沙汰命令	長門忌宮神社文書	未収録	
13	文保三年（一三一九）正月二十五日	関東御教書	相模守（高時）（花押） 武蔵守（貞顕）（花押）	尾張前司（時仲）	二宮造営沙汰命令	長門忌宮神社文書	未収録	
14	元亨三年（一三二三）八月十三日	六波羅御教書案	右近将監（範貞）在判 陸奥守（維貞）	上野前司（時直）	地頭濫妨事件の子細調査命令	防長風土注進案八吉田宰判山野井村	二八四八三	
15	嘉暦元年（一三二六）十二月二十日	関東御教書	相模守（貞時）（花押） 修理大夫（惟貞）（花押）	上野前司（時直）	二宮庄内守護分領を社家一円領とするよう命じられる	長門忌宮神社文書	二九六九〇	
16	嘉暦三年（一三二八）二月十六日	関東御教書	相模守（守時）（花押）	上野前司（時直）	二宮造営の段別米銭賦課命令	長門忌宮神社文書	三〇一四三	
17	元徳元年（一三二九）十一月二十九日	関東御教書	相模守（守時）（花押）	上野前司（時直）	二宮造営役催促命令	長門忌宮神社文書	三〇七八三	
18	元徳三年（一三三一）六月二十五日	関東御教書	右馬権頭（茂時）（花押） 相模守（守時）（花押）	上野前司（時直）	二宮造営日時徹底命令	長門忌宮神社文書	未収録	

*1…鎌倉遺文一七五三三号文書は「防長風土注進案八吉田宰判山野井村」を出典とする同文の文書である。

*2…東京大学史料編纂所古文書データベースより、鎌倉遺文の「嘉元二年」は「嘉元三年」の誤りである。鎌倉遺文二一二九七号文書は同文の案文である。

さて、次に示す史料五・史料六も六波羅探題から長門国守護に宛てて発給された文書である。いずれも松嶽寺の僧が寺領を地頭に濫妨されことを訴えたことに始まる裁判過程での「尋沙汰」を六波羅探題が現地長門国守護に命じた文書である。史料五と史料六の間には十五年の時間の経過があるが、これは、史料五の段階では濫妨を完全には停止しえず、史料六に至ったためと考えられる。そして、史料六をうけて長門国守護北条時直は九月・十月の二度にわたって地頭厚六郎左衛門入道に宛てて召文を発給している。(27)

〔史料五〕(28)

長門国厚狭郡松嶽寺々僧申、同国厚保地頭朝尚濫妨当寺免田内北坂本沓野開発田并同荒野事、院宣・西園寺家御消息副具書、如此、子細見状、早可被尋沙汰候、恐々謹言、

徳治三年(一三〇八)九月廿七日　越後守(北条貞顕)（花押）

近江守(北条時仲)殿

〔史料六〕(29)

長門国松嶽寺々僧申、当寺領地頭濫妨事、綸旨・右大将家(西園寺実衡)御消息副解状具書、如此、子細見状候、仍執達如件、

元亨三年(一三二三)八月十三日

右近将監(北条範貞)在判

陸奥守(北条維貞)

上野前司(北条時直)殿

この史料五・史料六の二通が先の史料三と相違する点は、院宣・綸旨と関東申次施行状を受理したのが六波羅探題であり、その六波羅探題が案件処理のために当該の長門国守護へ調査を命じ、その間に関東からの指示を受けていないという点である。史料六に示された「右大将家御消息」(30)は六波羅探題北条維貞に宛てられたものであり、これを受

けた六波羅探題は史料六をもって長門国守護北条時直に現地の調査を命じたのである。森茂暁氏が、朝廷へ提訴された訴訟が六波羅探題へ移管されてきた場合、「六波羅探題が関東の指示を仰ぐことなく、独自の裁量において活動した」ことを論じられたが、(31)この史料五・史料六はまさにその事例といえる。

さて、この朝廷へ提訴された訴訟が関東へ移管されるのか、六波羅探題へ移管されるのかについては、外岡慎一郎氏が次のように整理されている。(32)「関東移管の訴訟案件を抽出すると、大まかに、①興福寺・春日社関係、②港湾・関所関係、③禅宗寺院関係、④諸国国衙等寺社関係、⑤その他の五つのグループに分けられる」。これに対し、六波羅探題へ移管された案件に関しては、「若干の例外を除いて、六波羅探題所轄の諸国内で発生した殺害・刃傷・押領・年貢抑留等の犯罪に関する内容に一括できる」とされている。森氏も外岡氏の整理を支持されているが、(33)ここに示した史料三・史料四からは関東へ提訴された案件の一つが守護代の「押領」停止要請であり、史料五・史料六からは地頭の濫妨停止要請が六波羅探題によって所掌されていたことがわかる。史料三・史料四の長門国阿弥陀寺を「諸国国衙等寺社」と考えることもできるが、外岡氏の整理を今一度確認すると、関東へ移管される訴訟案件は「諸国国分寺・一宮およびそれに準ずる寺社の修造等に関する訴訟」とされており、この「押領」に関する訴訟はむしろ六波羅探題へ移管されるべきものと考えられる。史料三・史料四は氏の言われる「若干の例外」の範疇で考えるべきものなのであろうか。訴訟移管先の区分に関しては私自身確たる見解を有さないが、いずれにしても、朝廷から関東へ移管された案件を六波羅探題が施行するケースと、朝廷から六波羅探題へ移管された案件を六波羅探題が直接指示命令を下すケースの二通りがあり、六波羅探題へ移管された訴訟案件に関しては、森氏の言われるごとく、(34)「関東の指示を仰ぐことなく独自の裁量」で処理をしていたと考えられる。このことは、次に示す鎮西探題宛の御教書からも示すことができる。

〔史料七〕[35]
菅（長宣）三品雑掌宗清申、薩摩国々分寺領家与友貞和与事、今年三月三日綸旨・内大臣（西園寺実衡）家御消息副具書、如此、子細載状候、
仍執達如件、
正中二年（一三二五）三月十三日
左近将監（北条範貞）御判
前越後守（北条貞将）御判
武蔵修理亮（北条英時）殿

薩摩国国分寺の下地と年貢をめぐる争いにおいて御家人国分友貞との間で和与が成立したことを菅原長宣家雑掌宗清が報告し、この報告に基づいて鎮西探題から和与承認の下知状を得るために菅原長宣が朝廷へ申し出た結果、朝廷から当該案件を移管された六波羅探題が鎮西探題へ案件の処理を命じて発給された御教書が右の史料七である。鎮西探題から下知状が発給されて和与が承認されることになったが、この案件が六波羅探題から鎮西探題へという残存文書では他に類例のない経路で処理されたことは、朝廷から六波羅探題へ移管された訴訟案件に関しては、関東の指示を仰ぐことなく六波羅探題独自の裁量で処理されていたことを如実に示すものとなる。[36]

ここで今一度、本節の論点を整理すると、六波羅探題から防長守護に対し訴訟案件の処理が命じられた文書の伝達経路から防長守護の位置づけを検討することである。朝廷から直接六波羅探題へ移管された案件は、六波羅探題から処理命令が下され、たとえその訴訟対象地が鎮西探題の管轄下であっても六波羅探題から鎮西探題へという文書伝達経路が開かれていたのである。これに対し、関東へ移管された案件は関東で検討された後に、西国に関する案件は関東から六波羅探題へと伝えられ、[37]その後、六波羅探題から当該国の守護へ施行を命じられていた。この関東からの指示を施行した六波羅探題発給文書と、朝廷から移管された案件処理のため六波羅探題が発給した文書との間に同じ権

限を認めることはできないであろう。つまり、史料三の六波羅探題御教書は、関東からの御教書を当該国の守護北条時仲へと施行したものであり、史料五・史料六・史料七とは違った権限で発給されたものと考えられるのである。この視点からは、文書受給者の相対的な違いが浮かび上がってくる。史料五の北条時仲、史料六の北条時直と史料七の北条英時は同じ位置関係にあるのだが、文書発給に際した六波羅探題の権限の差異から、史料三の北条時仲とは文書受給者としての位置関係も異なってくる。六波羅探題は関東からの指示命令を西国守護へ施行することをその職務としているが、鎮西探題へ宛てた施行例はなく、鎮西探題へ宛てては関東から直接、文書が発給されていた。朝廷から六波羅探題へ移管された案件処理はあくまで特殊な事象であり、鎮西探題宛の史料七をもって史料三の北条時仲宛文書と同権限の文書としてあつかうことはできない。史料三の北条時仲と史料五の北条時仲は同一人物ではあるが、史料五を従来の文書伝達経路の枠外とした場合、ここでは史料三の文書伝達経路より北条時仲を守護と考えざるを得ないのである。つまり、文書伝達経路からは、鎮西探題と並ぶ「長門探題」を見出すことはできず、そこには防長守護が浮かび上がるだけなのである。以上より、受給文書からは「探題」の存在を示し得ないのである。

〔通常の文書伝達経路〕

関東──六波羅探題──管轄下守護
関東──鎮西探題──管轄下守護

〔朝廷から六波羅探題へ移管された事項に関する文書伝達経路〕

六波羅探題──管轄下守護
六波羅探題──鎮西探題──管轄下守護

三　軍事指揮権

さて、守護の職権の一つに管国内御家人への軍事指揮権がある。文永の役後、長門国守護二階堂行忠は長門国沿岸警固のための御家人が不足している旨を幕府へ訴え、増援を要請している。幕府はこの要請を容れて、周防・安芸両国に対し、長門国への増援を命じている。次の史料八は安芸国守護武田信時に宛て、管国内御家人を率いて長門国警固へ向かうよう命じた関東御教書である。周防国守護に宛てた御教書は残存していないが、おそらく同様の御教書が発給されていたと考えられる。

〔史料八〕[38]

長門国警固事、御家人不足之由、信乃判官入道行一(二階堂行忠)令言上之間、所被寄周防・安芸也、異賊襲来之時者、早三ヶ国相共、可令禦戦之状、依仰執達如件、

建治元年(一二七五)五月十二日

武蔵守(北条義政)在判

相模守(北条時宗)在判

武田五郎(信時)次郎殿

その後まもなく、御家人動員命令は備後国へも発せられ、次の史料九の関東御教書が発給されている。前者同様、周防・備後両国守護宛の御教書は残存していないが、この両国守護へも同様の御教書が発給されていたと考えられる。

〔史料九〕[39]

長門国警固事、無勢之由、被聞食之間、所被寄周防・安芸・備後也、且四箇国結番、警固要害之地、且異賊襲来

者、相共可令防戦之状、依仰執達如件、

建治元年（一二七五）五月廿日　　　武蔵守（北条義政）在判

相模守（北条時宗）在判

武田五郎次郎（信時）殿

翌年になると、長門国警固のための動員は山陽・南海両道へと拡大され、さらに御家人のみならず、本所一円地住人等も動員されたことが次の史料十からわかる。

〔史料十〕(40)

異国用心事、以山陽・南海道勢、可被警固長門国也、於地頭補任之地者、来十月中、可差遣子息之由、被仰下畢、早催具安芸国地頭御家人幷本所一円之地住人等、可令警固長門国之状、依仰執達如件、

建治二年（一二七六）八月廿四日　　　武蔵守（北条義政）

相模守（北条時宗）在判

武田五郎次郎（信時）殿

右の史料八・史料九・史料十からは安芸国守護武田信時の管国内への軍事指揮権が明らかになるのであるが、安芸国の御家人・本所一円地住人等を率いて長門国へ到着した武田信時に対して、長門国守護はどのような権限を有して対応したのであろうか。長門国守護が安芸国守護へ具体的な警固地の指定などを行ったことは推察されるが、長門国守護が上級権力者として安芸国守護に対して「軍事指揮権」と呼べるほどの権限を有していたかどうかは、右の史料からは判然としない。それどころか史料八・史料九に記された「相共」や史料九の「四箇国結番」の文言からは対等の立場が推察されるのである。史料十が発給された建治二年（一二七六）には長門国守護に北条宗頼が補任されてお

り、「門地・家柄という外形的な権威」から宗頼の有する権限の大きさが考えられるのやも知れないが、史料八・史料九と史料十を比較したとき、そのような権限の拡大を見出すことはできない。つまりここに、長門国守護が、山陽・南海道諸国の守護に対し、上級権力者としての軍事指揮権を有していたとは言い得ないのである。

〔史料十一〕(41)

異賊事、御用心厳密也、来八月中差下子息於安芸国所領、賊船若入門司関者、早随守護人之催促、属長門国軍陣、
可令致防戦忠之状、依仰執達如件、
　弘安四年(一二八一)閏七月十一日　　　相模守(北条時宗)（花押）
　児玉六郎(繁行)殿・同七郎(家親)御中

右の史料十一は弘安の役に際し、関東から直接安芸国御家人児玉繁行・家親へ宛てて発給された動員命令の御教書である。もし賊船が門司関に乱入した時には、守護の催促にしたがって「長門国軍陣」に属し、防戦するよう命じたものである。ここに記された「長門国軍陣」とは、おそらく史料八・史料九の「長門国警固」を、実戦を想定して言いかえたものと考えられる。つまり、この御教書からも長門国守護が安芸国守護をその指揮下に置いていたとは想定し難いのである。(42)

蒙古襲来に際し、あるいは備える状態にあって、長門国守護が警固のために来国した諸国の守護に対し上級権力者としての軍事指揮権を有していたとは残存史料からは言い得ない。つまり軍事指揮権の視点から、「諸国一般の守護以上に強力な権力」を有するような「探題」を想定することは困難であり、長門国守護は安芸以下の諸国守護と「相共」に警護にあたる守護と言わざるを得ないのである。

四　防長守護

防長守護発給文書および受給文書、さらに関連文書を通覧、分析してきたが、防長守護を「長門探題」とし得るだけの確たる徴証を見出すことはできなかった。逆にその受給文書中に六波羅探題発給の文書を認めることによって、次のように結論づけられよう。

第二部第一章において、文書伝達経路より六波羅探題の機能を考察し、六波羅探題を関東から西国へ宛てた文書の「施行機関」、「関東を凌駕できないでいた中間統括機関」と位置づけた。朝廷から移管された訴訟案件の処理に関しては、六波羅探題は関東の指示命令から独立した権限を有していたと考えられるが、朝廷から関東へ移管された事項に関しては、関東から西国守護への命令伝達の際の「文書施行機関」の域を出るものではない。六波羅探題が関東からの指示命令を鎮西探題へ宛てて施行した文書は存在せず、鎮西探題へは関東から御教書が直接発給されていた。つまり、六波羅探題から文書を伝達される受給者を六波羅探題と同等の「探題」と位置づけることは、鎮西探題宛文書が存在しないことからも困難なのである。このことは史料三・史料四によって示される文書伝達経路より文書受給者北条時仲が「長門探題」ではなく、防長守護として位置づけられることを示しているといえよう。

『沙汰未練書』に「長門探題」の規定はなく、また発給文書から「長門探題」と言い得る確たる活動徴証を見出すことはできない。さらに蒙古襲来に際しての動員命令にも「長門探題」の指示に従うよう記されたものはない。これに受給文書に関する考察結果を加えることによって、「長門探題」なる呼称は俗称の域を出るものではなく、その実態はあくまで防長守護と結論づけられるのである。

註

（1）佐藤進一『増訂　鎌倉幕府守護制度の研究』（東京大学出版会、一九七一年。佐藤進一第一著書）。
（2）川添昭二「長門探題」（『国史大辞典』、一九八九年）。
（3）児玉眞一「文永・弘安の役を契機とする防長守護北条氏の一考察―守護・守護代の検討を通じて―」（『白山史学』三〇号、一九九四年、児玉眞一第一論文）、「鎌倉時代後期における防長守護北条氏」（『山口県地方史研究』七一号、一九九四年、児玉眞一第二論文）。
（4）外岡慎一郎「鎌倉幕府指令伝達ルートの一考察―若狭国の守護と在地勢力―」（『古文書研究』第二二号、一九八三年）、「六波羅探題と西国守護―〈両使〉をめぐって―」（『日本史研究』二六八号、一九八四年。のち『武家権力と使節遵行』、同成社、二〇一五年）、「鎌倉末～南北朝期の守護と国人―「六波羅―両使制」再論」（『ヒストリア』一三三号、一九九一年）、「使節遵行と地域社会」（『歴史学研究』六九〇号、一九九六年）等。
（5）藤井崇「鎌倉期「長門探題」と地域公権」（『日本歴史』六八九号、二〇〇五年）。
（6）秋山哲雄「長門国守護職をめぐって」（『北条氏権力と都市鎌倉』第三部第三章、吉川弘文館、二〇〇六年）。
（7）川添昭二前掲。
（8）『鎌倉遺文』三三〇六八号。
（9）熊谷隆之「六波羅探題考」（『史学雑誌』一一三編七号、二〇〇四年）。
（10）『東京大学法学部資料室所蔵文書』弘安十年（一二八七）十月十三日付関東下知状案（『鎌倉遺文』一六三六六号）には「守護人前上総介実政」、『三浦家文書』文保元年（一三一七）八月二十三日付関東下知状（『鎌倉遺文』未収録）には「守護人尾張前司時仲」とある。
（11）熊谷隆之前掲論文。
（12）児玉眞一第一論文所収の「表2　防長守護北条氏の活動」から管見に触れたものをまとめた。防長守護と「長門探題」の関係を考察対象としているため文永の役以降を表にまとめている。
石井進氏は『中世国家史の研究』（岩波書店、一九七〇年）において、同様に児玉眞一氏は第一論文において、『鎌倉遺文』二六八三九号時綱奉書案・二六九三三号時綱奉書案・二七三一八号時綱・為綱連署奉書案を北条時仲袖判御教書案と考えられている。

また、正安元年（一二九九）十二月二十二日付北条時仲袖判御教書の時仲を、藤井崇氏は前掲論文において守護正員時村の守護代とし、秋山哲雄氏は前掲論文において守護正員時村の名代としている。「袖判」という書式からは守護代とするより名代と考えたほうが適当であろう。ここでは、守護発給文書に相当するものとして掲出した。
(13) 「萩藩閥閲録七十一小野貞右衛門所持」（『鎌倉遺文』二二六五〇号）。
(14) 秋山哲雄氏は前掲論文で、宗頼の就任を時宗か宗政の名代的な立場としての長門下向とされている。
(15) 佐藤進一第一著書。佐藤進一『鎌倉幕府訴訟制度の研究』（岩波書店、一九九三年。初版、畝傍書房、一九四三年、佐藤進一第二著書）。
(16) 「禰寝文書」（『鎌倉遺文』三四〇〇号）。
(17) 藤井崇前掲論文。
(18) 佐藤進一第一著書。
(19) 摂津国守護・播磨国守護を六波羅探題北方が兼ねていることや、丹波国守護を六波羅探題南方が、肥前国守護を鎮西探題が兼ねていることは、ここでは例外とする。
(20) 児玉眞一第一論文。
(21) 太田亮『姓氏家系大辞典』（角川書店、一九六三年）。
(22) 太田亮前掲著書。
(23) 『鎌倉遺文』は一一六三一号文書を某書下（「正閏史料外編二武久季督家」）とし、宛所を「長門守護代守富殿」としているが、『山口県史』では長門国守護二階堂行忠書下とし、宛所を「長門守護代永富氏」としている。『山口県史』に従えば、永富氏は二階堂行忠の被官として長門国に下国し永富名を領したか、あるいは二階堂行忠が在地の永富氏を登用したことなる。
(24) 児玉眞一第一論文所収の「表2　防長守護北条氏の活動」から管見に触れたものをまとめた。表23同様、防長守護と「長門探題」の関係を考察対象としているため文永の役以降を表にまとめている。
永仁六年（一二九八）四月十六日付六波羅御教書の名宛人時仲も註(12)と同様、守護正員時村の名代と考えたい。

また、徳治三年（一三〇八）九月二十七日付六波羅御教書は書状様式であり、秋山哲雄氏は前掲論文において、熊谷隆之氏の分類（「六波羅探題発給文書に関する基礎的考察」〈『日本史研究』四六〇号、二〇〇〇年〉）から、時仲を「通常の守護とは異なる存在だったかもしれない」とされている。しかし、時仲を他の防長守護と比較したり、その上での位置づけをされてはおらず、論証は不十分なものとなっている。

(25)「赤間神宮文書」(『鎌倉遺文』未収録)。

(26)「長府毛利家文書」(『鎌倉遺文』一九四四五号)。

(27)「防長風土注進案八吉田宰判山野井村」(『鎌倉遺文』二八五三一号と二八五四六号)。

長門国松嶽寺々僧申当寺領北坂本沓野田地并荒野等事、綸旨并今年八月十三日六波羅施行副解状具書、如此、子細見状、早可被参対、仍執達如件、

(元亨三年)九月廿二日　前上野介(北条時直)(花押)

厚六郎左衛門入道殿

長門国松嶽寺々僧申、当寺領北坂本沓野以下事、重申状如此、就綸旨并六波羅施行、先度催促畢、所詮、来廿五日以前、可被参対、仍執達如件、

元亨三年(一三二三)十月八日　前上野介(北条時直)(花押)

厚六郎左衛門入道殿

(28)「防長風土注進案八吉田宰判山野井村」(『鎌倉遺文』二三三九二号)。

(29)「防長風土注進案八吉田宰判山野井村」(『鎌倉遺文』二八四八三号)。

(30)「防長風土注進案八吉田宰判山野井村」(『鎌倉遺文』二八四七九号)。

長門国松嶽寺々僧申当寺領地頭濫妨事、綸旨副具書、如此、子細見状候歟之由、右大将殿(西園寺実衡)可申旨候也、恐々謹言、

(元亨三年)八月六日　沙弥静悟

謹上　陸奥守殿(北条維貞)

この文書に示された綸旨を次に示す。「防長風土注進案八吉田宰判山野井村」(『鎌倉遺文』二八四七五号)。

長門国松嶽寺々僧申当寺領地頭濫妨事、吉田大納言(定房)状副具書、如此、可尋沙汰之旨、可令仰遣武家給之由、天気所候也、仍言上如件、

季房誠恐謹言、

（元亨三年）
八月二日　　勘解由次官季房
謹上　右大将殿（西園寺実衡）

(31) 森茂暁『鎌倉時代の朝幕関係』（思文閣出版、一九九一年）。

(32) 外岡慎一郎『武家権力と使節遵行』（同成社、二〇一五年）。

(33) 森茂暁前掲著書。

(34) 森茂暁前掲著書。外岡慎一郎氏も前掲著書において同様に述べられている。

(35) 「薩摩国分寺文書」（『鎌倉遺文』二九〇四三号）。
一連の関連文書として正中二年（一三二五）二月日付菅三位（菅原長宣）家雑掌宗清申状（『鎌倉遺文』二九〇一六号）、（正中二年〈一三二五〉二月晦日付菅三位家和与状（『鎌倉遺文』二九〇一七号）、（正中二年〈一三二五〉三月二日付後醍醐天皇綸旨案（『鎌倉遺文』二九〇二六号）、（正中二年〈一三二五〉三月三日付西園寺実衡御教書（『鎌倉遺文』二九〇二七号）、正中二年（一三二五）七月二十五日付鎮西下知状案（『鎌倉遺文』二九一五八号）が残存している。

(36) 外岡慎一郎前掲著書、森茂暁前掲著書でも六波羅探題から鎮西探題への文書伝達経路に関して論じられている。このうち外岡氏は「西国＝聖断の原則に属し、関東＝幕府（あるいは北条得宗家）の支配権限に抵触しない訴訟案件については、関東の意向をうかがうことなく、六波羅探題を介してこれを動かし得た。つまり、幕府指令の伝達に際しては原則として存在しないはずの六波羅探題→鎮西探題のルートが、勅裁の伝達にあたっては用いられた」とされている。文書伝達ルートに関しては同意できるが、関東へ移管された訴訟内容の整理については前述のような不十分さが見られる点を保留しておかなくてはならない。

(37) 第二部第一章において、六波羅探題発給文書の整理を行っている。

(38) 「東寺百合文書ヨ」（『鎌倉遺文』一一九一〇号）。同文の文書が「白河本東寺文書五」（『鎌倉遺文』一一九一一号）にも存在する。

(39) 「東寺百合文書ゐ」（『鎌倉遺文』一一九一三号）。

(40) 「東寺百合文書り」（『鎌倉遺文』一二四四九号）。

(41) 「毛利家児玉文書」（『鎌倉遺文』一四三八九号）。児玉左衛門入道宛、同文の案文が「萩藩閥閲録十九児玉四郎兵衛所持」（『鎌倉遺文』一四三九〇号）にある。

(42) 秋山哲雄氏は前掲論文において、「この文書からは、長門守護が通常の守護とは異なる軍事指揮権を持っていたと推測することが可能であろう」とされている。これは、藤井崇氏が前掲論文で示された防長守護の「両使」派遣システムを「一般的な守護よりも大きな権限を持っていたとしても不思議ではあるまい」と評価したことによるが、この史料十一から「長門守護が通常の守護とは異なる軍事指揮権を持っていたと推測することが可能」とまで言い得るかどうか疑問である。

第四章　奥州惣奉行と陸奥国統治

はじめに

文治五年（一一八九）の奥州合戦により、実質的な奥州統治権は奥州藤原氏から鎌倉幕府の手へと移行した。これに先立つ文治元年（一一八五）に鎌倉幕府は各国に守護を設置したとされているが、奥州合戦後、陸奥国には守護が設置された形跡がなく、[1]十二世紀末段階においては奥州惣奉行が陸奥国統治の担い手となっていたと考えられている。しかしその後の奥州惣奉行に関しては、鎌倉幕府滅亡まで存続したという説と、[2]臨時的なものとして後に形骸化したという説が併存し、[3]両論が対立している。この両論の対立は陸奥国統治に関わる史料の残存が僅少であることに起因し、残存史料の評価の違いから存続論と臨時職制論・形骸化論とに大きく分化している。

また、大江広元・北条義時以後の国守や知行国主の視点から、鎌倉幕府が国衙機構を通じて陸奥国統治を担っていたことが論じられ、さらに陸奥国内の荘園の多くが北条氏の手中に帰す様相から、北条氏権力による陸奥国支配も論じられている。

この第二部では地方統治機関の発給文書、受給文書および関連文書等を通覧することでそれぞれの機関の性格づけを行ってきた。本章で考察する陸奥国統治の諸相は三好俊文氏、[4]七海雅人氏[5]によって概観が述べられているが、わずかながらも残存する文書および関連史料等を通して陸奥国統治の実態に今一度迫ってみることとする。

一　葛西清重・伊沢家景

「奥州惣奉行」と称せられた葛西清重、伊沢家景に係わる史料としては、次に示す『吾妻鏡』の記事があげられる。葛西清重は奥州合戦後、「陸奥国御家人事」を奉行するように頼朝から命じられ、[6]また「平泉郡内検非違使所」として郡内における諸人の濫行を停止し、罪科を糺断するよう下文が下されている。[7]さらに、「奥州所務事」を仰せ付けられ、勧農にもあたっている。[8]しかし大河兼任の乱に際しては、状況を鎌倉に報告するとともに、[9]兼任に同意した新留守所・本留守を預かってはいるが、[10]鎌倉から馳せ下った足利義兼や千葉胤正のもと一御家人として合戦に臨んでいる。[11]清重が陸奥国御家人を率いて合戦に臨んだとは記されていないのである。その後の清重の活動は頼朝の随兵としてのものが多くなり、陸奥国での活動は見られなくなる。ただ、建久六年（一一九五）九月に伊沢家景とともに平泉の寺塔の修理を命じられ、[12]さらに故藤原秀衡の後家に情けをかけるようにも仰せ付けられて、「奥州惣奉行」なる称号が付されているのである。[13]正治元年（一一九九）の梶原景時の糾弾以後、清重の活動は陸奥国においては見られず、将軍周辺に限られてしまう。清重の発給文書および受給文書は残存せず、その活動徴証はこれら『吾妻鏡』の記事に限定されている。

一方、伊沢家景は大河兼任の乱後、陸奥国留守職に任じられ、陸奥国に住んで、庶民の愁訴を聞き、鎌倉へ申達することを仰せ付けられた。[14]そして、次の下文が発給されている。

〔史料一〕[15]

下　陸奥国諸郡郷新地頭等所

可早従留守幷在庁下知、先例有限国事致其勤事、

一　国司御厩舎人等給田畠事

右件舎人等、居住郡郷、募来彼田畠在家等者也、早任先例、可令引募、且随作否之多少、可充行也、

一　国司御厩佃事

右件佃、本自有定置之郡郷、宮城・名取・柴田・黒河・志太・遠田・深田・長世・大谷・竹城是也、早任先例、可致沙汰、縦所雖損亡、随作否可充行沙汰也、

以前條々、背此状致不当之輩者、可改定地頭職也、且御目代不下向之間、随留守家景幷在庁之下知、可致沙汰、但留守家景可問先例於在庁也、国司者自公家被補任、在庁者国司鏡也、於先例沙汰来之事者、不憚人、無偏頗可致沙汰、兼又国可興復之、只在勧農之沙汰、所仰付家景也、而不随国務所々ニハ、家景自身罷向、見知実否、可加下知也、猶不承引之所ヲハ可注申、但依人成憚、有偏頗、不申上濫行之輩者、仰家景、可処奇恠之状如件、以下、

建久元年（一一九〇）十月五日

頼朝は上洛の途上、陸奥目代の解状を受け取り、道中ではあるが、右の下文を発給した。陸奥国の郡郷の新地頭等は家景や在庁の下知に従うこと、家景は先例に従い沙汰すべきこと、国の復興のための勧農は家景が担当すること、国務に従わない地頭に対しては家景自ら現地へ赴き下知を加え、承引しないときは鎌倉へ注申すべきことなどが命じられている。陸奥国諸郡郷の新地頭等に宛てられてはいるが、当然家景に対して発給されたものであり、ここに留守職の職権の一端を見ることができる。その後家景は九本足の馬を陸奥国外浜へ放つことを命じられ(16)、また彼の代官が

獄囚数人の身柄を引き取り奥州へ流すよう命じられている。[17] 建久六年（一一九五）三月に頼朝の東大寺供養に供奉した後、葛西清重とともに平泉の寺塔の修理を命じられ、故藤原秀衡の後家に情けをかけるようにも仰せ付けられて、「奥州惣奉行」と呼ばれている。

右の事より、葛西清重、伊沢家景の職制の定義づけが先学により行われている。まず高橋富雄氏は「清重がほぼ侍所権専掌の奥州惣守護権者」、「家景のそれが、主として民政財政に当る政所兼問注所職権であった」[18] とされた。ついで石井進氏は「軍事的指揮と治安維持を任とする御家人奉行清重は惣追捕使の系列に、国衙機構と郡郷地頭を支配し、『所務』と勧農を行なう留守職家景は惣地頭の系列に、それぞれ位置づけて考えることが可能である」[19] とされている。さらに入間田宣夫氏は家景の「留守職に与えられた権限が諸国守護のそれをはるかに上まわる広範囲にわたるものであった」、「葛西氏による奥州全域にわたる検断職権の行使、検断にかかわる幕府法令の伝達者たるその地位」[20] と定義づけされている。つまり諸氏は葛西清重と伊沢家景には職務分担がなされていたとされているのである。

しかし、『吾妻鏡』から確認したように、葛西清重は勧農権を与えられていたが、大河兼任の乱の記事から、陸奥国御家人に対する軍事指揮権を有してはいなかった。これに対し、伊沢家景は葛西清重同様、勧農権を与えられた上に、検断権も与えられていた。これらのことから、渡辺哲也氏が言われるように、葛西清重が軍事・警察権を、伊沢家景が行政権を有していたというような職務分担はなかった、[21] と考えられるのである。

二　清重以降の葛西氏

次の史料は、奥大道の夜討・強盗を取り締まるよう大道筋の地頭二十四名に命じたものである。

〔史料二〕(22)

奥大道夜討強盗事、近年殊蜂起之由、有其聞、是偏地頭沙汰人等、無沙汰之所致也、早所領内宿々、居置宿直人可警固、且有如然之輩者、不嫌自領他領、不可見聞隠之由、召取住人等之起請文、可被致其沙汰、若猶背御下知之旨、令緩怠者、殊可有御沙汰之状、依仰執達如件、

建長八年(一二五六)六月二日　　相模守(北条時頼)判
　　　　　　　　　　　　　　　陸奥守(北条政村)判

宇都宮下野前司(泰綱)殿

小山出羽前司(長村)　阿波前司(朝村)　周防五郎兵衛尉(忠景)
氏家余三跡(経朝)　壱岐六郎左衛門尉(朝清)　同七郎左衛門尉(時重)
出羽四郎左衛門尉(光宗)　陸奥留守兵衛尉(恒家)　宮城右衛門尉
和賀三郎兵衛尉　同五郎左衛門尉　葦野地頭
福原小太郎　渋江太郎兵衛尉　伊呂宇又次郎
武蔵平間郷地頭　清久左衛門次郎　鳩井兵衛尉跡
那須肥前々司(資村)　宇都宮五郎左衛門尉(泰親)　岩平左衛門太郎
岩平次郎　矢古宇左衛門次郎

已上廿四人被下之、同御教書

史料中の名宛人のうち「壱岐六郎左衛門尉」は葛西朝清に、「同七郎左衛門尉」は同時重に比定されている。入間田氏(23)によると朝清、時重の二人は兄弟で、惣領は二人の兄清親であった。『吾妻鏡』には、朝清、時重共に将軍随兵

などとして見えることから、[24] 現地は代官支配であったと考えられるが、[25] この二人が奥大道夜討強盗取締令の名宛人となっているのは、大道沿いの葛西氏所領、五郡二保の一部を分割相続によりそれぞれ知行していたためであり、他の名宛人と同様、一地頭としてのものであったと考えられる。入間田氏は宛所に惣領清親の名前がないことから、この文書を「惣領家の当主が奥州惣奉行、すなわち奥州の軍事・警察権を掌握する立場にあったとするならば、」「惣領の当主は、この法令を国内に伝達するべき立場にあったのである。その人の名前が、命令を伝達されるべき国内一般の地頭らと同列に記載される理由がない[26]」と評価されているが、葛西氏惣領発給による奥州全域にわたる伝達文書は残存せず、また、幕府から葛西氏惣領に奥州全域への伝達を命じた文書もない。さらに『吾妻鏡』にも、この時期の葛西氏惣領に奥州全域にわたる権限・地位が付与されていたことを示す関連記事はない。仮に葛西氏惣領に奥州全域に法令を伝達する権限があったとして、一族を他の地頭と同等の宛所とするであろうか。右の関東御教書はあくまで奥大道沿いに地頭職を有する下野前司宇都宮泰綱以下、二十四名の地頭各位に対して関東から発給されたものであり、その中には下野国守護小山長村も含まれていた。入間田氏が言われるように「南は武蔵国から北は奥州の岩手・稗貫郡にまでいたる各地の地頭ら[27]」に対して葛西清親が法令を伝達していたとすると、彼は下野国内の所領に関わり下野国守護小山長村に対しても法令を伝達していたことになる。さらには守護小山長村を差し置いて、下野国内の所領を知行していたと入間田氏が想定された「氏家余三跡」、「葦野地頭」、「福原小太郎」、「那須肥前々司」、「宇都宮五郎左衛門尉」にも法令を伝達していたことになり、奥州を超えた広範囲にわたる権限を有していたことになるのである。しかし葛西氏惣領清親にそれだけの権限が付与されていたとは到底考えられず、葛西清親の名前がないことの理由は法令の伝達者という立場に求めるのではなく、他に求めることになる。もし大胆な推測が許されるのであれば、清親は伝達を待たずに、この法令を何らかの方法によって知り得る立場にあったか、あるいは清親の所領が奥大道沿いに存在しなかったということになろうか。いずれにしても、清親が法令伝達者であったがために名宛人となっていなかったとは考えられないのである。つまり葛西氏惣領は陸奥国全域にわたる法令伝達権を有してはいなかったのである。

次の史料も、葛西氏の分割相続、代官支配の一端を示すものである。

〔史料三〕[28]

陸奥国平泉中尊寺衆徒申寺領山野事、重訴状遣之、背下知状、致違乱之間、差遣使者之処、代官明資尚以不承引云々、招其咎歟、早任先下知状、可令停止濫妨也者、依仰執達如件、

永仁二年（一二九四）十二月廿五日

陸奥守（北条宣時）（花押）

相模守（北条貞時）（花押）

壱岐守（葛西）殿

右の関東御教書は、中尊寺衆徒が寺領の山野の事で再度訴え出たことに対して、幕府が地頭に先の下知状に従って濫妨を停止するよう命じたものである。名宛人「壱岐守」の実名の比定は困難であるが、『鎌倉遺文』では葛西氏と考えられ、分割相続によって得た所領を「代官明資」に支配させていたことがわかる。

史料二、史料三、あるいは正応元年（一二八八）七月九日付関東下知状[29]は葛西氏の奥州における活動徴証であった。しかし、これらはいずれも葛西氏の所領知行に関わる文書であり、葛西氏の陸奥国内全域におよぶ権限を示すものではない。『鎌倉遺文』から陸奥国に関わる文書を通覧しても、そこに葛西氏の陸奥国統治を示す文書は管見の限り一通も見出すことはできなかった。また、『吾妻鏡』にも葛西氏の陸奥国統治を示す記事は皆無である。[30]これらのことより、清重以降の葛西氏に陸奥国全域におよぶ統治権限がどれほど付与されていたのか、甚だ疑問とせざるを得ないのである。

三　家景以降の留守氏

次の関東御教書は、正嘉の飢饉に際して発給された飢民救済令である。名宛人は留守家広に比定されている。

〔史料四〕(31)

諸国飢饉之間、遠近侘傺之輩、或入山野、取薯蕷・野老、或臨江海、求魚鱗海藻、以如此業、支活計之処、在所之地頭、固令禁遏云々、早停地頭制止、可扶浪人身命也、但寄事於制止、不可有過分之儀、以此旨、可令相触陸奥国中之状、依仰執達如件、

正嘉三年（一二五九）二月十日　武蔵守（北条長時）判

相模守（北条政村）判

陸奥留守殿（留守家広）

次の関東御教書は、右の史料四と同様の法令を駿河守に宛てて発給したものである。駿河守は北条有時と考えられている。

〔史料五〕(32)

一　止山野江海煩、可助浪人身命事、

諸国飢饉之間、遠近侘傺之輩、或入山野、取薯蕷・野老、或臨江海、求魚鱗海藻、以如此業、支活計之処、在所之地頭、堅令禁遏云々、早止地頭制止、可助浪人身命也、但寄事於此制符、不可有過分之儀、存此旨、可致沙汰之状、依仰執達如件、

（一二五九）
正嘉三年二月九日

（北条長時）
武蔵守判
（北条政村）
相模守判

（北条有時）
駿河守殿

右の史料五の名宛人、駿河守北条有時を今野慶信氏(33)は讃岐国守護とされ、讃岐国守護北条有時が幕府からの法令を受給しているとされている。つまり、この飢民救済令は各国の守護に宛てて発給されたものであり、史料四を「陸奥国の場合は、守護的存在であった留守職に伝達されたもの」と位置づけられているのである。その際、今野氏は史料四の「以此旨、可令相觸陸奥国中」という文言と史料五の「存此旨、可致沙汰」という文言の相違を「そのまま留守職と守護職の職務内容の差異を示すもの」として、「守護は「存此旨可致沙汰」とあって、地頭に対する何らかの「沙汰」権を有していたのに対し、留守職は「以此旨可令相觸陸奥国中」であって、地頭に対しては、単なる幕府命令の中継伝達機関であったことが対比されよう」とされている。

これに対して三好俊文氏(34)は、今野氏と同様に史料四の「可令相觸」という文言と史料五の「可致沙汰」という文言に注目され、「可令相觸」という文言は守護に対して管国内への伝達を命じる際に用いられる文言であり、「可致沙汰」は地頭に対して所領内への沙汰を命じる際に用いられる文言であるとされた。この三好氏の考察は多くの傍例をもとに導き出されたものであり、従うべきである。つまり、史料四は守護と同等の国内への命令伝達権を有する陸奥国留守職に宛てて発給されたものであり、史料五は一地頭としての北条有時に宛てて発給されたものなのである。そして三好氏は、西国に宛てて発給された飢民救済令を検討されたうえで、東国宛てのものと西国宛てのものには差異があり、その点からも北条有時の立場が讃岐国守護ではなかったとされ、加えて、有時の所領が陸奥国伊具庄以外にもあったことから、「幕府指令の伝達ルートとして、守護経由で国中に「可令相觸」ことを命じると共に、地頭正員に対しても彼らが有する複数の所領へ「可致沙汰」ことを命じるという形があった」とされている。この伝達ルートに関しても従うべきであろう。

さて、史料四に先立ち、『吾妻鏡』建長二年（一二五〇）十一月二十八日条では博奕禁止のことが、陸奥国留守所兵衛尉、常陸国宍戸壱岐前司、下総国千葉介らに伝えられ、制禁を加えるように命じられている。常陸国宍戸壱岐前司は常陸国守護宍戸家周、下総国千葉介は下総国守護千葉頼胤と考えられ、陸奥国留守所兵衛尉は守護と同等の検断権を付与されていたことになる。この陸奥国留守所兵衛尉は留守家広に比定されている。

また、さらに先立つ宝治元年（一二四七）六月二十一日条には、宝治合戦の際に逃亡していた佐原十郎左衛門三郎秀連を奥州で打ち取ったと留守介が急報してきたとあり、宝治二年（一二四八）十一月十五日条には、九月十日に津軽の海辺に大魚が死んで打ち寄せられていて人間のようだったと陸奥国留守所が注進してきたとある。この二つの記事に記された「留守介」、「留守所」はいずれも留守家広と考えられ、家広によって陸奥国から事の次第が伝えられたものであり、いずれの場合も留守家広は管国にあって職務を遂行していたことになる。殊に佐原秀連の打ち取りに際しては留守家広の軍事指揮権、検断権が想定され、守護に引けを取らない権限を有していたと考えられるのである。

これら『吾妻鏡』に記された留守家広の活動徴証からは、家広の権限が守護に準じるものと考えられ、先の史料四と併せることによって、留守職は守護的権限の保有者と言えるのである。

このほかに、史料二の奥大道夜討強盗取締令に大道筋の地頭として「陸奥留守兵衛尉」が名宛人の一人としてあげられている。この「陸奥留守兵衛尉」は家広の息、恒家に比定されている。

四　国衙の活用

鎌倉幕府による奥州支配の方向性は『吾妻鏡』文治五年（一一八九）十二月六日条の記事、「奥州羽州地下管領間事、明春可有御沙汰歟之由被申之」によって、奥州合戦後まもなく示されていたと言える。この記事を大山喬平氏は奥州惣奉行に対する評価の中で、「どうもこのとき頼朝は奥羽両国の田地の管領権を要求したようにうけとれる。もしこの推測があたっているとすれば、頼朝は奥羽両国における国務の実権を公然と要求したわけである。そして、そのための現地指揮官として葛西清重が登用されたのであった。こうしてみると葛西清重は陸奥・出羽の御家人を統轄するばかりか国務の実権をも吸収したのである」[35]とされている。的を射た評価と言えよう。

これに先立つ十月二十四日条では、頼朝が出羽国の土地の検注を留守所に命じたことが記されている。土地の検注に際して留守所が門田を停止するよう主張したことで地頭らが歎き申し、これを受けて頼朝は次の御教書を発給している。

〔史料六〕[36]

当国（出羽）検注之間、可被倒所々地頭門田之由事、尤驚聞食、於出羽陸奥者、依為夷之地、度々新制にも除訖、偏守古風、更無新儀、然者、件門田等、何被停廃哉、有限公田之外門田者、如年来にて、不可有相違之旨、依鎌倉殿仰、執達如件、

（文治五年）十月廿四日　（大江広元）前因幡守

出羽留守所

出羽留守所に検注を命じるということは、頼朝が国衙機構を活用して出羽統治を企図していたことの表れと言えよ

う。翌年の大河兼任の乱後、兼任に与同した陸奥国新留守所・本留守を解任し、伊沢家景を陸奥国留守職に任じていることは、幕府による陸奥国統治も国衙機構を通して実現することになり、国衙機構を活用しての奥州統治の企図を示唆していると言える。陸奥国に守護が設置されなかった理由としては、室町期の『余目氏旧記』に、奥州合戦後頼朝が畠山重忠を陸奥国守護に任じようとしたところ、梶原景時が「第二の藤原秀衡になる恐れがある」として反対したことにより、陸奥国には守護が設置されなかったと記されている。検討の余地はあるが、頼朝が奥州合戦後の帰途、多賀国府で地頭らに対して「於国中事者、任秀衡泰衡之先例、可致其沙汰者」(37)と命じたことは、頼朝が旧来の統治方法をもって奥州の地を治めていこうとした意思表示であったのではないだろうか。つまり、守護制度の導入ではなく、国衙機構を活用した奥州統治の意図が見出されるのであり、大河兼任の乱後の伊沢家景の留守職任命へとつながっていくのである。

三好俊文氏は「奥州合戦に際し、多賀国府の在庁層と、多賀国府を結集軸としていた陸奥国武士たちは、頼朝に与することを選択した。その意味で奥州合戦は、平泉藤原氏と頼朝の軍事集団との戦争であると同時に、頼朝の軍事力を背景にした多賀国府系陸奥国武士団と、平泉藤原氏の軍事力を背景とした平泉系武士団の争いであったと捉えることができる」とされ、奥州合戦に際して大河兼任は藤原泰衡に呼応せず、その後の鎌倉幕府による奥州支配が兼任の期待とは異なっていたため、その不満から多賀国府と連携し挙兵したと評価されている。(38)

奥州合戦後、藤原氏没官領を支配するため、現地責任者として葛西清重を任命し、先例に任せた体制作りを目指していた頼朝であったが、大河兼任の乱は彼にとっても期待を裏切るものであったはずである。葛西清重を平泉におくことによって、旧藤原氏体制を引き継ぐことにはなるが、それがすぐに国府系武士団の期待にそぐわないことになるとは想像もせず、史料六のように出羽国では留守所に対して検注を命じているのである。その先例に任せた体制作りという基本方針は、大河兼任の乱後も揺らぐことなく、新たに入手した陸奥国国衙機構への伊沢家景留守職任命へとつながっているのである。

この国衙機構の活用という方針は、さらにその後の幕府中枢部の「陸奥守」就任へとつながっていくものと考えられる。建保四年（一二一六）に大江広元が「陸奥守」に就任したことを初例とし、翌建保五年（一二一七）に北条義時が就任、元仁元年（一二二四）には足利義氏が見任される。次の史料七の陸奥国国司庁宣の署判者は北条義時であり、彼が名国司ではなく、国守として実務にあたっていたことが認められるのである。

〔史料七〕[39]

庁宣　留守所

可令早為別納長世保内木間塚村事

右、件村為別納、所当以下雑事、可為山鹿三郎遠綱沙汰之状、所宣如件、以宣、

承久四年（一二二二）正月廿三日

大介平朝臣（北条義時）判

「陸奥守」は建長元年（一二四九）に北条重時が補任されて以後、安達泰盛を除くと[40]、北条氏の有力一門が就任する官職となった。重時以降の「陸奥守」は名国司と考えられているが、広元・義時の就任、国衙機構を活用した陸奥国支配体制の構築は初期の鎌倉幕府にとって大きなメルクマールとなっており、そのため「陸奥守」の有する意味はその後の幕府内において大きなものがあったと考えられる。陸奥国掌握は頼朝にとって頼義以来の重要な課題と意識され、奥州合戦の勝利によって第二段階へと突入した。頼朝は朝廷に奥州羽州地下管領権を承認させ、秀衡・泰衡以来の先例を重視するとともに、国衙機構を活用した統治体制の構築を目指したのである。その国衙機構へ名実ともに

働きかけることができるのが「陸奥守」であり、頼朝死後十数年を経てではあるが、広元・義時が実務を伴って「陸奥守」に就任した。その間、現地においては、伊沢家景が頼朝に任じられて以来、留守職が国守の代行者として国務を掌握し、幕府の陸奥国支配を担っていたのである。足利義氏の後、「陸奥守」が幕府の手からしばらく離れても、(41)幕府は奥州羽州地下管領権をもって奥州統治を行っていたと考えられ、次の関東御教書はその一例と言える。

〔史料八〕(42)

陸奥国郡郷所当事

以被止准布之例、沙汰人百姓等、私忘本色之備、好銭貨所済之間、年貢絹布追年不法之條、只非自由之企、已公損之基也、自今以後、白河関以東者、可令停止銭流布也、且於下向之輩所持者、商人以下慥可禁断、但至上洛之族所持者、不及禁断、兼又絹布麁悪、甚無其謂、早存旧所当本様、可令弁進之由、可令下知給之状、依仰執達如件、

暦仁二年（一二三九）正月廿二日　修理権大夫（北条時房）判

武蔵前司（北条泰時）殿

右の御教書では執権北条泰時が法令の下知を命じられている。「陸奥守」でも留守職でもない泰時に宛てられているということは、泰時の有する奥州羽州地下管領権が根拠になっていると考えられる。そして次の陸奥国国司庁宣では国守橘某から留守所に岩城余部内岩間・霰松両村の神宝を地頭岩間次郎隆重の沙汰として進済すべきことが命じられている。この留守所は留守家広であり、国守橘某が京の公家であったとしても、幕府御家人が陸奥国の実質的現地統治責任者となっていたのである。

〔史料九〕(43)

庁宣
可令早為地頭岩間次郎隆重沙汰、進済岩城余部内岩間・霰松両村巡検御□
右、件両村分神宝所、御馬□(六)疋代絹参□(疋カ)、為地頭隆重之沙汰、所令進済也、先例員数如此、但御尋国之時、当進之外、若於有未進者、□(任)文書之旨、無懈怠、可令沙汰進之由、進請文畢、然則任先例員数、可令致其沙汰之状、所宣如件、留守所宣承知、勿違失、以宣、
宝治二年(一二四八)後十二月　日
大介橘朝臣

この後、北条重時が「陸奥守」に就任するが、幕府は奥州羽州地下管領権をもって陸奥国統治を実行し、加えて現地における御家人留守氏の存在が「陸奥守」を名国司たらしめるに十分な状況をつくりだしていたのである。ただし、名国司とはいえ「陸奥守」は北条氏による陸奥国掌握の象徴であったと考えられ、その意味するところは大きなものがあったと言えよう。

五　陸奥国統治

奥州合戦後、葛西清重には陸奥国全域にわたる軍事・警察権に加え、行政権も与えられていた。しかし、大河兼任の乱を契機として、伊沢家景が留守職に任じられることにより、鎌倉幕府は国衙機構を活用した統治体制に重きを置くようになる。ここに及んで葛西清重の権限は陸奥国全域から平泉周辺の五郡二保に限定されるようになり、清重自身の活動の場は陸奥国ではなく、頼朝周辺へと移ってくる。入間田宣夫氏は葛西清重を頼朝周辺、鎌倉における活動

状況から「幕府の柱石」、「鎌倉の宿老」と表現され、さらに「当時にあっては、諸国の守護職など、地方の官職についた有力御家人はいずれも、現地に常駐することがなかった。幕府の柱石ともいうべきかれらが鎌倉を長く留守にすることはできなかった。現地には、正員（本人）の代りに一族・家臣の代官が派遣されることになったのである。奥州惣奉行に対比されるべき鎮西奉行のばあいにしても、武藤・大友の両人は鎌倉に在住しながら、役職の遂行にあたったのであった。葛西氏のばあいだけにかぎって、正員（本人）の現地不在をもって、役職の不在を推測することは許されないのである」とされている(44)。また、渡辺哲也氏は「清重と家景の間には、陸奥守と留守職というような関係があったのではないかと考えたい。すなわち、葛西清重は「陸奥守」的な立場で頼朝と家景の中間に位置し、鎌倉に在住しながら頼朝を輔弼していた一方で、伊沢家景は、現地の最高責任者として行政権や軍事・警察権を掌握し、陸奥国の国務を実行していたと推定する」とされている(45)。確かに葛西清重は幕府の重臣と評価でき、蒙古襲来以前の守護の多くも任地に常駐することはなかったと考えられるが、清重およびその後の葛西氏には自らの所領以外、陸奥国全域におよぶ命令伝達等を行った徴証はない。それに対して留守氏には陸奥国全域にわたる活動徴証が残存している。このことから、葛西清重が陸奥国を離れることで、陸奥国全域の統治は伊沢家景に委ねられたと考えたい。佐々木光雄氏が指摘されているように(46)、『吾妻鏡』建久二年（一一九一）正月十五日条の政所吉書始の記事には京都守護や鎮西奉行人が記されている一方で奥州惣奉行の記載はなく、また、『沙汰未練書』にも奥州惣奉行の定義づけは見られない。つまり、奥州惣奉行は、『吾妻鏡』の語るように存在したとしても一時的なものであり、実態に乏しい名目的なものであったと考えられるのである。

留守氏の陸奥国統治を保障するものは鎌倉幕府の有する奥州羽州地下管領権であり、大江広元・北条義時の実務を伴った「陸奥守」就任であった。後の「陸奥守」は名国司になったと考えられるが、奥州羽州地下管領権は依然として鎌倉幕府の陸奥国統治には有効であり、これを背景に留守氏は現地最高責任者として陸奥国全域にわたる統治権を有し続けていたのである。この統治権は三好俊文氏の論考や(47)『吾妻鏡』建長二年（一二五〇）十一月二十八日条の宍戸家周、千葉頼胤と同列とした記述から守護に準じたものであり、鎌倉幕府滅亡まで留守氏が保持したものと考えられるのである。

註

（1）佐藤進一『増訂　鎌倉幕府守護制度の研究』（東京大学出版会、一九七一年）。

（2）入間田宣夫「鎌倉幕府と奥羽両国」（小林清治・大石直正編『中世奥羽の世界』東京大学出版会、一九七八年、入間田宣夫第一論文）、同「奥州惣奉行ノート」（小林清治先生還暦記念会編『福島地方史の展開』名著出版、一九八五年。のち入間田宣夫編『葛西氏の研究』名著出版、一九九八年、入間田宣夫第二論文）、大石直正「鎌倉時代の平泉」（『平泉町史』三、一九八八年）、七海雅人「鎌倉幕府の陸奥国掌握過程」（東北大学文学部国史研究室中世史研究会編『羽下徳彦先生退官記念論集　中世の杜』一九九七年、七海雅人第一論文）、同「鎌倉幕府と奥州」（柳原敏昭・飯村均編『鎌倉・室町時代の奥州』高志書院、二〇〇二年、七海雅人第二論文。ただし「奥州惣奉行葛西氏による守護的職権の行使は、終始機能するような性格ではなかったことが予想される」とも述べられている）、三好俊文「幕府指令伝達者としての陸奥国留守職と諸国守護」（『六軒丁中世史研究』七号、二〇〇〇年、三好俊文第一論文）、同「「奥州惣奉行」体制と鎌倉幕府の列島統治」（入間田宣夫編『東北中世史の研究』上巻、高志書院、二〇〇五年、三好俊文第二論文）。

（3）高橋富雄「奥州惣奉行について」（『歴史』第二輯、一九五〇年。のち入間田宣夫編『葛西氏の研究』名著出版、一九九八年）、佐々木慶市「中世の留守氏」（『水沢市史』二・中世、一九七六年）、佐々木光雄「奥州惣奉行小考—葛西清重を中心に—」（『東北歴史資料館研究紀要』第二巻、一九七六年。のち入間田宣夫編『葛西氏の研究』名著出版、一九九八年）、同「陸奥国留守職小考」（『東北歴史資料館研究紀要』第三巻、一九七七年）、同「奥州惣奉行再論—最近の研究動向を中心に—」（『東北歴史資料館研究紀要』第四巻、一九七八年）、大山喬平「文治の国地頭をめぐる源頼朝と北条時政の相剋」（『京都大学文学部紀要』二一号、一九八二年）、今野慶信「鎌倉幕府の陸奥直轄支配体制—奥州惣奉行論争をめぐって—」（『駒沢大学史学論集』二三号、一九九三年。のち入間田宣夫編『葛西氏の研究』名著出版、一九九八年）、渡辺哲也「奥州惣奉行の成立とその権力構造について」（『湘南史学』一五号、二〇〇四年）。

（2）・（3）は渡部哲也氏の整理をもとにしている。

（4）三好俊文「鎌倉幕府の成立と東北」（七海雅人編『東北の中世史2　鎌倉幕府と東北』吉川弘文館、二〇一五年、三好俊文第三論文）。

（5）七海雅人「御家人の動向と北条氏勢力の展開」、「鎌倉幕府の滅亡と東北」（七海雅人編『東北の中世史2　鎌倉幕府と東北』吉川弘文館、二〇一五年、七海雅人第三論文、七海雅人第四論文）。

（6）『吾妻鏡』文治五年（一一八九）九月二十二日条。

（7）『吾妻鏡』文治五年（一一八九）九月二十四日条。

（8）『吾妻鏡』建久元年（一一九〇）正月六日条。

（9）『吾妻鏡』建久元年（一一九〇）正月十八日条・十九日条。

（10）『吾妻鏡』建久元年（一一九〇）二月六日条。

（11）『吾妻鏡』建久元年（一一九〇）正月十三日条・二月十二日条。

（12）『吾妻鏡』建久六年（一一九五）九月三日条。

（13）『吾妻鏡』建久六年（一一九五）九月二十九日条。

（14）『吾妻鏡』建久元年（一一九〇）三月十五日条。

（15）『吾妻鏡』建久元年（一一九〇）十月五日条（『鎌倉遺文』四八四号）。

（16）『吾妻鏡』建久四年（一一九三）七月二十四日条。

（17）『吾妻鏡』建久五年（一一九四）六月二十五日条。

（18）高橋富雄前掲論文。

（19）石井進『日本中世国家史の研究』（岩波書店、一九七〇年）。

（20）入間田宣夫前掲第二論文。

（21）渡辺哲也前掲論文。

(22)『新編追加』(『鎌倉遺文』八〇〇二号)。

同時期の奥州に係る法令としては次の史料もあげられる。名宛人の「阿波前司」は柴田郡地頭で、史料二の「阿波前司」と同一人物として小山朝村に比定されている。

近日出羽陸奥国夜討強盗蜂起之間、往還之輩、有其煩之由風聞、尤不便、是偏郡郷地頭等、背先御下知、無沙汰之所致也、甚無其謂、早柴田郡内知行宿々、造宿直屋、令結番、殊可令警固也、且籠置悪党之所々、不可見聞隠之旨、可被召沙汰人等起請文者、依仰執達如件、

正嘉二年(一二五八)八月廿日

武蔵守(北条長時)判

相模守(北条政村)判

阿波前司(小山朝村)殿

『新編追加』(『鎌倉遺文』八二七四号)

(23) 入間田宣夫「鎌倉時代の葛西氏」(石巻市史編纂委員会編集『石巻の歴史』第一巻通史編上、石巻市、一九九六年。のち入間田宣夫編『葛西氏の研究』名著出版、一九九八年、入間田宣夫第三論文)。

(24) 葛西朝清の記事は、寛元二年(一二四四)八月十五日、同十六日、寛元三年(一二四五)八月十五日、寛元四年(一二四六)八月十五日。時重の記事は建長三年(一二五一)正月二十日。

(25) 正応元年(一二八八)七月九日付関東下知状(「陸奥中尊寺経蔵文書」『鎌倉遺文』一六六九二号)には葛西氏による代官支配の一端が見られる。

(26) 入間田宣夫前掲第三論文。

(27) 入間田宣夫前掲第二論文。

(28)「陸奥中尊寺文書」(『鎌倉遺文』一八七一六号)。

(29)「陸奥中尊寺経蔵文書」(『鎌倉遺文』一六六九二号)。

(30)『吾妻鏡』宝治元年(一二四七)十二月十九日条に京都大番役勤仕の結番交名が記されており、四番に「葛西伯耆前司(清親)」の名前があげられている。この交名に示された二十三人の中には守護として管国内の御家人を率いて京都大番役を勤仕したと考えられる名前が多いが、五味克夫氏が「鎌倉御家人の番役勤仕について」(『史学雑誌』六三巻九号・十号、一九五四年)において指

摘されているように、交名には守護と推定し得ない人物も含まれている。私は葛西清親を後者と考え、管国御家人を引率する権限がなかったものと考えている。

七海雅人氏は第二論文で、建治二年（一二七六）から正応元年（一二八八）十一月上旬におよび、陸奥国岩崎郡久世原郷地頭光隆が「不退鎌倉祗候」、つまり鎌倉番役を勤めており、『勘仲記』弘安七年（一二八四）十二月九日条から、葛西氏惣領宗清の在京が確認される。おそらく大番役による京上であろう。ところがこの在京は、右に述べた陸奥国御家人の「不退鎌倉祗候」期間に重なっている」と指摘されている。葛西氏には陸奥国御家人を引率して京都大番役を勤仕する権限がなかったことを示しているといえる。

(31)『式目追加』（『鎌倉遺文』八三四七号）。
(32)『新式目』（『鎌倉遺文』八三四六）。
(33) 今野慶信前掲論文。
(34) 三好俊文前掲第一論文。
(35) 大山喬平「鎌倉幕府」（『日本の歴史』第九巻、小学館、一九七四年）。
(36)『吾妻鏡』文治五年（一一八九）十月二十四日条（『鎌倉遺文』四一一号）。
(37)『吾妻鏡』文治五年（一一八九）十月一日条。
(38) 三好俊文前掲第三論文。
(39)「高洲文書」（『鎌倉遺文』二九一七号）。
官途の「大介」に関しては、飯田悠紀子氏の「大介考」（『学習院史学』四号、一九六七年）に詳しい。
(40) 安達泰盛の陸奥守就任に関しては、七海雅人氏が前掲第三論文で、「連署不在の状況にあって、執権時宗を補佐する立場にふさわしい官職をまとうことが求められ、実現した」、「時宗の死去によって出家した泰盛の後任として陸奥守に就いたのが、その前年、連署となっていた北条業時であったことも参考になるだろう」とされている。
(41)『中世奥羽の世界』（東京大学出版会、一九七八年）所収の「中世初期陸奥・出羽両国の国守一覧表」参照。
(42)「式目追加」（『鎌倉遺文』五三七四号）。
執権が名宛人となる関東御教書は連署単独署判となる。第二部第一章で例示した。

(43) 「陸奥関牧太郎氏所蔵文書」(『鎌倉遺文』七〇三五号)。
(44) 入間田宣夫前掲第三論文。
(45) 渡辺哲也前掲論文。
(46) 佐々木光雄前掲論文。
(47) 三好俊文第一論文。

第三部　御恩と奉公の一側面

第一章　和与状裏封と譲状外題安堵

はじめに

文書を発給主体という観点から分類すると、「公文書」・「私文書」の二種類に分類することができる。荻野三七彦氏は、前者を「国家の政権を掌握し、国政を動かすことのできる組織・機関などが差出者となる文書」、後者を「私人の資格によって差し出す文書」と規定された。(1) そして、それぞれにどのような文書があるのかも例示をされている。(2) 本章で検討する「和与状」・「譲状」は、先の規定に従えば、いずれも「私文書」ではあるが、文書上に後に加えられた幕府奉行人の裏封や執権・連署による外題安堵は「国家の政権を掌握し、国政を動かすことのできる組織・機関などが差出者とな」った「公文書」であることを示している。裏封のなされた和与状や外題安堵のなされた譲状は、鎌倉幕府より和与公認を願い出た当事者や譲与安堵申請者に返付された複合文書であり、(3) 本来「私文書」であったものが複合文書として「公文書」的性格を有するようになったものと言える。

本章は、以上を踏まえ、鎌倉時代に発給された文書のうち、複合文書として「私文書」から「公文書」への変化を見出し得る、この「和与状」と「譲状」に関して論じるものである。

一　和与状

鎌倉時代、訴訟継続中に、訴人・論人間において、訴訟物に対する何らかの譲歩・妥協がなされ、訴訟が止められることがあった。本章では、この譲歩・妥協・訴訟停止行為を「和与」と定義する。(4)

訴訟当事者は和与を成立させるため、譲歩・妥協内容を記した和与状を作成している。『鎌倉遺文』を通覧すると、百七十通余りの和与状が残存しており、和与公認の手続きを経、後証のための奉行人による裏封を受けたものがその四分の一弱にあたる四十通みられる。表25はその一覧である。

和与状は、同文または同内容を記し、相互に交換する場合と、同文のものを二通用意し、訴人・論人連署して、各自一通ずつを保管する場合の二通りがあったと考えられる。(5)この段階における和与状は訴人・論人間で交換・保管された私文書であり、公文書としての性格は有していない。交換・保管だけでは、「私和与」とされ、訴訟を停止する公的拘束力を有さないのである。そこで、訴訟当事者は和与状を鎌倉または六波羅探題、鎮西探題へ提出し、和与の公認を願い出る。幕府はこの申請をうけ、内容の審査をし、(6)何ら問題のない場合には、和与公認の下知状を発給している(7)（この和与公認の下知状を以下、和与裁許状と呼ぶ）。この審査に要した日数は案件によって差があり、数日のものから、数年のものまであるが、(8)この和与裁許状発給と同時に、提出されていた和与状が返付される。その和与状には、当該和与が幕府によって公認されたことを示す担当奉行人の署判による裏封がなされているのである。裏封のなされた和与状と和与裁許状がともに残存している例が二十四例あり、表26がその一覧である。

表25　裏封のされた和与状一覧

	年月日	訴人	論人	係争地	奉行人	裏封日付	出典	遺文番号
1	建治二年(一二七六)七月二十日	伊佐有信代有玄	伊佐有政代浄心	陸奥国大谷保泉田村屋敷・田等	源・沙弥		和泉田代文書	一二四一八
2	正応五年(一二九二)七月十八日	和田茂長代教房	河村秀通代明俊	越後国荒河保・奥山庄堺	左衛門尉・沙弥		三浦和田文書	一七九七一
3	正応五年(一二九二)十一月三十日	雑掌勝道	地頭島津忠長代了意	薩摩国伊作庄・日置北郷所務	沙弥・采女佐三善		島津家文書	一八〇五六
4	永仁六年(一二九八)正月十八日	雑掌了信	地頭代生覚・義清	摂津国輪田庄所務	三善・藤原		九條家文書	一九五八〇
5	永仁六年(一二九八)五月日	雑掌重連	地頭経忠	丹後国永富保年貢	下野権守・縫殿允大江		石清水文書	一九六九六
6	正安元年(一二九九)十二月十四日	藤原頼宗	又四郎実綱	相根村所務	兵庫允・左衛門尉		香取神宮旧源太祝家文書	二〇三一九
7	正安元年(一二九九)十二月十九日	平有時	実綱	加根村所務	兵庫允・左衛門尉		香取神宮旧源太祝家文書	二〇三三一
8	正安二年(一三〇〇)八月二日	地頭大友泰朝	雑掌公祐	豊後国安岐郷内諸田等年貢	藤原信経・中原佐真		肥後志賀文書	二〇五五七
9	正安二年(一三〇〇)八月十三日	熊谷直光	久下光綱	武蔵国西熊谷郷堺	左衛門尉平・弾正忠橘		熊谷家文書	二〇五七四
10	正安三年(一三〇一)六月二十一日	雑掌	地頭太田貞宗	備後国太田庄所務	左衛門尉平・大蔵丞源		高野山文書	二〇八〇八
11	乾元二年(一三〇三)正月十八日	地頭代佐房	雑掌栄実	伊予国弓削嶋庄所務	左衛門尉平・左兵衛尉藤原		東寺百合文書	二一三三八
12	乾元二年(一三〇三)四月二十六日	平子重有	如円	周防国多々良法興寺等免田等	左衛門尉・平	徳治二年(一三〇七)四月七日	長門三浦家文書	二一四五八
13	徳治二年(一三〇七)六月十三日	地頭岩城隆衡	預所頼泰	陸奥国岩城郡好嶋西庄重員村所務	左衛門尉小野・左衛門尉源		陸奥飯野文書	二二九八三
14	徳治三年(一三〇八)四月二十五日	平子重頼	平子重有	周防国仁保庄板山路	兵庫允・前筑前権守		長門三浦家文書	二三二四一
15	延慶元年(一三〇八)十二月十八日	雑掌道祐	地頭山内首藤通資	備後国地毗本郷所務	左衛門尉・左近将監	延慶元年(一三〇八)十二月二十三日	山内首藤文書	二三四八二B

16	延慶四年(一三一一)五月十八日	平時行	吉鶴丸	筑前国長淵庄一分地頭職	沙弥妙覚・沙弥朝西	応長元年(一三一一)後六月二十二日	深堀家文書	二四二九三
17	正和二年(一三一三)八月十八日	藤原氏女	藤原重連	豊後国石垣庄内末吉・末国両名	散位藤原・左衛門尉藤原・前長門介藤原	正和二年(一三一三)八月二十□日	豊前永弘文書	二四九五一
18	正和二年(一三一三)十一月十四日	源光広	道円	越後国刈羽郷半分	散位藤原朝臣		秋田藩採集文書	二五〇三九
19	正和三年(一三一四)五月二十八日	雑掌性法		豊後国大野庄志賀村南方太方等	散位・左衛門尉		肥後志賀文書	二五一四七
20	文保二年(一三一八)二月十七日	雑掌行盛	地頭阿野季継代助景	備後国神崎庄所務	左衛門尉平・前壱岐守中原	文保二年(一三一八)十一月七日	金剛三昧院文書	二六五五四
21	文保二年(一三一八)五月二十九日	深堀時仲嫡孫孫房丸等	戸町俊基子息俊能等	肥前国戸町浦	宇治惟尚・沙弥道仏	文保二年(一三一八)六月六日	深堀家文書	二六六八九
22	元応二年(一三二〇)十月二十一日	青方高継代深	青方高光	肥前国五嶋西浦部青方田畠屋敷等	惟宗定頼・沙弥道任	元応二年(一三二〇)十一月九日	青方文書	二七六〇一
23	元応二年(一三二〇)十一月二十二日	地頭尼道信	雑掌孝順	越後国加地庄年貢検注	実顕・行胤	元応三年(一三二一)正月七日	山形大学所蔵中條文書	二七六三六
24	元亨元年(一三二一)十二月三日	諏方部義助等代興玄	諏方部助光代宗慶	出雲国三刀屋郷内村々	隼人佑秀倫・左兵衛尉冬秀	元亨元年(一三二一)十二月二十七日	肥後佐方文書	二七九〇九
25	元亨三年(一三二三)二月五日	預所藤原義幸	地頭代紀政綱	備前国金岡東庄内地頭庶子道快分	左兵衛尉貞雄・左衛門尉利行	元亨四年(一三二四)八月七日	大和額安寺文書	二八三三一
26	元亨三年(一三二三)二月五日	預所藤原義幸	地頭代紀政綱	備前国金岡東庄内地頭庶子長綱跡	左兵衛尉貞雄・左衛門尉利行	元亨四年(一三二四)八月七日	大和額安寺文書	二八三三二
27	元亨三年(一三二三)二月五日	預所藤原義幸	地頭代紀政綱	備前国金岡東庄内地頭庶子正鶴分	左兵衛尉貞雄・左衛門尉利行	元亨四年(一三二四)八月七日	大和額安寺文書	二八三三三
28	元亨四年(一三二四)八月二十一日	雑掌憲俊	地頭島津宗久代道慶	薩摩国伊作庄・日置北郷所務	能定・実顕	正中二年(一三二五)十月七日	島津家伊作文書	二八八〇一
29	元亨四年(一三二四)十二月二日	雑掌承信	地頭島津宗久代道慶	薩摩国日置新領所務	能定・実顕	正中二年(一三二五)十月二十七日	島津家伊作文書	二八八九六
30	正中二年(一三二五)六月一日	地頭山田道慶	谷山覚信	薩摩国谷山郡内山田・上別符所務	三善・藤原	正中二年(一三二五)十月十日	薩摩山田文書	二九一二二
31	嘉暦元年(一三二六)十一月十八日	上嶋惟秀子息惟幸	尼妙法・子息義広	肥後国上嶋郷惣領職等	沙弥・渋谷	嘉暦元年(一三二六)十二月五日	阿蘇家文書	二九六五六
32	嘉暦二年(一三二七)二月二十四日	源氏女代行祐	飯沼親泰	出雲国猪尾谷村東方内一分地頭職等	沙弥・左近将監	嘉暦二年(一三二七)四月二十三日	早稲田大学所蔵文書	二九七五〇

	年月日	訴論人		係争地	奉行人	裏封日付	出典	遺文番号
33	嘉暦二年(一三二七)十二月十三日	地頭	預所	肥前国塚崎庄石富名内田地等中分	左衛門尉久義・左衛門尉忠尚	元徳二年(一三三〇)三月十日	肥前武雄神社文書	三〇〇九七
34	嘉暦三年(一三二八)六月二十三日	雑掌禅勝	尼浄明代景家	肥前国河上宮西門修理	三善・藤原	嘉暦三年(一三二八)六月二十九日	肥前実相院文書	三〇二九二
35	元徳元年(一三二九)十月十六日	雑掌良信	地頭代亮秀	備後国太田庄年貢等	菅原資貞・兵庫允顕尚	元徳元年(一三二九)十二月二十七日	高野山文書	三〇七五二
36	元徳元年(一三二九)十一月五日	詫磨真円	志賀正玄	豊後国大野庄志賀村田地	左衛門尉久義・左衛門尉忠尚	元徳二年(一三三〇)三月五日	肥後志賀文書	三〇七六九
37	元徳元年(一三二九)十二月九日	道覚代重俊	山田道慶	薩摩国伊集院内田薗等	三善・縫殿允	元徳元年(一三二九)十二月二十五日	薩摩山田文書	三〇八〇二
38	元徳二年(一三三〇)十月三日	雑掌良信	一分地頭富部有冬	備後国太田庄山中横坂郷所務	□□・沙弥	元徳三年(一三三一)四月七日	高野山文書	三一二三〇
39	元徳三年(一三三一)六月五日	海老名忠顕	和田茂実	越後国奥山庄内山上等地頭職・堺	権少外記三善・散位藤原朝臣	元徳三年(一三三一)六月二十三日	越後三浦和田文書	三一四三七
40	元徳三年(一三三一)十二月十五日	雑掌直瑜	細谷郷地頭藤原忠益	遠江国原田庄内細谷郷所務	中務丞・沙弥	元徳三年(一三三一)十二月二十七日	東寺百合文書	三一五六二

表26　裏封された和与状と和与裁許状がともに残存している文書一覧

	和与状 年月日・遺文番号		和与裁許状 年月日・発給者・遺文番号			訴論人		係争地	出典
A	建治二年(一二七六)七月二十日	一二四一八	建治二年(一二七六)八月二十五日	関東	一二四五一	伊佐有信代有玄	伊佐有政代浄心	陸奥国大谷保泉田村屋敷・田等	和泉田代文書
B	正応五年(一二九二)七月十八日	一七九七一	正応五年(一二九二)八月七日	関東	一七九七七	和田茂長代教房	河村秀通代明俊	越後国荒河保・奥山庄堺	三浦和田文書
C	正応五年(一二九二)十一月三十日	一八〇五六	正応五年(一二九二)十二月十六日	関東	一八〇六九	雑掌勝道	地頭島津忠長代了意	薩摩国伊作庄・日置北郷所務	島津家文書
D	永仁六年(一二九八)正月十八日	一九五八〇	永仁六年(一二九八)二月二日	六波羅	一九五九五	雑掌了信	地頭代生覚・義清	摂津国輪田庄所務	九條家文書
E	正安二年(一三〇〇)八月十三日	二〇五七四	正安二年(一三〇〇)九月四日	関東	二〇五九一	熊谷直光	久下光綱	武蔵国西熊谷郷堺	熊谷家文書
F	正安三年(一三〇一)六月二十一日	二〇八〇八	正安四年(一三〇二)六月二十三日	関東	二一一一一	雑掌	地頭太田貞宗	備後国太田庄所務	高野山文書
G	乾元二年(一三〇三)正月十八日	二一三三八	乾元二年(一三〇三)閏四月二十三日	関東	二一五一〇	地頭代佐房	雑掌栄実	伊予国弓削嶋庄所務	東寺百合文書

H	徳治三年（一三〇八）四月二十五日	二三三二四一	応長二年（一三一二）三月二日	関東	二四五四四	平子重頼	平子重有	周防国仁保庄板山路	長門三浦家文書
I	延慶元年（一三〇八）十二月十八日	二三四八二B	延慶元年（一三〇八）十二月二十三日	六波羅	二三四九〇	雑掌道祐	地頭山内首藤通資	備後国地毗本郷所務	山内首藤文書
J	文保二年（一三一八）二月十七日	二六五五四	文保二年（一三一八）十一月七日	関東	二六八四〇	雑掌行盛	地頭阿野季継代助景	備後国神崎庄所務	金剛三昧院文書
K	文保二年（一三一八）五月二十九日	二六六八九	文保二年（一三一八）六月六日	鎮西	二六七〇一	深堀時仲嫡孫孫房丸等	戸町俊基子息俊能等	肥前国戸町浦	深堀家文書
L	元応二年（一三二〇）十月二十一日	二七六〇一	元応二年（一三二〇）十一月九日	鎮西	二七六三〇	青方高継代深	青方高光	肥前国五嶋西浦部青方田畠屋敷等	青方文書
M	元応二年（一三二〇）十一月二十二日	二七六三六	元応三年（一三二一）正月七日	関東	二七六九四	地頭尼道信	雑掌孝順	越後国加地庄年貢検注	山形大学所蔵中條文書
N	元亨元年（一三二一）十二月三日	二七九〇九	元亨元年（一三二一）十二月二十七日	六波羅	二七九二九	諏方部義助等代興玄	諏方部助光代宗慶	出雲国三刀屋郷内村々	肥後佐方文書
O	元亨四年（一三二四）八月二十一日	二八八〇一	正中二年（一三二五）十月七日	関東	二九二一八	雑掌憲俊	地頭島津宗久代道慶	薩摩国伊作庄・日置北郷所務	島津家伊作文書
P	元亨四年（一三二四）十二月二日	二八八九六	正中二年（一三二五）十月二十七日	関東	二九二三七	雑掌承信	地頭島津宗久代道慶	薩摩国日置新領所務	島津家伊作文書
Q	正中二年（一三二五）六月一日	二九一二二	正中二年（一三二五）十月十日	鎮西	二九二二一	地頭山田道慶	谷山覚信	薩摩国谷山郡内山田・上別符所務	薩摩山田文書
R	嘉暦元年（一三二六）十一月十八日	二九六五六	嘉暦元年（一三二六）十二月五日	鎮西	二九六七一	上嶋惟秀子息惟幸	尼妙法・子息義広	肥後国上嶋郷惣領職等	阿蘇家文書
S	嘉暦二年（一三二七）二月二十四日	二九七五〇	嘉暦二年（一三二七）四月二十三日	六波羅	二九八二〇	源氏女代行祐	飯沼親泰	出雲国猪尾谷村東方内一分地頭職等	早稲田大学所蔵文書
T	嘉暦三年（一三二八）六月二十三日	三〇二九二	嘉暦三年（一三二八）六月二十九日	鎮西	三〇二九六	雑掌禅勝	尼浄明代景家	肥前国河上宮西門修理	肥前実相院文書
U	元徳元年（一三二九）十一月五日	三〇七六九	元徳二年（一三三〇）三月五日	鎮西	三〇九五一	詫磨真円	志賀正玄	豊後国大野庄志賀村田地	肥後志賀文書
V	元徳元年（一三二九）十二月九日	三〇八〇二	元徳元年（一三二九）十二月二十五日	鎮西	三〇八三八	道覚代重俊	山田道慶	薩摩国伊集院内田薗等	薩摩山田文書
W	元徳二年（一三三〇）十月三日	三一二三〇	元徳三年（一三三一）四月七日	関東	三一四〇六	雑掌良信	一分地頭富部有冬	備後国太田庄山中横坂郷所務	高野山文書
X	元徳三年（一三三一）十二月十五日	三一五六二	元徳三年（一三三一）十二月二十七日	関東	三一五七四	雑掌直瑜	細谷郷地頭藤原忠益	遠江国原田庄内細谷郷所務	東寺百合文書

〔史料一〕(9)

禰寝郡司清治今者、死者子息清保与同三郎清任・九郎清政・余三貞綱・彦次郎清経等相論両條

一　大隅国禰寝院南俣郡本田畠・屋敷事

右、就訴陳状、有其沙汰、可注進之旨、正和元年（一三一二）九月六日鎮西評定訖、而各和談之間、被閣之処、未被成御下知之上、不可依私和与之旨、清保依申之、可糺決理非之由、去年八月九日所有評議也、

（中略）

以前両條、依仰下知如件、

元亨三年（一三二三）十一月廿九日　　修理亮平朝臣（北条英時）（花押）

史料一は禰寝氏一族の相論に関する鎮西裁許状である。大隅国禰寝院南俣郡本田畠・屋敷に関する相論に関し、和与が成立したので訴訟を停止したところ、一方の訴訟当事者清保より、和与公認の下知を受けていないので、この和与は「私和与」であって、それに従うわけにはいかない、と鎮西探題に申し出がなされ、鎮西探題はこれに応じて理非の糺決に評議を決定したというものである。つまり、和与裁許状が発給されていないものは「私和与」であって、何ら公的拘束力を有さないことを示しているのである。

〔史料二〕(10)

和与

備後国地毗本郷雑掌道祐与地頭山内首藤三郎通資相論所務条々事

右、就雑掌道祐訴訟、所務條々、雖番相論、以和与之儀、検注年貢中分以下条々事、永止雑掌訴訟畢、所詮、於

当郷下地所務者、為永代地頭請所職、領家御年貢事、令停止領家方使者入部之儀、自明年延慶貳年(一三〇九)、毎年肆拾伍貫文内、年内貳拾伍貫文、後年貳月中貳拾貫文、不謂損否、毎年為地頭沙汰、無懈怠、可令京進者也、但若天下一同大損亡年者、被差下別御使於庄家、被遂検見、随損得有無、可被進沙汰也、就中、被放本所安井宮御挙(状脱カ)於武家、止両方所務条々相論、相互所致和与也、若自領家違犯此状、被破請所者、御年貢肆拾五貫文内、毎年半分地頭可被押取之也、亦地頭背此状、於致未進懈怠者、被破請所職、任訴状有御沙汰、雑掌被入部庄家、可被務也、然者、早申賜御下知、可備向後亀鏡之状如件、

延慶元年(一三〇八)十二月十八日　地頭藤原通資（花押）

雑掌道祐（花押）

(裏書)「為後証、奉行人所封裏也、

延慶元年(一三〇八)十二月廿三日　左近衛監（花押）

左衛門尉（花押）」

〔史料三〕(11)

備後国地毗本郷雑掌道祐与地頭山内首藤三郎通資相論所務條々事

右、如今月十九日安井宮令旨者、備後国地毗本郷雑掌道祐申、所務條々和与并地頭請所事、両方和与状如此、可令計成敗云々、如同月十八日道祐・通資等連署和与状者、和与備後国地毗本郷雑掌道祐与地頭山内首藤三郎通資相論所務條々事、右、就雑掌道祐訴訟、所務條々雖番相論、以和与之儀、検注・年貢・中分以下條々、永止雑掌訴訟畢、所詮、於当郷下地所務者、為永代地頭請所職、領家御年貢事、令停止領家方使者入部之儀、自明年

延慶貳年（一三〇九）、毎年肆拾伍貫文内、年内貳拾伍貫文、後年貳月中貳拾貫文、不謂損否、毎年為地頭沙汰、無懈怠可令京進者也、但若天下一同大損亡年者、被差下別御使於庄家、被遂検見、随損得有無、可被進沙汰也、就中、被放本所安井宮御挙状於武家、止両方所務條々相論、相互所致和与也、若自領家方違乱此状、被破請所者、御年貢肆拾伍貫文内毎年半分、地頭可被押取之也、亦地頭背此状、於致未進懈怠者、被破請所、任訴状、有御沙汰、雑掌被入部庄家、可被所務也、然者、申給御下知、可備向後亀鏡之者、両方出和与状之上者、不及異儀、然則、任彼状、向後無違乱、相互可致其沙汰之状、下知如件、

延慶元年（一三〇八）十二月廿三日

前越前守平朝臣（北条貞房）（花押）

越後守平朝臣（北条貞顕）（花押）

史料二は備後国地毗本郷の所務に関する和与状である。雑掌道祐と地頭山内首藤通資が相論を番えていたところ、地頭請所として年貢の京進が約束され、和与が成り、雑掌・地頭連署によってこの和与状が作成されたのである。幕府はこの和与状の提出をうけ、史料三の和与裁許状を発給し、それに加え、和与裁許状下付と同日付けで、提出されていた和与状に担当奉行人が裏封をして、返付している。この裏封により、文書の表の文面は幕府によって承認され、本来訴訟当事者レベルにおける私文書であった和与状が公文書的性格を帯びるようになるのである。

さて、その裏封には、ある時期を境として変化が見出されるようになる。その変化とは裏封に日付が明示されるようになることである。先に示した史料二の裏封の日付と史料三の和与裁許状の日付は同日であったが、残存する文書のうち、その裏封の日付の最も古いものが、徳治二年（一三〇七）四月七日であり[12]、それ以前の日付は管見の限り見

出すことはできなかった。

〔史料四〕(13)

嶋津御庄薩摩方内伊作庄・同日置北郷領家与地頭、所務相論条条和与事

一　桑代事

右、木者、拾本内、領家方七本、地頭分参本之条、度度御下知分明也、而年貢者、木別貳拾文令充取之処、地頭押取肆拾文云々、為安堵百姓等、向後木別可為参拾文也、若背此状者、可被申行御下知違背之科者也矣、

一　検断事

右、窃盗口舌軽罪者、為庄庁之沙汰、可令安堵土民之由、嘉禄　弘安　正応関東度度御下知分明之上者、為庄庁之沙汰、可被安堵土民者也、若又雖有此外之犯科、不糺定犯否軽重之程、地頭無左右取質身代、致非分之沙汰者、可被行御下知違背之由、(科脱カ)被訴申之時、不可及一言論者也矣、

一　地頭得分雑掌下司抑留等事

右、条々、和与之上者、地頭永令停止訴訟畢矣、

一　建治二三・弘安元二三御米并色々御年貢、寺社勘析身代、下司名得分等、地頭抑留事

右、条々、和与之上者、雑掌可止訴訟者也矣、

一　入藍事

右、領家方、任先例、以参尺五寸囲縄、被徴納之上者、地頭同不可相違者也、此外藍間以下事、可任先例、若地頭致非法者、可被申行罪科矣、

以前条々、和与如件、凡当庄所務事、弘安二年二月十五日、(一二七九)雑掌預御下知之処、地頭令違背之間、就雑掌之訴、

正応二年（一二八九）両方和与畢、而地頭違犯彼状之旨、雑掌被訴申之間、雖被申賜関東御注進、条々相互重令和与畢、向後於所務条々者、守正応二年（一二八九）幷今和与状、雖為一事、不可令違犯、若於令変改者、可被召地頭職之由、被訴申之時、不可及一論者也、又雑掌寄事於左右、雖経訴訟、非沙汰之限、仍和与之状如件、

正応五年（一二九二）十一月卅日

地頭代沙弥了意（花押）

雑掌僧勝道（花押）

（裏書）「為向後証文、奉行人所加判也、

采女佐三善（花押）

沙弥（花押）」

〔史料五〕[14]

薩摩国伊作庄雑掌勝道与地頭下野彦三郎左衛門尉忠長代了意相論所務事

右、就大友兵庫入道々忍去年十月廿日注進状、欲有其沙汰之処、去年卅日両方出和与状畢、然則、任彼状、両方可令致沙汰也者、依鎌倉殿仰、下知如件、

正応五年（一二九二）十二月十六日

陸奥守平朝臣（北条宣時）（花押）

相模守平朝臣（北条貞時）（花押）

史料四は、薩摩国伊作庄・日置北郷の所務に関し、雑掌勝道と地頭代了意が作成した和与状である。幕府はこの和与の公認申請をうけ、和与状に奉行人が裏封をし、返付しているが、ここには日付が記されていない。史料五はその

和与裁許状である。
この史料四の和与状は、史料二と同様に雑掌・地頭間の所務に関する和与状であり、この二通の比較より、日付の明示が内容によって左右されるものではないということが明らかとなる。

〔史料六〕(15)

地頭義清和与状

和与

摂津国輪田庄西方領家与地頭所務条々事

右、両方及上訴、雖番訴陳、相互以和与之儀、為地頭請所上者、公用銭柒拾貫文加納加定、毎年二月中、於京都可沙汰進候、但大損亡之時者、可令遂検見給、若彼公用致未進懈怠候者、如元令雑掌庄務給之時、不可申子細候、仍為後日、和与之状如件、

永仁六年(一二九八)正月十八日　　地頭代橘義清在判

(裏書)「為向後証文、奉行人所封裏也、　　藤原在判　　三善　」

〔史料七〕(16)

摂津国輪田庄西方領家月輪侍従入道室雑掌了信与地頭佐久間兵衛大郎息女平氏代生覚義清相論所務幷年貢事、

右、就訴陳状、欲有其沙汰之処、今年正月十八日両方出和与状了、此上不及異儀歟、然則、於自今以後者、守彼状、可致其沙汰也、仍下知如件、

永仁六年（一二九八）二月二日

右近将監平朝臣（北条宗方）在判
前上野介平朝臣（北条宗宣）在判

史料六は、摂津国輪田庄の所務に関する領家・地頭間の和与状である。地頭請所として和与が成ったわけであるが、この和与状の裏封にも日付が記されていない。次に示した史料七がこの訴訟に関する和与裁許状である。この和与裁許状は先の史料三と同様に六波羅探題より発給されているが、史料六の和与状の裏封には史料二とは異なり日付が記されていない。つまり、和与公認が同じ機関でなされても日付の有無が生じているのである。

史料四や史料六のように、裏封に日付が示されない和与状が十五通残存しているが、先の検討より、日付の有無が生じるのは、その内容でも、公認機関によるものでもないことが明らかとなった。それでは何を契機としているのであろうか。

二　外題安堵

1　幕府による譲状への外題安堵

先にも述べたとおり、徳治二年（一三〇七）四月七日という日付を初見とし、その後、記されないものが四通見られるが、文保年間以後はいずれの和与状の裏封にも日付が記されるようになる。ここで注目すべき鎌倉幕府内の制度上の変更として、この徳治二年（一三〇七）の四年前、嘉元元年（一三〇三）に譲与安堵の方式が外題安堵に改められているということがあげられる。外題安堵とは、財産等の譲与の公認申請に対し、提出されてきた譲状の袖や奥に、安堵文言を記し、執権・連署が署判を加えて、譲与行為を公認することであるが、そこには必ず公認の日付が記されている。譲状も本来、財産等の譲渡者から被譲渡者へ与えられた私文書であり、幕府はこの譲渡行為に対する公認申請をうけ、従来は、将軍家政所下文・関東下知状を発給して譲渡行為を安堵・公認していたが、嘉元元年（一三〇三）に至り、譲与安堵の方式が外題安堵に改められてからは、提出されてきた譲状に執権・連署が署判を加えて、譲与行為を安堵・公認するようになるのである。将軍家政所下文・関東下知状の発給にかわり、本来、私文書であった譲状への執権・連署の加判をもって公文書的性格を付与して安堵状にかえたのである。次に示す史料八はその一例である。

〔史料八〕(17)

譲渡

越後国小泉庄内色部條地頭職事

右、以子息三郎平長倫為総領、相副次第手続証文等、所譲与也、但次男又童、女子福丈・満徳等譲分除之、庶子分注文有別紙、仍無他妨、先例可令致其沙汰之状如件、

正和五年四月十九日（一三一六）　　平長綱（花押）

「任此状、可令領掌之由、依仰下知如件、

文保二年六月十九日（一三一八）

相模守（北条高時）（花押）

武蔵守（北条貞顕）（花押）」

史料八は、越後国小泉庄色部條地頭職を平長綱が子息平長倫に譲与した際の譲状である。幕府は譲与安堵申請に対し、譲状の奥に安堵文言を記したうえ、執権・連署が署判を加えて、譲与安堵を行っている。このような譲状への外

題安堵が『鎌倉遺文』には六十七通見られる。

2　鎌倉時代以前の外題安堵

〔史料九〕[18]

高田郡司散位藤原守満解申請国裁事

請□（被）殊任道理裁下、三田郷幷私領別符重行嫡男守頼譲与子細状、

謹案事情、守満臨八九十歳タリ、因之且所譲与也、公験相副、為国判申請、注在状言上、以解、

永承三年（一〇四八）七月二日　　散位藤原守満

判

「如解状、任公験之理、守頼永以可領知之、

大介中原朝臣（花押）」

史料九は、安芸国高田郡司藤原守満が、三田郷と私領を嫡男守頼に譲渡した際の文書であり、譲渡行為に関し、国司の承認を求めた申請書である。それに対し、国司中原朝臣が外題に安堵文言を示し、返付している。これは平安時代の譲状の一例であるが、譲渡者の所属する地方行政機関等に譲渡行為を承認してもらうために作成・提出された上申文書であり、外題に公認文言と承認権者による署判が加えられ、申請者に返付されている。鎌倉時代の譲状、幕府の行う譲与安堵手続きとは明らかに相違するものである。

3　譲状以外への外題署判

鎌倉時代から南北朝期、特に南北朝内乱期に多く見られる着到状・軍忠状も上申文書であり、軍事指揮権を有する武将等の署判が加えられて、返付され、後の恩賞請求の際の証文とされている。

〔史料十〕[19]

美作国河□(会)郷地頭渋谷五郎四郎重村、依朝原八郎事、令参洛候、以此旨、可有洩御披露候、恐惶謹言、

(正応三年)(一二九〇)四月廿一日　　平重村（裏花押）

進上　御奉行所

「承了、(北条兼時)（花押）」

〔史料十一〕[20]

美作国河会郷一分地頭渋谷五郎四郎重村、依朝原八郎事、令参路(洛)候、以此旨、可有洩御披露候、恐惶謹言、

(正応三年)(一二九〇)四月廿一日　　平重村（裏花押）

進上　御奉行所

「承了、(北条盛房)（花押）」

史料十・十一は、美作国の御家人渋谷重村が、朝原為頼による内裏乱入事件後[21]、催促に応じて上洛した際に南北両六波羅探題にそれぞれ提出した着到状である。残存する着到状の例としては古いものであり、両探題にそれぞれ提出

し、それぞれに署判をうけているものである。

三　和与状裏封と譲状外題安堵の関係

荻野三七彦氏の分類[22]に従えば、和与状・譲状・着到状はいずれも「私人の資格によって差し出す文書」であるので「私文書」と規定される。しかし、平安時代の譲状や鎌倉時代から南北朝期の着到状・軍忠状はいずれも上申文書であり、当初より公的機関からの返付を期待された、複合文書たることを期待された文書であって、先の和与状、あるいは鎌倉時代の譲状が、訴人・論人間、譲渡者・被譲渡者間で交わされた文書であるのとは趣を異にする。同じ「私人の資格によって差し出す文書」であっても、その受給者の性格が異なるのである。発給主体に加え、受給者にも着目し、文書を分類した場合、前者は「公的機関宛て私文書」、後者は「私人宛て私文書」とすることができる。

和与状は、訴訟停止のため、和与行為の公認を求めて幕府に提出されたものであり、鎌倉時代の譲状は、譲渡行為に関する安堵申請の証拠文書として、幕府に提出されたものである。しかし、いずれの文書も様式上は当事者間の「私人宛て私文書」の域を出るものではない。幕府等公的機関の発行する文書でもなく、幕府等への上申文書でもない、個人と個人との間で取り交わされた「私人宛て私文書」なのである。繰り返しになるが、その証拠として、史料一で確認したように、和与裁許状の発給されていない和与は「私和与」として公的拘束力を有さないのである。そしてこの本来私的な「私人宛て私文書」に、担当奉行人、あるいは執権・連署の署判が据えられることによって公文書的性格が付与された複合文書となるのである。

佐藤進一氏はかつて、譲与安堵方式の外題安堵へのきりかえを、惣領制崩壊・庶子の独立承認と結びつけて論じられた[23]。しかし、なぜ外題安堵だったのであろうか。二百年以上前の上申形態に戻そうとしたのであろうか。

さらに、佐藤氏は、安堵状の様式を受給者によって幕府は使い分けていたと論じた。つまり、嫡子には将軍家政所下文を、庶子には関東下知状をもって安堵状としていたとされたのである[24]。これに対し、青山幹哉氏が文書の網羅的検討から、先の文書様式の区別は文永八年（一二七一）から弘安十年（一二八七）の頃に限定され、しかもすべてに対して適用できるものではないと指摘された[25]。この事実より、嘉元元年（一三〇三）の譲与安堵方式の外題安堵へのきりかえを、嫡庶による区別撤廃から、さらに惣領制崩壊・庶子の独立承認へと直接的に結びつけて考えることは難しいと思われる。

鎌倉時代後期、訴訟の迅速化がはかられ、和与裁許が増加するなかにおいて[26]、譲与安堵の方式も迅速化・簡素化がはかられたものと考えられる。譲与安堵の申請機関として安堵奉行が設置され[27]、安堵事務の専権化がはかられている。

〔史料十二〕

一　安堵奉行事

称召調訴陳状、徒送年月之條、尤不便、為譲状顕然者、早成与御下文、於有子細事者、即可賦出引付、

さらに、史料十二に示した追加法五五五条にみられるように譲与安堵の迅速化がはかられたのである。この様な幕府の方針の帰結として、事務手続き上の簡略化からも将軍家政所下文・関東下知状の発給にかわり、提出されてきた譲状への外題安堵をもって譲与行為の公認を行ったものと考えられるのである。

また、佐藤氏が指摘されたように[28]、外題安堵はその文言や署判様式から「下知状と御教書の混成」様式と考えられ、将軍家政所下文と下知状・御教書の発給主体・性格を考え合せたとき、その政治的背景として、譲与安堵権を執権が掌握したことが推知されるのであり、青山氏の言われる「「御恩」授給[29]」権の執権によるさらなる掌握を見ることが

できるのである。ただしここで譲与安堵権・「「御恩」授給」権の執権による掌握だけに注目するのであれば、譲与安堵はすべて下知状をもって成されてもよいとも考えられ、外題安堵の必要性が失われてしまう。やはりここに譲与安堵の迅速化が要求されての外題安堵であったと考えられるのではないだろうか。

譲渡行為の安堵申請のため提出されてきた譲状は、譲渡者・被譲渡者間で交わされた「私人宛て私文書」であった。その公認の際に、新たなる文書発給にかわる、最も簡潔で早い公文書化が譲状への外題安堵であったのである。そして鎌倉幕府におけるその原形が、和与状への奉行人裏封であったと考えられるのである。和与状も本来、訴訟当事者間の「私人宛て私文書」であり、その公文書的性格付与に、奉行人による裏封が行われていた。この和与状への公文書的性格付与に倣い、同様に「私人宛て私文書」であった譲状に外題安堵をもって公文書的性格を付与したのである。鎌倉幕府による「私人宛て私文書」への公文書的性格付与の方針がここにみられるのである。その一方で、和与状への裏封も譲状への外題安堵の影響を受け、現存する最も古いものは徳治年間のものではあるが、おそらく嘉元年間以後、徐々に日付を記すようになり、文保年間以後は外題安堵と同様に必ず和与公認の日付を記すようになり、今日我々に和与裁許状下付と和与状の公認・返付が同時になされたことを示してくれているのである。(30)

本来私文書であった和与状が、奉行人による裏封がなされて返付され、複合文書として公文書的性格を付与されたのに倣い、執権による譲与安堵権掌握を政治的背景として、同じく私文書であった譲状が、外題安堵をうけることによって、複合文書として公文書的性格を付与されたのである。

註

（1）「公文書」は『国史大辞典』5巻（吉川弘文館、一九八四年）。「私文書」は『国史大辞典』7巻（吉川弘文館、一九八六年）。

（2）「公文書」のうち公式様として詔書・勅書・位記・令旨・符・解・牒・過所を、公家様として宣旨・官宣旨・庁宣・大府宣・綸旨・

御教書を、武家様として下文・下知状・御教書・奉書・直状・書下・印判状を例としてあげられている。一方「私文書」の例としては、解・申状、訴状（目安）・陳状・和与状・請文・譲状・処分状・配分状・避状（去状）・相博状・紛失状・売券（沽却状・売渡証文）・契状（契約状）・願文・寄進状（施入状）・勧進状・奉加状・起請文（誓紙）・表白・諷誦文・印可・印信・伝授書・安名・着到状・軍忠状・諸注文（頚注文・合戦手負注文・合戦太刀打注文）・感状をそれぞれの性格から分類されながらあげられている。

（3）『国史大辞典』における複合文書の規定は、高橋正彦氏がなされており、本章はこの規定に従って論を進める。

（4）平山行三『和与の研究』（吉川弘文館、一九六四年）。

（5）佐藤進一『古文書学入門』（法政大学出版局、一九七一年、新版一九九七年。佐藤進一第一著書）。

平山行三氏は訴論人連署の和与状に関し、前掲著書において、和与公認「申請を行うばあい、申請者は、敵方から受け取った和与状に自己の署判を加えて捧げるのが例であったようである。そこで、和与状の正本は、訴論人連署のかたちで伝わっているものが多いのである」とされている。

（6）平山行三氏が前掲著書において、史料をあげて詳細に論じられている。

（7）瀬野精一郎『増訂鎌倉幕府裁許状集』（吉川弘文館、一九八七年）によると、関東よりの和与裁許状が六十五通、六波羅探題よりの和与裁許状が三十一通、鎮西探題よりの和与裁許状が四十通、合計百三十六通の和与裁許状が残存している。

（8）単純に和与状と和与裁許状の日付の差を見てみると、一年以上かかった案件もあれば、数日にして和与裁許状が発給された場合もある。最も短いものでは、「山城若王子神社文書」元応元年（一三一九）十二月二十六日付淡路国由良庄雑掌地頭和与状（『鎌倉遺文』二七三四七号）に対する和与裁許状が翌日付けで関東より発給されている（『鎌倉遺文』二七三四八号）。

（9）「禰寝文書」（『鎌倉遺文』二八六〇二号）。

（10）「山内首藤文書」（『鎌倉遺文』二三四八二B号）。

（11）「山内首藤文書」（『鎌倉遺文』二三四九〇号）。

（12）表25の12号。乾元二年（一三〇三）四月二十六日付平子重有和与状（「長門三浦文書」〈『鎌倉遺文』二一四五八号〉）。

（13）「島津家文書」（『鎌倉遺文』一八〇五六号）。

（14）「島津家文書」（『鎌倉遺文』一八〇六九号）。

（15）「九條家文書」（『鎌倉遺文』一九五八〇号）。

(16)「九條家文書」(『鎌倉遺文』一九五九五号)。
(17)「出羽色部文書」(『鎌倉遺文』二五八一八号)。
(18)「厳島神社文書」(『平安遺文』六六二号)。
(19)「入来院岡元家文書」(『鎌倉遺文』一七三二一号)。
(20)「入来院岡元家文書」(『鎌倉遺文』一七三二二号)。
(21)正応三年(一二九〇)三月九日夜、朝原為頼が子息らとともに騎馬で内裏に押し入り、伏見天皇と皇太子(のちの後伏見天皇)の命を狙った事件。天皇らは機転を利かして逃れて事なきを得た。為頼らは馳せつけた篝屋の武士らに対し敵わぬと知り自害した。
(22)前掲『国史大辞典』における分類。
(23)佐藤進一「幕府論」(『新日本史講座』中央公論社、一九四九年。のち『日本中世史論集』岩波書店、一九九〇年)。
(24)佐藤進一前掲論文。前掲著書や『日本の中世社会』(岩波書店、一九八三年、佐藤進一第二著書)にも記されている。
(25)青山幹哉「「御恩」授給文書様式にみる鎌倉幕府権力」(『古文書研究』第二五号、一九八六年)。
(26)古澤直人『鎌倉幕府と中世国家』(校倉書房、一九九一年)。古澤氏はこの著書の一六四頁に和与裁許の増加を示すグラフを載せられている。
(27)笠松宏至氏の指摘によれば(「中世の安堵」〈『日本の社会史』第四巻負担と贈与、岩波書店、一九八六年〉)、永仁六年(一二九八)八月十日付関東下知状(「紀伊御池坊文書」〈『鎌倉遺文』一九七六四号〉)に「文永八年属安堵奉行人、掠給下文歟」とあるのが、安堵奉行人についての最も早い史料であり、文永八年(一二七一)ごろには安堵奉行人がおかれていたことがわかる。また、『沙汰未練書』によると三方の奉行人が存在した。
(28)佐藤進一第二著書。
(29)青山幹哉前掲論文。
(30)『鎌倉遺文』によると、表25の28号の和与状裏封の日付は正中二年(一三二五)十月二十七日となっており、和与裁許状の十月七日と異なってしまうが、写真版で確認したところ、和与状裏封の日付は正中二年(一三二五)十月七日であり、『鎌倉遺文』の誤りである。和与状裏封の日付と和与裁許状の日付は同日であり、本文と矛盾するものではない。

第二章　鎌倉時代軍事関係文書

はじめに

鎌倉時代の文書を通覧すると軍事関係文書が多く残存している。そこで本章では鎌倉時代の軍事関係文書を「機能論」の視点から検討することとする。軍事関係文書を「機能論」から検討した先行研究としては、五味克夫氏(1)・川添昭二氏(2)・瀬野精一郎氏(3)・荻野三七彦氏(4)・松井輝昭氏(5)・河音能平氏(6)・工藤敬一氏(7)・漆原徹氏(8)らの研究がある。(9)これら諸氏の研究を参考とし、「機能論」の視点から鎌倉時代の軍事関係文書を分類すると次のようになる。

一　軍勢催促状
二　着　到　状
三　軍　忠　状
四　問状・召文・請文
五　覆　勘　状
六　挙　　　状
七　感　　　状

諸氏の先行研究は各論的なものが多く、軍事関係文書を網羅的にあつかったものではない。本章では右記の文書群を「機能論」の視点から各論で検討・整理するが、あわせて、鎌倉幕府体制下における軍勢催促に始まり恩賞給付へと向かう一連の手続きも探ることとする。

以下、それぞれの文書に関し、検討を進めていく。

一　軍勢催促状

軍勢催促状の初見は、萩野三七彦氏・工藤敬一氏も指摘しているように(10)、次に示す頼朝による奥州征伐の際のものである。

〔史料一〕(11)

（源頼朝）
（花押）

下　嶋津庄地頭忠久
　可令早召進庄官等事
右、件庄官之中、具武器之輩、帯兵杖、来七月十日以前、可参着関東也、且為入見参、各可存忠節之状如件、
　文治五年（一一八九）二月九日

右の史料一に関しては、黒川高明氏が「検討ノ要アリ」とされている(12)。しかし、上島有氏が足利尊氏文書の一連の研究で明らかにされたように(13)、疑文書であってもその元となった文書が存在する場合があり、この頼朝袖判下文も偽文書として切り捨ててしまうには逆に問題が残るように思われる。文治五年（一一八九）二月九日付で発給されたこ

の軍勢催促状は、島津忠久に対し、七月十日以前に鎌倉に参着するよう求めており、奥州藤原氏征討のための準備であることがわかる。黒川氏は花押の「線が細く筆勢を感じられない点」と料紙の横幅がやや狭小という点から本文書を「検討ノ要アリ」とされたのであるが、少なくとも同文ないし類似の文言を有する軍勢催促状が当時多数発給された可能性はきわめて高いものと推測できる。

さて、史料一のような軍勢催促状は、以後しばらくの間、見られない。承久の乱の際に発給された義時奉書が[14]『吾妻鏡』に見られるが、文書の形態を整えておらず、ここでは、検討の対象からはずした。

次に管見に触れた軍勢催促状は[15]蒙古の襲来が予測された文永八年（一二七一）のものである。漆原徹氏は次の史料二を軍勢催促状の初見例と[16]されているが、先の史料一が内容からも軍勢催促状の初見とすべきであろう。

〔史料二〕[17]

蒙古人可襲来之由、有其聞之間、所差遣御家人等於鎮西也、早速自身下向肥後国所領、相伴守護人(名越時章)、且令致異国之防禦、且可鎮領内之悪党者、依仰執達如件、

文永八年(一二七一)九月十三日　　相模守(北条時宗)（花押）

左京権大夫(北条政村)（花押）

小代右衛門尉(重俊)子息等

小代右衛門尉の子息等に対し、自身速やかに肥後国の所領に下向し、守護の指揮のもと異国防禦および領内の悪党鎮圧に当たるよう命じたものである。同日付けの文書が阿多北方地頭二階堂行景妻忍照にも発給されており[18]、こちらは代官の下向を命じている。実際の戦闘が予測される場面での軍勢催促のため、女性の地頭正員に代わる器用の代官、すなわち、戦闘能力のある男性の地頭代官の下向が命じられたのである。

史料二および同日付け阿多北方地頭宛の二通は幕府より直接御家人に宛てて発給された軍勢催促の関東御教書であるが、関東の命令を受けた守護が管国御家人に宛てて要害守護を命じた軍勢催促の機能をもつ文書もあり、その初見が次の史料三である。

〔史料三〕[19]

筑前・肥前両国要害守護事、東国人々下向程、至来三月晦日、相催奉行国々御家人、可警固之由、関東御教書到来、仍且請取役所、且為差置御家人御代官等、已打越候畢、不日相尋于彼所、無懈怠、可令勤仕候也、恐々謹言、

文永九年（一二七二）二月朔日　　頼泰（大友）（花押）

野上太郎（資直）殿

その後、文永の役の際に、少弐資能からの合戦報告を受けた幕府は、安芸国守護武田信時に対して任国へ下向し、防戦に努めるよう命令を下し[20]、また石見国に所領を有する御家人に対しても石見国に下向し、守護の指揮下に禦戦に当たることを命じている[21]。この間、九州の非御家人に対し、蒙古合戦において軍功を致せば抽賞すべきことを告知するよう大友頼泰に命じた関東御教書も発給されている。次の史料四がその関東御教書である。

〔史料四〕[22]

蒙古人襲来対馬・壱岐、致合戦之間、所被差遣軍兵也、且九国住人等、其身縦雖不御家人、有致軍功之輩者、可被抽賞之由、普可令告知之状、依仰執達如件、

文永十一年（一二七四）十一月一日

武蔵守（北条義政）在判

相模守（北条時宗）在判

大友兵庫頭（頼泰）入道殿

右に対し、建治元年（一二七五）七月には蒙古合戦時の不忠の罪科に関する関東御教書(23)も発給されている。

文永の役後には異国警固番役の結番が組まれ、九国を四班に分け春夏秋冬三ヵ月ずつをそれぞれ勤仕するようになる。(24)さらに、長門国警固の御家人が不足していることより、周防・安芸・備後の各国御家人が警固の任にあたるよう、また異賊襲来に際しては四ヵ国の御家人が協力して防戦に努めるよう命じる関東御教書(25)も発給される。

建治元年（一二七五）十二月、幕府は西国諸国に異国征伐のための軍勢催促を行った。

〔史料五〕(26)

明年三月比、可被征伐異国也、梶取・水手等、鎮西若令不足者、可省充山陰・山陽・南街道等之由、被仰大宰少弐経資了、仰安芸国海辺知行之地頭御家人・本所一円地等、兼日催儲梶取・水手等、経資令相触者、守彼配分之員数、早速可令送遣博多也者、依仰執達如件、

建治元年（一二七五）十二月八日　　武蔵守（北条義政）
　　相模守（北条時宗）在判

武田五郎次郎（信時）殿

また、異国征伐のための軍勢発向時の石築地役を命じた守護少弐経資発給文書(27)も残る。異国征伐は実施には到らなかったが、西国諸国の軍勢催促体制はそのままその後の異国警固番役に活かされることになる。

〔史料六〕(28)

鎮西警固事、蒙古異賊等、明年四月中可襲来云々、早向役所、厳密可致用心、近年守護御家人、或依所務之相論、或就検断之沙汰、多以不和之間、無用心儀之由、有其聞、挿自身之宿意、不顧天下大難之条、甚不忠也、御家人

已下軍兵等者、随守護命、可致防戦之忠、守護人亦不論親疎、注進忠否、可申行賞罰也、相互於背仰者、永可被処不忠之重科、以此旨、可相触国中之状、依仰執達如件、

弘安三年（一二八〇）十二月八日　　相模守（北条時宗）在判

大友（頼泰）兵庫頭入道殿

右の関東御教書は弘安の役を予測した幕府が大友頼泰に宛てた軍勢催促状であるが、同日付けの文書が少弐経資宛てにも発給されており、少弐経資は武雄大宮司に宛てて軍勢催促状を発給している(29)。また、弘安の役に際し、幕府は本所一円地への兵糧米点定を申し入れ(30)、さらに、寺田太郎入道に対し北条時業の播磨下向を伝え、時業に従って防戦の忠を行うよう命じた関東御教書が(31)、また児玉氏に対しては子息を安芸国の所領へ下向させ、守護に従って長門における防戦の忠を命じる関東御教書が(32)発給されている。弘安の役後も異国警固番役の軍勢催促は継続され(33)、それに準ずる石築地役催促の文書(34)、警固用の舟・族・釘等を催促した文書(35)も残存している。異国警固番役勤仕は、幕府御家人の軍役と考えられ、番役勤仕をめぐって一族内で訴訟もおこっており(36)、ここには庶子家の惣領家からの独立傾向が見てとれる(37)。

弘安の役後の異国警固体制等に関する関係文書を通覧してみると、まず、六波羅探題から野上資直に宛てて上洛の禁止、警固を命じる御教書が(38)発給されている。次には薩摩国守護島津忠宗に宛て、北条兼時・時家の鎮西下向を伝え、兼時に従い国中の御家人・非御家人を率いて防戦の忠を抽んじるように命じている(39)。また、関東より少弐経資に本所一円地の対捍を注進するように命じる御教書が(40)発給されている。肥前国守護北条定宗は龍造寺家清に軍勢の人数を注進するように命じ(41)、嘉元年間には鎮西探題北条政顕が渋谷重棟に宛てて異国警固番役勤仕の実否を尋ね、交名人等には請文の執り進めを行うように命じている(42)。これをうけて渋谷重棟は大隅助三郎宛て書下(43)を発給している。

異国警固からは離れるが、その後、元徳二年（一三三〇）の和泉国大鳥庄住人等覚らの謀反に際しては、六波羅探題から城郭破却・交名人の注進が命じられ、(44)それに対する請文(45)も残存する。

元弘の変に際し発給された軍勢催促状としては次の文書が残存している。

〔史料七(46)〕

笠置寺・輪塚両所間、凶徒等楯籠之由、有其聞、不廻時剋馳向、可抽合戦忠之状如件、

元弘元年（一三三一）九月二日　（北条仲時）（花押）

隅田庄人々

この元弘の変に際しては、(47)幕府から鎮西探題北条英時に宛てて次のような命令が出されている。九州の地頭御家人は上洛せずに、次の命令を待つように伝えよ、という命令である。(48)また、六波羅探題へは北条貞真・北条貞冬・足利高氏の下向を伝えている。(49)さらに、鎮西探題から島津貞久に宛てた御教書(50)には、管国御家人が守護の催促に応じるように、役所を捨て他国へ向かったり、子息親類を分遣したりすることがないように命じるようにと記されており、島津貞久の施行状(51)も残存している。

以上、戦時および準戦時体制としての異国警固番役・石築地役についての軍勢催促状を中心に通覧したが、ついで平時における軍勢催促としての京都大番役催促を見てみることにする。

〔史料八(52)〕

前右大将家政所下　和泉国御家人等

可早随左衛門尉平義連催促勤仕大内大番事

右、御家人等、随彼義連之催促、無懈怠可勤仕大内大番役之状、所仰如件、以下、

建久七年（一一九六）十一月七日　安主清□
知家事中原□
令大蔵丞藤原判
別当兵庫頭中原朝臣判
散位藤原朝臣判

右の史料八は京都大番役催促の早い例であり、将軍家政所下文で発給されているが、のちには次に示す史料九のような関東御教書様式の文書に切り替わる。

〔史料九〕[53]

京都大番役事、自明年正月一日至六月晦日、随番頭足利三郎之催、可令勤仕□（之状）、依仰執達如件、
正嘉三年（一二五九）二月廿日　武蔵守（北条長時）（花押）
相模守（北条政村）（花押）
深堀太郎（時光）殿

また、守護発給の催促状も残存する。関東御教書を施行したものである。

〔史料十〕[54]

京都大番勤仕事、御教書案文遣之、早任被仰下之旨、可被参勤候、但寄事於老耄出家、被立代官事、御誡候也、可被存其旨之状如件、
弘長二年（一二六二）八月十一日　沙弥（島津忠時）（花押）
薩摩郡平三郎殿

支配注文等を含めた京都大番役関係の文書一覧は表33に示す。この京都大番役を懈怠した場合の罰則規定もあり、「新編追加」(55)に記されている。

上記以外の軍勢催促の一端としては史料十一のような海上警固・海賊取締り命令も発せられている。この文書一覧を表34に示す。

〔史料十一〕(56)

西国并熊野浦々海賊事、近日蜂起之由、有其聞、早致警固、可搦進之状、依仰執達如件、

徳治二年（一三〇七）三月廿五日　　陸奥守（北条宗宣）（花押）

相模守（北条師時）（花押）

河野六郎（通有）殿

以上、通覧してきたように、軍勢催促状には奥州征伐・蒙古襲来・元弘の変などという戦時に際しての軍勢催促に加え、準戦時体制としての異国警固番役・石築地役催促のもの、さらに平時における京都大番役催促を命ずる文書を見ることができる。また、軍勢催促状には、謀反人の召し進めや、海上警固・海賊取締りを命じるなど治安維持のために発給されたものが確認できた。戦時、準戦時体制および平時に軍兵を催促する機能を持つ文書はすべて軍勢催促状と定義すべきであろう。

二　着到状

『吾妻鏡』文治五年（一一八九）七月二十八日条に「着新渡戸駅給、已奥州近々之間、為知食軍勢、仰御家人等面々、

被注手勢、仍各進其着到、城四郎郎従二百余人也。二品令驚給」とある。奥州合戦の際に頼朝は軍勢を掌握するために、御家人それぞれに「着到」を提出させ、そのうちの城四郎の郎従の多さに驚いている。この記事から軍勢として出頭した意味を持つ着到を上申した文書の存在を知ることができる。しかし、残念ながらこのころの着到に関する文書は残存していない。

十三世紀半ばになると、着到を証明するために作成されたと考えられる文書が残存する。その初見文書が次の史料十二、「和泉国御家人着到注文」である。

〔史料十二〕(57)

(端裏書)
「着到御家人割符」

御家人着到有

正嘉二年(一二五八)三月廿日、高野御幸、同廿二日政所御所御宿直、和泉国地頭御家人着到次第不同

一　御家人

鳥取兵衛次郎	信達源太
近木金剛丸	神崎四郎
馬郡左衛門尉	箕形右衛門尉代三郎兵衛尉
池田中務入道代紀藤次	同馬入道代藤次
石津左衛門尉	菱木左衛門尉
肥後入道代兵衛尉	八木左衛門尉
同近藤左衛門尉	同弥平次太郎

塩穴中務丞代子息兵衛尉
大鳥右衛門尉
八田兵衛尉
宇田伊賀房
高志右衛門太郎
和田左近太郎
加□南□義連房代経宗
同神主代五郎

籾井参河房
治間馬太郎
同後源次
林兵衛尉代九郎
若松刑部丞代右衛門尉
取石大進房
信太右衛門尉代二郎
磯□兵衛尉

已上卅人

守護人佐治左衛門尉

関東御判披露之処、尤神妙之由候也者、□

（北条長時）武蔵守□
（北条政村）相模守□

右の注文作成の主体を佐藤進一氏は「守護人佐治左衛門尉」とされている[58]。仮に佐藤氏の言われるごとく佐治左衛門尉が注文作成者とすると、文書奥の「披露之処、尤神妙之由候也者」の文言と執権北条長時・連署北条政村の署判は注文作成当初は存在せず、佐治左衛門尉から幕府へ提出された後にこの注文に書き加えられたものとなる。その後この文書は佐治左衛門尉に返却されて、そこでおそらく複数の写しが作成され、注文に名前があがっている御家人らに配付されたものの一通が、御家人和田氏の手に渡り残存したものと考えられる。つまり御家人和田氏にとってこの文書は、着到を証明する文書として効力を期待されたものとなったのであり、正文が守護の手元にあるにせよ、執権・連署の証判が加えられた複合文書であったのである。

荻野三七彦氏・河音能平氏・工藤敬一氏・漆原徹氏が指摘される複合文書としての着到状の初見は[59]、次に示す史料十三である。朝原為頼による宮中乱入事件に際し、広峯長祐が六波羅探題へ提出し、探題による着到確認、証判の後、広峯長祐に返却された文書である。

〔史料十三〕[60]

播磨国御家人広峯治部法橋長祐、依朝原八郎事、馳参候、以此旨、可有御披露候、恐惶謹言、

正応三年（一二九〇）卯月十日　　法橋長祐上

進上　御奉行所

「承了、（花押）（北条兼時）」

この事件に際し、着到状は南北両探題へそれぞれ提出されたと考えられ、「入来院岡元家文書」には、北方探題北条兼時証判の着到状と南方探題北条盛房証判の着到状の二通が残存している[61]。

しかし、それより以前、文永九年（一二七二）二月十二日付「北門宿直着到」は後の上申様式の着到状とは書式を異にするが、執権北条時宗の証判を有し、着到を証明する文書として効力を期待された文書と位置づけられるもの[62]と考えられ、佐藤進一氏はこの文書を着到状の初見とされている[63]。

〔史料十四〕[64]

北御門御宿直但馬弥二郎屋形著到

但馬平三郎入道　　同弥二郎

同　弥三郎　　　中野弥六
上嶋五郎四郎　　同　三郎
牧田又太郎　　　中村二郎太郎
比治刑部左衛門尉
文永九年（一二七二）二月十二日
「承了、（花押）（北条時宗）」

これら先行研究に対し、管見の限りでは、上申文書に証判の加えられた複合文書としての着到状の様式を有する初見文書は次に示す史料十五の霜月騒動に際しての文書であると考える。[65]

〔史料十五〕

播磨国御家人広峯兵衛大輔子息長祐、依関東御事参上仕候、以此旨、可有御披露、恐惶謹言、
弘安八年（一二八五）十一月廿三日
平左近将監殿
承判

その後、平禅門の乱の際に、九州各国の御家人が、鎮西探題に提出した着到状が散見され、永仁六年（一二九八）の山門の騒動、嘉元三年（一三〇五）の北条宗方討伐時の着到状も残存する。さらに、正中の変、元弘の変に際し、九州各国の御家人が、鎮西探題に提出した着到状が残っている。これら着到状の一覧を表35に示す。[66]

さて、複合文書である着到状の登場の意味について河音能平氏が次のように記されている。

幕府の軍勢催促状をうけるとはせ参じるのが御家人たちの当然の義務であって、出頭しなければ所領は没収され

た。しかし、出頭したことを文書で六波羅探題によって確認してもらったということ（着到状）は出頭そのことが一種の軍功として評価されたことを意味している。したがって出頭しなかった御家人もいて、しかも所領没収などの罪科に処せられることもなかったと推定される。したがって着到状の登場は幕府の政治的権威の失墜を意味したばかりでなく、十六世紀にむかって深まってゆく封建的アナーキーのはじまりを意味していたのである。「十六世紀にむかって深まってゆく封建的アナーキーのはじまりを意味していたのである」の部分は保留するが、「出頭そのことが一種の軍功として評価された」ことは確かであろう。「和泉国御家人着到注文」や「北門宿直着到」は、着到者の名簿に執権あるいは執権・連署の証判をもって着到が証明されたものであり、その後、着到状が複合文書として出頭した御家人の手元に残存するようになるのは、御家人が恩賞請求に際し、この着到状の効力を期待し、活用したことをあらわしていると推知される。

以上を整理すると次のようになる。鎌倉時代初頭、軍勢催促に応じて出頭した御家人が着到した旨を記して提出した上申文書があったことを知ることができる。しかし、この文書は残存せず、よってその機能も測り難い。後に、軍勢催促に応じて出頭した御家人が着到した旨を記して提出した上申文書に、軍勢催促者か、または認定代行者としての奉行人が着到を了承した旨の文言と証判を加えて着到した御家人に返却した複合文書が登場する。着到の証明が出頭した御家人の手元に残存していることから、御家人は後の恩賞請求に際し、この文書の効力を期待し、活用したと考えられる。この複合文書を着到状と定義する。この観点から着到状を整理した場合、弘安八年（一二八五）十一月二十三日付広峯長祐着到状が複合文書となって御家人の手元に残った着到状の初見と考えられる。それ以前の「和泉国御家人着到注文」や「北門宿直着到」は執権等の証判が記され、出頭した御家人の手元に残存していることから、着到の証明としての効力を期待されたであろうが、出頭した御家人からの上申文書という観点で着到状とは異なり、複合文書となった着到状登場の前段階と位置づけられる。

三　軍　忠　状

相田二郎氏が整理されていることからも、(67)『蒙古襲来絵詞』等にみる蒙古襲来時の戦功認定手続きは次のようになろう。御家人自ら戦功を守護に口頭申請し、それを執筆が記録に取る。その記録をもとに守護は「書下」を作成し鎌倉へ報告する。鎌倉ではその「書下」をもとに戦功を審査し、恩賞給付を決定する。守護による「書下」作成時、あるいは鎌倉における戦功審査時に疑義が生じた場合は、その都度、同所合戦の見知証人に対し問状などによる再審問が行われる。この過程においては複合文書としての軍忠状は登場していない。

しかし、蒙古襲来時の御家人による軍忠申請状としては弘安の役後に比志嶋時範が軍忠認定を願い出た申し状が残存する。佐藤進一氏はこの文書を軍忠状の初見とされているが、(68)この文書は軍忠そのものの認定というよりも、恩賞請求の訴状の面が強いと考えられる。(69)

〔史料十六〕(70)

薩摩国御家人比志嶋五郎二郎源時範謹言

欲早依合戦忠勤、預御注進子細事、

副進

自大炊亮殿（島津長久）所賜証状案文

件條、去年六月廿九日蒙古人之賊船数千余艘襲来壱岐嶋時、時範相具親類河田右衛門尉盛資、渡向彼嶋令防禦事、

大炊亮殿御証状分明也、次月七日鷹嶋合戦之時、自陸地馳向事、以同前、爰時範依合戦之忠勤、為預御裁許、

粗言上如件、

弘安五年（一二八二）二月　日

右記のような軍忠申請状に関し、現地においてその認定作業が行われた。証人に対して後項であげる問状や召文による審問が行われたのである。この認定作業は時にかなりの時間を要することもあり、また恩賞に漏れて軍忠申請者が再度軍忠申請状を提出することもあった[71]。右記の軍忠申請状もこのあと再審問が行われ、島津長久が請文[72]を提出している。現地で軍忠が認定されると、鎌倉にはその軍忠が上申され、一方で軍忠認定者から、蒙古合戦時においては守護から軍忠申請者に鎌倉への注進を伝える書下が発給されている。この文書に関しては後項、覆勘状の項で検討する。

さて、複合文書としての軍忠状の初見を漆原徹氏は正慶二年（一三三三）閏二月二十七日付熊谷直経合戦手負注文[73]と同日付熊谷直氏合戦手負注文[74]とされている[75]。この二通はともに前日に行われた千早城での合戦の際の軍忠申請であり、合戦における手負い申請に対し、奉行人が手負いの状況を「深」「浅」などと書き込んで確認をしたものである。奉行人は同時に証判を加えて申請者に返却し、ここに複合文書としての軍忠状が完成している。次に熊谷直氏合戦手負注文を示す。

〔史料十七〕

（端裏書）「熊谷彦四郎進　　正慶二壬二廿七」

「定恵（花押）

資景（花押）」

熊谷彦四郎直氏申

自楠木城至当城号千岩屋、抽度々御合戦忠節事

右、直氏去年元徳三於楠木城、依致合戦之忠、預恩賞之処、引率一族幷庶子・親類、重可発向之由、自関東就被成下御教書、馳向彼城槨致合戦、直氏幷親類一族等、被疵之間、令進覧同庶子等手屓註進於一紙之処、為野依彦六奉行、被遂実検、書銘被下訖、爰直氏等、今月五日、馳参当城槨、依奉北陣幷堀際、已上両役、所構堀際於高矢蔵埋堀、如斯夙夜忠労異他之上、度々御合戦致忠者也、就中、於昨日廿六日御合戦者、直氏登先、責寄木戸口相戦之処、被打破数十枚之楯、直氏等被疵訖、

一　直氏右股徹骨　「浅」

一　一方地頭又三郎直村家子西條又次郎直正右目下同方大指　「浅」

同人旗差紀四郎男、頂　「被射」「中」

此外被打礫、難令存命之族数輩雖有之、不能註進、仍言上如件、

正慶二年（一三三三）閏二月廿七日

しかし、その直前、史料十八の閏二月八日付で熊谷直経が「奉行所」に宛てた軍忠申請の文書が残存している。『鎌倉遺文』は文書名を「着到状案」としているが、その内容は明らかに軍忠申請である。この文書は複合文書としての軍忠状に不可欠な軍忠認定者の証判が記されていないため、軍忠状と断定できないが、漆原徹氏も指摘されているように、史料十七の「令進覧同庶子等手屓註進於一紙之処、為野依彦六奉行、被遂実検、書銘被下訖」の記述は証判様式の軍忠状がすでに存在していたことを示していると考えられ[76]、史料十八が案文のために軍忠認定者の証判を欠くと考えれば、残存する軍忠状の初見はこの閏二月八日付文書と考えられなくもない[77]。

〔史料十八〕(78)
（端裏書）
「千葉城着案文」
「野依ノ彦六殿取置□（候カ）」
為誅伐大塔宮（護良親王）并楠木兵衛尉正成、可馳参之由、被仰下候之間、熊谷小四郎直経召具一族平次直氏・六郎直朝・五郎四郎直員等、自去二月二十五日迄于同廿八日、於大手木戸口相戦、以数十枝楯土石、最初埋堀、抽夙夜之忠勤候之条、証人分明候、将又、同召具彼一族等、閏二月五日馳向千葉城（龍向楠木城郭）、於大手堀鰭相戦、構矢倉、致終夜之忠勤候之条、又以証人数輩分明候、以此旨、可有御披露候、恐惶謹言、
正慶二年（一三三三）閏二月八日　　平直経
進上　御奉行所

以上より軍忠状に関して整理すると次のようになる。軍忠状とは、軍忠申請の上申文書に、軍忠認定者が証判を加えて、申請者に返却された複合文書である。後に御家人は恩賞請求に際し、この軍忠状の効力を活用したと考えられる。この観点から軍忠状の初見は漆原徹氏が述べられているとおり、(79)正慶二年（一三三三）閏二月二十七日付熊谷直経合戦手負注文と同日付熊谷直氏合戦手負注文と考えられる。ただし、正慶二年（一三三三）閏二月八日付文書に軍忠認定者の証判がないのは案文のためであり、正文が奉行所に提出され、証判を受けた文書が軍忠申請者熊谷直経に返却されて複合文書となっていたならば、この文書が初見となろう。軍忠状は、単なる軍忠申請状ではなく、複合文書として申請者の手元に戻り、後の恩賞請求に活用されることが期待された文書と定義づけられ、史料十八はこのままでは軍忠申請状ではあるが恩賞請求に活用された軍忠状とは言い難いのである。軍忠状の一覧を表36に示す。

四　問状・召文・請文

問状・召文は本来訴訟手続きの過程で用いられていた文書である。問状は論人に対し陳状の提出を求めたものであり、召文は訴人・論人を法廷へ召喚するために発給されたものであった。これらの文書が合戦後に申請された戦功の認定に際し準用されたのである。申請内容の実否を問うため、同所合戦や見知証人として申請者が名前をあげた武士に対し、文書による回答を求めたものが問状であり、これらの武士を戦功認定者のもとへ召喚するために発給された文書が召文である。残存する文書はすべて蒙古襲来の際の文書であり、それぞれの初見を次にあげる。[80]

〔史料十九〕[81]

蒙古人合戦事、去年大略注進言上候畢、而猶其時御奉公之次第、不日委可注給候、仍執達如件、

建治元年（一二七五）

十一月廿三日　　　頼泰（大友）（花押）

都甲左衛門五郎（惟親）殿

（折返端書）
「東方奉行所書下　とこを」

「到来同年十二月七日」

〔史料二十〕[82]

蒙古人合戦勲功事、重有御尋子細、為御注進、今月拾日以前、可令差進御代官給之旨、御沙汰候也、恐々謹言、

建治元年（一二七五）

十一月六日　　景泰（小田原）（花押）

児玉又二郎殿

伊美兵衛二郎殿

都甲左衛門五郎殿

戦功認定を求めて鎌倉へ上る御家人もいたようである。大友泰広が鎌倉への参上をのぞんだが、異国警固のため参上できず、代わりに使者を派遣することになったと、北条兼時が得宗被官長崎光綱へ宛てた書状が残存する。(83)

問状の一覧を表37に、召文の一覧を表38に示す。

問状に対する回答文書が請文であるが、鎌倉期の残存例は、次に示す島津長久のものが管見の限り、唯一である。漆原徹氏は挙状とされているが、(84)史料十六の軍忠申請に対する審問過程で提出された請文の範疇で考えたい。「罷乗長久之乗船」や「自陸地馳向候之条、令見知候了」の文言は、明らかに審問に対する長久自身の回答である。長久は守護正員の一族(85)と考えられる人物ではあるが、同所合戦の見知証人として比志嶋時範の恩賞請求訴訟に関しての証言を行ったのである。

〔史料二十二〕(86)

当国御家人比志嶋五郎次郎時範令申□（蒙古合）戦之間事、去年六月廿九日五郎次郎幷親類河田右衛門尉盛資相共、罷乗長久之乗船、渡壱岐嶋候事実正候、同閏七月七日鷹嶋合戦之時、五郎次郎自陸地馳向候之条、令見知候了、若此条偽申候者、日本国中大小神罰可罷蒙長久之身候、恐惶謹言、

弘安五年（一二八二）四月十五日　　大炊助長久

五　覆勘状

軍勢指揮者から軍役勤仕証明として発給されたのが覆勘状である。川添昭二氏による詳細な研究があり(87)、本節は氏の研究に負うところが大きいが、すでに氏の研究から四十余年が経過し、ここに再度の整理・検討を加えることとする。覆勘状の多くは京都大番役や石築地役を含めた異国警固番役の終了後に発給されたものであった。

次に京都大番役覆勘状の初見をあげる。左記文書は瀬野精一郎氏の年代比定によって(88)、初見例とされるようになった。

〔史料二十二〕(89)

京都大番役令勤仕給候了、今者可令帰国給候、且此由可令注進言上　関東候也、恐々謹言、

（暦仁二年）（一二三九）
正月四日　　前豊前守（少弐資能）（花押）

大嶋二郎殿

京都大番役覆勘状に関しては、川添氏よりはやく五味克夫氏の研究があり(90)、五味氏はこの覆勘状を二様式に分類しているが、うち六波羅探題から侍所所司に宛てて発給された文書は川添氏の説かれるようにその様式から挙状の範疇で考察すべきと考え、守護（守護代・守護所関係者）から御家人に宛てて発給されたもののみを京都大番役覆勘状とする。一覧を表39に示す。

次の文書は京都篝番役の覆勘状である。八条萬里小路における篝番役を勤仕した後藤外記尉代官肥田右衛門太郎へ

の覆勘状であり、発給者は幕府関係者とは考えにくい少納言治員なる人物である。残存する篝番役の覆勘状は管見の限りこの一通であり、発給者の少納言治員がどのような人物か不明であることから、少納言治員がどのような権限に基づきこの文書を発給したのか、この一通から考察することは困難であるが、一応掲出することにする。

〔史料二十三〕(91)

同請取

八条萬里小路篝番衆事

三月分　後藤外記尉殿代官肥(田脱)右衛門太郎殿同十六日ヨリ四月十七日迄、令勤仕畢、仍如件、

延応元年(一二三九)四月十八日　　　小納言治員御判

帰国許可を含めた番役勤仕証明であった京都大番役覆勘状は、守護が管国御家人へ発給していたが、弘安頃には守護被官と考えられる人々が番役勤仕者へ発給している。

〔史料二十四〕(92)

播磨国御家人広峯兵衛大夫家長大番役事、三箇月自七月一日、至九月晦日於　内裏姉小路南唐門、以子息長祐為代官、被勤仕了、仍執達如件、

弘安二年(一二七九)十月十五日

僧　（花押）

僧　（花押）

左衛門尉

沙弥　（花押）

右の文書を含む表39の後半五通の文書は、播磨・越後・美濃・和泉の御家人へ宛てたものであり、これらの国々の

守護は、播磨が得宗時宗、越後が名越公時、美濃が得宗貞時、和泉が弘安八年（一二八五）では六波羅探題北条時村、正安三年（一三〇一）では当時一番引付頭人となっていた北条時村かその子孫と考えられる。(93)佐藤進一氏は弘安八年（一二八五）十月四日付「美濃長善寺文書」を得宗家公文所の発給と推測されているが、(94)この五通の文書にはいずれも守護本人の署判はない。京都大番役の覆勘状であることから、これらの文書の発給者は守護権限の代行者たる守護被官、得宗家においては公文所奉行人、六波羅探題においては探題被官であり、彼らによって覆勘状発給が代行されていたと考えたい。

次に石築地役を含む異国警固番役に関わる覆勘状の初見をあげる。(95)

〔史料二十五〕(96)

被下関東御教書候異国警固事、自去四月十七日被上府候、迄今月十六日、博多津番役、被勤仕了、恐々謹言、

文永九年（一二七二）

五月十七日　　覚恵（少弐資能）（花押）

盛岡二郎殿「平忠俊」

文書発給者により文言等に多少の差は存するが、異国警固番役に関する覆勘状は八十五通が残存し、他の軍事関係文書の残存数と比較するとその多さは際だつ。戦闘における軍忠に準ずる恩賞請求のための重要文書とされていたためであろうか。一覧を表40に示す。

覆勘状は軍勢指揮者からの軍役勤仕証明書として発給された文書であるので、番役勤仕に関するものだけではなく、着到に対する守護からの証明書も覆勘状の範疇で考えられる。このような文書を着到覆勘状と呼ぶことにする。正中の変・元弘の変に際し発給されたものが残存するが、薩摩国の例のみであるので薩摩独自のものとも考えられる。一

覧を表41に示す。

〔史料二十六〕(97)

今度騒動之間、被進子息於代官候之由、承候了、仍執達如件、

元亨四十一月十日《（一三二四）》　貞久《（島津）》在判

新田権執印殿

軍忠申請に対し幕府への注進を約束する守護発給の文書が、蒙古襲来合戦に際して発給されている。これは軍忠認定の証明書とも言えるものであり、次に示す史料二十七のような文書を漆原徹氏は軍忠覆勘状とされている。(98)一覧を表42に示す。

〔史料二十七〕(99)

蒙古人合戦事、於筑前国鳥飼浜陣、令致忠節給候之次第、已注進関東候畢、仍執達如件、

文永十一年《（一二七四）》十二月七日　頼泰《（大友）》

都甲左衛門五郎殿《（惟親）》

この軍忠覆勘状は二通が残存するのみであるが、戦功確認のための問状等の関連文書の残存から、戦功注進の証明書として守護から戦功者へ当時かなりの数が発給されていたものと推察される。

以上をまとめると、覆勘状とは軍勢指揮者から軍役勤仕の証明書として発給された文書であり、京都大番役・異国警固番役という番役勤仕の証明だけではなく、着到の証明や軍忠の証明の際にも発給されていたといえる。

六　挙状

御家人の軍役勤仕を六波羅探題や管国守護等が幕府へ挙達した文書を挙状と呼ぶが、当時吹挙状とも称していたことより、恩賞給付と結びついた文書であったことがうかがえる。御家人の軍役には戦時の軍事行動だけではなく、平時の番役勤仕も当然含まれており、京都大番役勤仕に関する挙状が五通残存し、その初見が次に掲出した文書である。本来幕府へ提出された挙状が番役勤仕者の手許に残っていることは不可思議なことではあるが、この点に関し荻野三七彦氏は、「挙状が御家人の手に渡ったのは、覆勘状に添えて下付されたものではないか」とされている。(100)

〔史料二十八〕(101)

大番衆内深堀五郎、自正月至六月、六ヶ月令勤仕候了、以此旨、可有御披露候、重時恐惶謹言、

てんふく二年（一二三四）

七月一日　　　　　駿河守重時［花押］

進上　平左衛門尉殿

右記様式の文書を五味克夫氏は京都大番役「覆勘状」の範疇で考察されているが、(102)前項で定義したように、覆勘状とは軍勢指揮者から軍役勤仕者へ軍役勤仕の証明として発給された文書であり、右記文書とは明らかに異なる。挙状とは御家人の軍役勤仕を六波羅探題や管国守護等が幕府へ挙達した文書である。一覧を表43に示す。

七　感　状

感状とは武士の軍忠に対し発給された褒賞文言を記した文書である。その初見は次に掲げる文書である。一覧を表44に示す。

〔史料二十九〕[103]

三郎兵衛殿（忠時）むさしのかみ（北条泰時）と京上事、承了、神妙候、恐々、

五月十九日（承久三年）　在判（北条義時）

承久の乱の際に発給された文書で、島津忠時が泰時とともに京へ攻め上ることを執権北条義時が褒賞したものである。『吾妻鏡』によると五月十九日は政子が御家人たちを集め演説を行った日であり、泰時の進発は二日後のことであることから、この文書はおそらく演説直後に同道を申し出た島津忠時への褒詞と考えられる。

その後しばらく感状は見られず、霜月騒動後に、次に示す感状が発給されている。

〔史料三十〕[104]

（端裏書）「えちせん殿いくさの御かきくたし」

越前々司盛宗（安達）追討騒動之間、折節依訴訟当参之刻、被馳向之条、神妙候、於今者、世間無為、非警固之当番衆者、可令下国給候、恐々謹言、

弘安八年（一二八五）十二月十八日　宗胤（千葉）（花押）

佐汰弥九郎（定親）殿

霜月騒動後の安達盛宗追討に際し、訴訟のため参じていた佐多定親が軍忠を抽じ、それを守護千葉宗胤によって褒賞されたものである。この後、感状は、元応年間に海賊搦め取りを褒賞した小早川朝平宛て六波羅御教書[105]が残存し、元弘の変に際して発給された文書一通を含め、わずかに五通[106]が確認されるに過ぎない。

南北朝期になると褒賞に加え、恩賞給付に言及する感状が登場する。これは、本来の感状とは異なるが、左記のような恩賞給付を約束した文書が、蒙古襲来に際し、発給されていたことと関係しようか。

〔史料三十二[107]〕

異賊合戦勲功事、追可有御計之状、依仰執達如件、

正応五年(一二九二)十二月一日　　陸奥守(北条宣時)(花押)

相模守(北条貞時)(花押)

相良六郎(頼俊)入道跡

感状は軍忠に対する褒賞の気持ちを純粋に表すために発せられた文書であったと考えられるが、軍忠は恩賞給付を前提としたものであり、穿った見方をすれば恩賞給付を先延ばしするために発給された文書とも言えようか。

八　その他の軍事関係文書

漆原徹氏が、「軍事指令でもとくに既存の名称がないものや機能的には名称を付けにくいものには」、「軍状という一般的名称としておくのも方便である」とされている。[108] ここでは、このような文書をあつかうことにする。

1　奥州征伐

奥州征伐に際し発給された文書は、先にあげた軍勢催促状のほかに二通の頼朝書状が残存している。一通は狼藉禁止命令、もう一通は戦の指示である。左に一通を示し、一覧を表45に示す。

〔史料三十二〕(109)

（花押）(源頼朝)

あすは　こふのこなたにちむのはらといふところニ御すく候へし、いくさたちニハ、こふにはすくせすと申なり、かまへてひか事すな、あかうそ三郎(島津忠久)を、やう〳〵ニせんニこひたるもの、ついふくしたるなり、たうしハほうてう・庄司次郎(畠山重忠)ハ、けふのひくわんニいらす、しむへうなり、このくにハきはめてしむこくなり、かまへて〳〵うせきすな、御人《くしたるもの》ともニ、みなふれまわすへし、けふらうせきしたるものともは、こさたあるなり、けふのひくわんニいらぬほとに、あすのすくにていりなんハ、ゐこんのことにてあるへきなり、

(文治五年)八月十五日　(平)盛時奉

(畠山重忠)庄司次郎殿

2　和田合戦

和田合戦に際しては、『吾妻鏡』所収ではあるが、北条義時・大江広元の連署で、落ち武者の追討命令が発せられている。一通を左に示し、一覧を表46に示す。

〔史料三十三〕(110)

きん辺のものに、このよし（和田合戦）をふれて、めしくすへきなり、わたのさゑもん（義盛）、つちやのひやうえ、よこ山のものとも、むほんをおこして、きみをいたてまつるといへとも、へちの事なき也、かたきのちり〳〵になりたるを、いそきうちとりてまいらすへし、

五月三日　巳剋　大膳大夫（大江広元）

相模守（北条義時）

某殿

3　承久の乱

承久の乱、およびその直後に発給された文書には、先の感状の他に、褒賞文言を含みながらも戦の指示に重きが置かれた義時袖判の書状がある。また、島津忠時の出雲下向を伝える泰時書状が三通、上皇側として参戦した河野通信追討に関する文書が二通残存する。先の三通は島津忠久に宛てた書状であり、幕府軍が京都を押さえたのち、多くの御家人が色々な理由をつけて下向したがらない中、島津忠時が何も言わずに出雲国へ下向したことを褒賞している。直接本人に宛てたものではなく、島津忠久に宛てて忠時の動向を伝えた書状であるので、ここでは感状に含めていない。河野通信追討命令の一通を左に示し、一覧を表47に示す。

〔史料三十四〕(11)

伊予国住人河野四郎通信称帯院宣、相卒一族幷当国之勇士等、致合戦之間、為一方張本、早合一揆之力、励忠戦之功、不日可令召進其身、随凶徒於図逆節之輩者、遣軍兵可令征伐之條、依鎌倉殿仰、下知如件、

承久三年（一二二一）六月廿八日

（北条泰時）
武蔵守在判

4　宝治合戦

宝治合戦に際しては、『吾妻鏡』に二通の執権北条時頼発給文書が所収されている。一通は六波羅探題北条重時に宛て、合戦の次第を太政大臣に申し入れるよう命じた文書。もう一通は、同じく重時に宛て、西国御家人に鎌倉下向禁止を伝えるよう命じた御教書である。また、宝治合戦から十年以上が過ぎた弘長元年（一二六一）に三浦泰村の舎弟が謀反を企て、その身を召取った旨を鎌倉から六波羅探題に伝えている。この文書では、宝治合戦同様、西国御家人の鎌倉下向を止めるよう命じている。左に執権北条時頼が六波羅探題北条重時に宛て、合戦の次第を太政大臣に申し入れるよう命じた文書を示す。また、一覧を表48に示す。

〔史料三十五〕(112)

若狭前司泰村・能登前司光村以下舎弟一家之輩、今日巳剋、已射出箭之間、及合戦、終其身以下一家之輩及余党等被誅罰候畢、以此趣、可令申入冷泉太政大臣殿給候、恐々謹言、

六月五日　（北条時頼）左近将監

謹上　（北条重時）相模守殿

九　軍事関係文書に見る奉公

鎌倉幕府の存立基盤は御恩と奉公の関係にある。御家人の奉公に対して、幕府は御恩を与え、その御恩に応えるべ

く御家人はまた奉公に励むのである。その奉公の中心に軍役があることは改めて述べるまでもないことであろう。本章では各項において、軍事関係文書それぞれに関する機能論的視点からの検討を行った。本節では今一度その要点を整理し、軍役奉公から御恩給付へと向かう一連の手続きを残存文書から確認することとする。

御家人は幕府からの催促に応じて、一族・郎党・家子を率いた軍勢の動員を行った。最初に発給される軍事関係文書は、当然、軍勢催促状ということになる。現存する軍勢催促状の初見は奥州征伐の際のものであるが、おそらく治承四年（一一八〇）の挙兵時にも、諸々の武士団に対し、頼朝に従うよう記された軍勢催促状が発給されていたと考えられる。その後も軍勢催促は様々な戦時に加え、異国警固番役などの準戦時、京都大番役などの平時、さらに謀反人の召し進めなどの治安維持でも行われており、御家人の将軍に対する奉公の諸相をうかがうことができるのである。軍勢催促状には関東や六波羅探題・鎮西探題が発給した御教書様式の文書が多くみられるが、その御教書を受けた守護が管国内の御家人に宛てた直状様式や書状様式の文書も残存し、発給主体や受給対象者によって文書様式は様々であったと言える。この軍勢催促状は南北朝動乱期にも尊氏・直義をはじめとして、戦闘規模・地域等に応じて軍勢指揮者各層から発給されることになる。

鎌倉時代初頭、催促に応じて軍勢を率いた御家人が着到を報告するに際し、文書による報告が行われていたことが『吾妻鏡』の記事から確認されるが、その文書自体は残存していない。その後、執権等の証判が記された交名注文等が見られるようになり、これらの交名注文等が注文に名前の記された御家人の家に伝来していることから、交名注文等は奉公の証明書とされたと考えられる。そして、後に詳述するが、蒙古合戦を契機として戦功認定手続きには変更が加えられ、着到を上申した文書に着到確認者の証判が加えられて御家人に返却される複合文書としての着到状が登場したと考えられる。複合文書の着到状は管見の限り、弘安八年（一二八五）の霜月騒動時のものが初見であるが、幕府内部の権力闘争に際し、旗色をはっきりと示す必要から着到を上申したものと考えられ、このことは、次の南北朝動乱期の着到状が味方に参じたことの証明となり、軍功の一つとして評価される文書となることとつながっていると考えられるのである。着到状が複合文書として御家人の手元に残存したということは、着到の証明が何らかの効力を持っていたためであり、その効力とは着到という奉公から生じる恩賞請求権と結びついていたと考えられる。着到に対する覆勘状の残存などと考え合わせることによって、複合文書となった着到状が恩賞請求の基となったことは確かであろう。着到状は御恩を求める際の奉公の証明書の一つとなったのである。

御家人は自らの軍忠を戦功として申請し、恩賞の給付を求めた。『蒙古襲来絵詞』によると、文永の役における戦功の重要な要素となる軍忠は分捕りと討死に限られていたが、竹崎季長にみられるように多くの御家人はそのような基準を知るはずもなく、彼は先駈けをもって軍忠申請を行ったのである。中には比志嶋時範のように戦後、軍忠申請状を提出する者もおり、現地の守護層はその軍忠の実否を確認するため、訴訟過程で用いられていた問状・召文を活用し、問状への回答としての請文も見られるようになる。さらに、守護から軍忠申請者に対し鎌倉への注進を伝える軍忠覆勘状も登場するのである。しかし、この段階では複合文書としての軍忠状は見られず、元弘の変の際の手負注文を待たなければならない。この手負注文には提出されたその場で手負いの状況の認定が記され、奉行人の証判が加えられて申請者に返却されたため、蒙古襲来時のように後に問状・召文が発給されることはなかった。比志嶋時範の軍忠申請状や島津長久の請文、問状・召文の状況から蒙古襲来後に御家人は分捕りと討死以外も戦功として認定するよう求めており、幕府はその要請にこたえるため、戦功認定基準や手続きを改めたものと考えられる。その改正された手続きが文書上に具現化された最初のものが蒙古襲来後はじめての大規模な戦闘となった元弘の変の際の手負注文であったと考えられるのである。軍忠認定の即時化がはかられたことによって手負注文に軍忠認定者の証判が加えられて申請者に返却され、ここに手負注文は複合文書となった軍忠状になったのであり、それに伴って軍忠認定のための問状・召文・請文は一時的に姿を消すことになる。しかしこの後、合戦が恒常化・長期化し、向背が複雑化する南北朝動乱期においては即時型に加え、複数の合戦での軍忠を記した日記型の軍忠状が登場し、軍忠認定のために問状・召文・請文が必然的に復活してくるのである。軍忠状を返却された御家人は、着到状同様、恩賞請求の際にこの文書を奉公の証明書の一つとして活用したと考えられる。

軍役勤仕の証明書である覆勘状が、京都大番役や異国警固番役の終了後に守護等から発給された。覆勘状には帰国を許可した文言の記されたものもある。やがてこの覆勘状は御家人身分の証明書の意味を持つ文書としても意識され、庶子が惣領からの独立を争って、異国警固番役の覆勘状の発給を求めた文書も見受けられる[113]。また、着到や軍忠に対する覆勘状の存在やその残存数の多さから、この覆勘状と恩賞給付の関係も推測される。覆勘状もまた奉公の証明書の一つであったのである。しかし覆勘状は、南北朝動乱期に入ると発給数が激減し、まもなく姿を消す。このことにつき、漆原徹氏は着到状との関係から次のように述べられている[114]。「鎌倉期において、異国警固番役など平常結番の勤仕といった軍務の認定は、御家人の軍務を統轄する守護側の作成する覆勘状によって証明が行われ、緊急に召集が行われる突発の変事に際しての出兵の軍務に対する認定は、本人作成提出による証判を受けて返却される着到状によってなされるという二つの軍務についての認定方式があった」とされたうえで、「元弘争乱から南北朝初期へと展開する戦闘の激化、恒常化による不断の臨戦態勢によって本来緊急性に対応した文書の確認手続きであった着到状に、時代状況に対処できなくなりつつあった覆勘状の機能が吸収された」とされている。参考とすべきであろう。

覆勘状が軍勢指揮者から軍役勤仕者への勤仕証明書であるのに対して、軍勢指揮者から幕府への勤仕報告書が挙状である。つまり、挙状は御家人の奉公を幕府に報告した文書なのである。吹挙状とも称していたことより、恩賞給付と結びついた文書であったことが推知される。この文書が軍役勤仕者の手元に残ったということは、この文書もまた奉公の証明書と考えられていたと言い得よう。現存する挙状は京都大番役勤仕に関するものだけであるが、おそらく蒙古合戦時に戦功報告のため九州から鎌倉へ送付されたものが相当数あったと考えられる。史料二十七に「令致忠節給候之次第、已注進関東候畢」と記されている関東への注進が挙状であることは間違いない。挙状は平時・戦時を問わず、御家人の奉公状況を鎌倉へ送達したものであることより、幕府滅亡と同時に灰燼に帰してしまったため、現存するものが少ないと考えられる。現存する挙状は例外的な存在と考えられなくもないのである。

感状は褒賞の文言そのものが意味を持っていたと考えられる。恩賞給付を約束した文書が蒙古襲来に際して登場するが、感状に恩賞給付文言が記されるようになるのは南北朝期を待たなければならないことが感状のもつ本来の機能を裏づけているように思われる。この観点から、感状は奉公に対する純粋な褒賞文書として登場し、時を経て、恩賞給付のための証明書へと変遷したと考えられる。

この他、これらの文書の隙間を埋めるような文書も残存し、鎌倉幕府体制下における軍勢催促に始まり恩賞給付へと向かう一連の流れが文書群から見えてきたと言えよう。

さて、この軍事関係文書の整備の画期であるが、鎌倉時代に勃発した様々な戦闘行為への対処によって生まれたと考えられる。そこで、再論となる部分もあるが、鎌倉時代の大規模な戦闘ごとに文書の発給状況を追って、軍事関係文書の発生・発展の画期を論じることとする。

まず、治承・寿永の内乱期から奥州合戦にかけてであるが、幕府は各地の武士に対して軍勢催促状を発給し、この軍勢催促状に応じて出兵した武士たちは「着到」を提出していた。この「着到」がおそらく名簿となり、幕府による御家人把握のための台帳になったと考えられる。この後、御家人から提出される「着到」が姿を消すことは、この御家人名簿を台帳として御家人の出頭の有無を確認したためであろう。また、奥州合戦においては、命令・指示が頼朝からの書状によってなされている。次の和田合戦においては、合戦後の和田方武者追討命令の文書が『吾妻鏡』に残るだけであるが、おそらく彼我の動きから、軍勢の動員、出頭の有無確認が行われていたものと思われる。その後の大きな戦闘となった承久の乱、宝治合戦においても、軍勢催促・着到確認は行われたと推測されるが、前節において指摘した文書が残存するだけで、その残存文書から軍事関係文書の発展の画期を見出すことはできない。

しかし、蒙古合戦に至り、軍事関係文書に変化が生じてくる。それまで御家人は自らの軍忠を戦功として認定してもらうべく軍勢指揮者に口頭で報告を行っていたが、蒙古合戦を契機として、文書による軍忠申請も行われるようになり、申請内容の実否を確認するために、訴訟の際に用いられていた問状・召文・請文が活用されるようになったのである。鎮西という遠隔地における前代未聞の大規模な対外戦争、しかも戦闘方式の違いから日本側が苦戦を強いられた蒙古合戦において、それまでの軍忠申請方式では軍忠申請の数や内容への対応が困難になり、さらに恩賞給付から漏れた多くの御家人からの再申請があったため、新たな軍忠認定方式が生み出されたと考えられる。この新たな軍忠認定方式が実戦で用いられるようになるのは蒙古合戦後のこととなるが、蒙古合戦は軍事関係文書の発展の大きな契機となった戦いであったのである。

そして、霜月騒動において軍勢指揮者が証判を加えて返却する、複合文書としての着到状が登場する。先の和田合戦や承久の乱、宝治合戦も漆原徹氏の言われる「突発の変事」であろうが、蒙古合戦を契機とする軍事に関わる文書行政の変更が、ここに至って着到状に見出されるのである。蒙古合戦には非御家人も動員されており、御家人名簿では対応しきれなくなったために、軍勢指揮者が証判をして返却する複合文書の着到状が生み出されたと考えられ、そしてその様式の着到状の初見が蒙古合戦後の最初の戦闘となった霜月騒動であったのである。幕府内部を二分する霜月騒動という「緊急に召集が行われる突発の変事に際して」複合文書の着到状が活用されたのであるが、結果としてその証判者を見ることで、変事に際しどちらの側に味方したかを明確に示すことにもなった。

さらに、軍忠申請状が軍忠認定者の証判を加えられて返却される複合文書としての軍忠状へと転換していたことが元弘の変において示される。軍忠申請は口頭から文書に切り替えられており、申請内容の実否をその場で認定する方式へと変更されていたのである。ここに複合文書の軍忠状が登場するのである。この軍忠状は即時型であったため、問状・召文・請文は見られなくなっており、軍忠認定方式に変更が生じていたことがこのことによっても示されている。

幕府からの軍勢催促状に応じて御家人は出兵し、着到状を提出していた。平時の番役勤仕においては、勤仕終了後に軍勢指揮者から軍役勤仕証明書としての覆勘状が軍役勤仕者に発給され、幕府へは勤仕終了の報告を兼ねた挙状が提出されていた。一方、戦時においては、御家人から軍勢指揮者に口頭で軍忠報告が行われ、その軍勢指揮者から幕府へ宛てた挙状が発給されていた。しかし、蒙古合戦を契機として、文書による軍忠申請も行われるようになり、実否確認のために、問状・召文・請文が活用されるようになる。この軍忠申請状は元弘の変において軍忠認定者が証判を加えて返却する複合文書としての軍忠状へと転換している。また、霜月騒動以後、複合文書としての着到状が登場している。蒙古合戦以前においては、主に覆勘状が御家人にとっての奉公の証明書として存在し、蒙古合戦をはさんで、複合文書となった着到状・軍忠状が奉公の証明書として御家人の手元に残ることとなった。これらはいずれも、恩賞と結びつく証拠文書であったと考えられる。鎌倉幕府の存立基盤は御恩と奉公の関係にあり、これらの文書群は御家人による奉公の諸相を掲示してくれているのである。

以上、鎌倉時代の軍事関係文書は、それぞれが発生・発展の背景に違いと関連性を有し、恩賞給付に至る過程上に段階的な推移が想定される。鎌倉期の戦闘行為はそれぞれの場面ごとに軍事関係文書の発生・発展を促したといえ、特に蒙古合戦は着到状・軍忠状の発展の大きなスポットとなっていた。軍事関係文書の発生・発展は恩賞給付へと向かう一連の流れの中にあって段階的なものであり、治承寿永の内乱期・蒙古合戦期・鎌倉時代末期を大きな三段階と捉えることができる。この段階的推移が集約されるのが、戦闘が恒常化し、敵味方の向背、所領の没官・当知行など多くの複雑化した問題を抱える南北朝の動乱期ということになる。鎌倉期は軍事関係文書の発生・発展期ではあるが、その本格的な展開は南北朝期の恩賞給付過程の複雑化を待たなければならないのである。

註

(1) 五味克夫「鎌倉御家人の番役勤仕について(一)」(『史学雑誌』第六三編第九号、一九五四年)。
(2) 川添昭二「覆勘状について」(『史淵』第一〇五・一〇六合併号、一九七一年)。
(3) 瀬野精一郎「京都大番役勤仕に関する一考察」(『東京大学史料編纂所報』第九号、一九七四年)。
(4) 荻野三七彦「古文書と軍事史研究」(『軍事史学』第三五号、第三六号、第三七・三八合併号、一九七三年、一九七四年。のち日本古文書学会編『日本古文書学論集7 中世Ⅲ』吉川弘文館、一九八六年、荻野三七彦第一論文)。荻野三七彦「挙状と覆勘状」(『歴史手帖』第五巻一一号、一九七七年、荻野三七彦第二論文)。
(5) 松井輝昭「着到状の基本的性格について」(『史学研究』一九五号、一九九二年)。
(6) 河音能平「中世日本における軍忠状文書様式の成立—中世複合文書の一例の紹介—」(『ヒストリア』一四〇号、一九九三年。のち『中世文書論と史料論』文理閣、二〇一一年)。
(7) 工藤敬一「着到状・軍忠状の成立条件おぼえがき」(『中世古文書を読み解く』吉川弘文館、二〇〇〇年)。
(8) 漆原徹『中世軍忠状とその世界』(吉川弘文館、一九九八年)。漆原徹「合戦と軍忠」(『今日の古文書学 第3巻中世』雄山閣、二〇〇〇年)。
(9) 佐藤進一氏は『古文書学入門』(法政大学出版局、一九七一年。新版一九九七年。佐藤進一第一著書)において、様式論の分類から、着到状・軍忠状を上申文書の一つとしてあつかわれている。日本歴史学会編『概説古文書学 古代・中世編』(吉川弘文館、一九八三年)も同様である。

(10) 荻野三七彦前掲第一論文、工藤敬一前掲論文。

(11) 「島津家文書」(『鎌倉遺文』三三六四号)。

(12) 黒川高明『源頼朝文書の研究　史料編』(吉川弘文館、一九八八年)、『源頼朝文書の研究　研究編』(吉川弘文館、二〇一四年)。

(13) 上島有『足利尊氏文書の総合的研究』(国書刊行会、二〇〇一年)。

(14) 『吾妻鏡』承久三年(一二二一)五月十九日条

自京都可襲坂東之由、有其聞之間、相模守武蔵守相具御勢、所打立也、以式部丞差向北国、此趣早相触一家人々、可向者也、

(15) 蒙古襲来に関連した軍勢催促に関しては相田二郎『蒙古襲来の研究　増補版』(吉川弘文館、一九八二年)に負うところが大きい。

(16) 漆原徹前掲論文。

(17) 「肥後小代文書」(『鎌倉遺文』一〇八七三号)。

(18) 「薩摩二階堂文書」(『鎌倉遺文』一〇八七四号)。

(19) 「尊経閣所蔵野上文書」(『鎌倉遺文』一〇九六四号)。

弘安の役前の守護発給による異国警固番役の催促状の一覧を表27に示す。

(20) 文永十一年(一二七四)十一月一日付関東御教書(「東寺百合文書ヨ」〈『鎌倉遺文』一一七四一号〉)。

(21) 文永十一年(一二七四)十一月三日付関東御教書(「長府毛利家文書」〈『鎌倉遺文』一一七四三号〉。「諸家文書纂十一」〈『鎌倉遺文』一一七四四号〉は前号文書と小異のある案文である)。

(22) 「大友文書」(『鎌倉遺文』一一七四二号)。

(23) 建治元年(一二七五)七月十七日付関東御教書(「大友文書」〈『鎌倉遺文』一一九六二号〉)。

(24) 文永十二年(一二七五)二月四日付少弐経資書状(「薩摩比志島文書」〈『鎌倉遺文』一一八〇五号〉)。

(25) 建治元年(一二七五)五月十二日付関東御教書(「東寺百合文書ヨ」〈『鎌倉遺文』一一九一〇号〉、「白河本東寺文書五」〈『鎌倉遺文』一一九一一号〉)では周防・安芸の御家人が対象であったが、同二十日付関東御教書では備後が加えられている(「東寺百合文書ゐ」〈『鎌倉遺文』一一九一三号〉)。建治二年(一二七六)八月二十四日付関東御教書(「東寺百合文書り」〈『鎌倉遺文』一二四四九号〉)では長門警固役の軍勢催促が山陽・南海道諸国になされていたことがわかり、また同日付けで警固役を勤仕しない地頭への再催促および知行地の由緒を尋ねている(「東寺百合文書ア」〈『鎌倉遺文』一二四五〇号〉)。

(26)「東寺百合文書ア」(『鎌倉遺文』一二一七〇号)。
(27)異国征伐のための軍勢催促状およびそれに対する請文も残存している。表28・表29に示す。
(28)建治二年(一二七六)三月十日付少弐経資書状(「肥前深江文書」〈『鎌倉遺文』一二二六〇号〉)。
(29)「立花大友文書」(『鎌倉遺文』一四二〇七号)。
(30)弘安四年(一二八一)二月十八日付少弐経資書状(「肥前武雄神社文書」〈『鎌倉遺文』一四二五一号〉)。
(31)弘安四年(一二八一)六月二十八日付関東御教書(「壬生官務家日記抄弘安四年七月六日条」〈『鎌倉遺文』一四三五五号〉)。
(32)弘安四年(一二八一)閏七月十一日付関東御教書(「東寺文書五常」〈『鎌倉遺文』一四三八八号〉)。
(33)弘安四年(一二八一)閏七月十一日付関東御教書(「毛利家児玉文書」〈『鎌倉遺文』一四三八九号〉)。同日付関東御教書(「萩藩閥閲録十九児玉四郎兵衛所持」〈『鎌倉遺文』一四三九〇号〉)。
(33)弘安の役後の軍勢催促状の一覧は表30のとおりである。
軍勢催促状の発給を願い出る文書が一通残存する。島津忠長は幕府に対し異国警固を命じる御教書の発給を願い出ている。建治年中に父久長に従って下向以来、弘安七年(一二八四)の久長死亡後も警固番役を勤仕しているが、忠長宛ての御教書が発給されていないため、このような申状が作成されたと考えられる。現存文書は案文であり、正文が幕府に提出されたかどうかは不明である。嘉元三年(一三〇五)三月十九日付島津忠長申文(「島津家文書」〈『鎌倉遺文』二二一四一号〉)。
(34)石築地役催促一覧は表31のとおりである。
(35)正応二年(一二八九)五月二十三日付維景書下(「肥前青方文書」〈『鎌倉遺文』一七〇一三号〉)。永仁二年(一二九四)三月二十七日付少弐盛経書下(「豊後広瀬正雄氏所蔵文書」〈『鎌倉遺文』一八五一〇号〉)。欠損文書であるが「豊後生桑寺文書」(『鎌倉遺文』二一七三一号・二一七三二号・二一七三四号)。
(36)弘安六年(一二八三)十一月十八日付大隅守護千葉宗胤下知状(「坂口忠智氏所蔵文書」〈『鎌倉遺文』一五〇〇三号〉)、弘安六年(一二八三)十一月二十二日付大隅守護代道意書下(「坂口忠智氏所蔵文書」〈『鎌倉遺文』一五〇〇八号〉)。
(37)相田二郎前掲著書。
(38)弘安四年(一二八一)九月十六日付六波羅御教書(「諸家文書纂十野上文書」〈『鎌倉遺文』一四四五六号〉)。
(39)弘安九年(一二八六)十二月三十日付関東御教書(「薩藩旧記六樺山氏文書」〈『鎌倉遺文』一六〇八一号〉)、同日付関東御教書(「島津家文書」〈『鎌倉遺文』一六〇八二号〉）、正応六年（一二九三）三月二十一日付関東御教書（「島津家文書」〈『鎌倉遺文』一八一三〇号〉）、同日付関東御教書（「薩摩樺山文書」〈『鎌倉遺文』一八一三一号〉）。
(41) 正応元年（一二八八）七月十六日付関東御教書（「薩摩八田家文書」〈『鎌倉遺文』一六六九七号〉）。
(41) 永仁二年（一二九四）三月二十六日付北条定宗書下（「龍造寺文書」〈『鎌倉遺文』一八五〇八号〉）。
(42) 嘉元三年（一三〇五）十一月十一日付鎮西御教書（「薩藩旧記前編巻十写在官庫」〈『鎌倉遺文』二二三九一号〉）。
(43) 嘉元三年（一三〇五）十一月十八日付平重棟書下（「旧典類従三所収三国擾乱記三所収」〈『鎌倉遺文』二二三九四号〉）。
(44) 元徳二年（一三三〇）十月二十五日付六波羅御教書（「和泉田代文書」〈『鎌倉遺文』三一二四八号〉）。
(45) 元徳二年（一三三〇）十二月十六日付源秀清請文（「和泉田代文書」〈『鎌倉遺文』三一三一三号〉）。
(46) 「紀伊隅田家文書」（『鎌倉遺文』三一五九〇号）。
(47) 元弘の変に際しては表32のとおり、六波羅探題発給文書のほか、直接幕府から発給された文書、守護発給文書、六波羅評定衆施行状が残存する。三二〇五二号文書の発給者前常陸介を『鎌倉遺文』は「時朝」としているが、『花押かがみ四　鎌倉時代三』は六波羅評定衆小田時知としている。後者に従うべきであろう。
(48) 元徳三年（一三三一）八月三十日付関東御教書（「禰寝文書」〈『鎌倉遺文』三一五〇三号〉）。
(49) 元徳三年（一三三一）九月五日付関東御教書（「伊勢光明寺文書残篇」〈『鎌倉遺文』三一五〇九号〉）。
(50) 正慶二年（一三三三）四月一日付鎮西御教書（「島津家文書」〈『鎌倉遺文』三二〇七七号〉）。
(51) 正慶二年（一三三三）四月一日付薩摩守護島津貞久施行状（「島津家文書」〈『鎌倉遺文』三二〇七八号〉）。
(52) 「筑後和田文書」（『鎌倉遺文』八八一号）。
(53) 「肥前深堀家文書」（『鎌倉遺文』八三四九号）。
(54) 「薩摩延時文書」（『鎌倉遺文』八八五三号）。
(55) 仁治元年（一二四〇）十一月二十八日付関東御教書（「新編追加」〈『鎌倉遺文』五六七九号〉）。
(56) 「前田家所蔵文書」（『鎌倉遺文』一二九〇一号）。
(57) 「和泉和田文書」（『鎌倉遺文』八二〇一号）。
(58) 佐藤進一『増訂鎌倉幕府守護制度の研究』（東京大学出版会、一九七一年、佐藤進一第二著書）。

(59) 荻野三七彦前掲第一論文、河音能平前掲論文、工藤敬一前掲論文、漆原徹前掲論文。
(60) 「広峯胤忠氏所蔵文書」(『鎌倉遺文』一七三二一号)。
(61) 正応三年(一二九〇)四月二十一日付渋谷重村着到状(「入来院岡元家文書」〈『鎌倉遺文』一七三三一号・一七三三二号〉)。
(62) 松井輝昭氏は前掲論文において「着到帳を転用した着到状といえなくもない」とされ、『吾妻鏡』宝治元年(一二四七)六月十日条の「此程致警衛勤之士、面々注着到、就令献覧之、左親衛加判形、被返本人云々」の記事との関連を指摘されている。
(63) 佐藤進一前掲第一著書。
(64) 「肥前実相院文書」(『鎌倉遺文』一〇九七四号)。
(65) 「広峯胤忠氏所蔵文書」(『鎌倉遺文』一五七四三号)。
(66) 河音能平前掲論文。
(67) 相田二郎前掲著書。
(68) 佐藤進一前掲第一著書。
(69) 漆原徹前掲論文、荻野三七彦前掲第一論文。
(70) 「薩摩比志島文書」(『鎌倉遺文』一四五八三号)。
(71) 再申請の例として次の文書があげられる。

肥前国御家人黒尾社大宮司藤原資門謹言上

欲早且依合戦忠節、且任傍例、預勲功賞、去弘安四年(一二八一)異賊合戦事、

右、異賊襲来之時、於千崎(沖)息乗移于賊船、資門乍被疵、生虜一人、分取一人了、将又、攻上鷹島棟原、致合戦忠之刻、生虜二人了、此等子細、於鎮西談義所、被経其沙汰、相尋証人等、被注進之処、相漏平均恩賞之条、愁吟之至、何事如之哉、且如傍例者、致越訴之輩、面々蒙其賞了、且資門自身被疵之条、宰府注進分明也、争可相漏平均軍賞哉、如承及者、防戦警固之輩、皆以蒙軍賞了、何自身手負資門、不預忠賞、空送年月之条、尤可有御哀憐哉、所詮、於所々戦場、或自身被疵、或分取生虜之条、証人等状并宰府注進分明之上者、依合戦忠節、任傍例、欲預平均軍賞、仍恐々言上如件、

永仁四年(一二九六)八月　日

「肥前武雄神社文書」(『鎌倉遺文』一九一三〇号)

弘安九年（一二八六）三月日付沙弥寂妙申状（「豊後都甲文書」〈『鎌倉遺文』一五八六七号〉）も同様の文書である。

(72) 弘安五年（一二八二）四月十五日付島津長久請文（「薩摩比志島文書」〈『鎌倉遺文』一四六一一号〉）。『鎌倉遺文』は一四五八三号文書（史料十六）中の「証状」を文書名としている。この文書を一四五八三号文書中の「証状」とする説もあるが、文書発給の日付や再審問の可能性を考えると再審問後の請文と考えるべきであろう。漆原徹氏前掲著書第一部第四章「挙状成立と戦功認定」、河音能平氏前掲論文。ただし、漆原氏は前掲「合戦と軍忠」において、この文書を軍忠挙状として挙状の範疇で考えられている。この点に関しては後述する。

(73) 「長門熊谷文書」（『鎌倉遺文』三二〇四三号）。

(74) 「長門熊谷文書」（『鎌倉遺文』三二〇四四号）。

(75) 漆原徹前掲論文。

(76) 漆原徹前掲論文。

(77) 工藤敬一氏も前掲論文で、案文としての初見とされている。また、漆原徹氏も前掲著書において工藤氏と同様の指摘をされている。

(78) 「長門熊谷文書」（『鎌倉遺文』三三〇一一号）。

(79) 漆原徹前掲論文。

(80) 漆原徹氏も前掲論文において史料十九を問状の初見とされている。

(81) 「豊後都甲文書」（『鎌倉遺文』一二一三〇号）。

(82) 「豊後都甲文書」（『鎌倉遺文』一二一〇七号）。

(83) （弘安六年〈一二八三〉ヵ）三月八日付北条兼時書状（「豊後日名子文書」〈『鎌倉遺文』一四八〇二号〉）。

(84) 漆原徹前掲著書、前掲論文。

(85) 島津長久に関しては系図等でもいかなる人物かは不明。

(86) 「薩摩比志島文書」（『鎌倉遺文』一四六一一号）。

(87) 川添昭二前掲論文。

(88) 瀬野精一郎前掲論文。

(89) 「来島文書」（『鎌倉遺文』五三七一号）。『鎌倉遺文』では年代比定を「暦仁二年ヵ」としているが、瀬野精一郎前掲論文では「暦仁二年」とされている。従うべきであろう。

(90) 五味克夫前掲論文。瀬野精一郎氏も前掲論文において五味氏の二様式分類を用いられている。

(91) 「筑前後藤文書」（『鎌倉遺文』五四一九号）。

(92) 「摂津広峯神社所蔵」（『鎌倉遺文』一三七三八号）。

(93) 佐藤進一前掲第二著書。

(94) 佐藤進一前掲第二著書。

(95) 川添昭二前掲論文も史料二十五を初見例とする。

(96) 「薩藩旧記五延時文書」（『鎌倉遺文』一一〇三四号）。

(97) 「薩摩新田神社文書」（『鎌倉遺文』二八八七四号）。

(98) 漆原徹前掲論文。

(99) 「豊後都甲文書」（『鎌倉遺文』一一七七一号）。

服部英雄氏は「『蒙古襲来（竹崎季長）絵詞』の再検討」（『日本歴史』六九八号、二〇〇六年）において、文言の不自然さなどからこの文書を偽文書とされている。今後の検討課題であるが、本章では偽文書とはせず、検討対象とした。

軍忠覆勘状はもう一通残存する。

去年異賊襲来時、七月二日、於壱岐嶋瀬戸浦令合戦由事、申状幷証人起請文令披見畢、可令注進此由於関東候、謹言、

弘安五年（一二八二）九月九日　　時定（北条）（花押）

龍造寺小三郎（家清）左衛門尉殿

「肥前龍造寺文書」（『鎌倉遺文』一四六九六号）

(100) 荻野三七彦前掲第二論文。

(101) 「肥前深堀家文書」（『鎌倉遺文』四六七九号）。

(102) 五味克夫前掲論文。

(103) 「島津家文書」（『鎌倉遺文』二七四七号）。

(104) 「坂口忠智氏所蔵文書」（『鎌倉遺文』一五七六四号）。

(105) 元応元年（一三一九）閏七月二十五日付六波羅御教書（「小早川家文書」〈『鎌倉遺文』二七一七六号〉）。

(106) 荻野三七彦氏は前掲第一論文において『鎌倉遺文』に未収録の次の文書を感状の初見例として示されている。

於茅破屋城北山、致野臥合戦、取頸了、尤神妙候、仍執達如件、

正慶二年（一三三三）四月廿一日　　治時（花押）

和田中次殿

また、漆原徹氏が前掲論文で感状の初見としてあげられた正慶元年（一三三二）十二月九日付関東御教書（『鎌倉遺文』三一九一五号）は、褒賞文言を含むが文書発給の主旨が氏も認められているとおり軍勢催促にあり、本章では軍勢催促状の範疇とする。さらに「その他の軍事関係文書」の項であげる、戦の指示に重きが置かれた義時袖判の書状（承久三年〈一二二一〉六月六日付「出羽市河文書」〈『鎌倉遺文』二七五三号〉）が一通残存する。

(107) 「肥後相良家文書」（『鎌倉遺文』一八〇五九号）。

同内容の文書として、相良頼員宛正応五年（一二九二）十二月一日付関東御教書（「肥後相良家文書」〈『鎌倉遺文』一八〇六〇号〉）、紐差四郎跡宛正応五年（一二九二）十二月一日付関東御教書案（「肥前武雄鍋島家文書」〈『鎌倉遺文』一八〇六一号〉）、横溝馬次郎宛正応六年（一二九三）正月二十五日付関東御教書（「筑後国史三十七横溝氏」〈『鎌倉遺文』一八〇九九号〉）がある。

相田二郎氏は前掲著書において、勲功の賞の段階的沙汰に関連してこれらの文書に触れられている。

(108) 漆原徹前掲著書。

(109) 「島津家文書」（『鎌倉遺文』四〇一号）。

(110) 『吾妻鏡』（『鎌倉遺文』二〇〇三号）。

(111) 「予陽河野家譜」（『鎌倉遺文』二七六二号）。

(112) 『吾妻鏡』（『鎌倉遺文』六八三五号）。

(113) 相田二郎前掲著書。

(114) 漆原徹前掲著書。

表27　弘安の役前守護発給異国警固番役催促状一覧

	年月日	文書名	署判者	宛所	出典	遺文番号
1	文永九年(一二七二)二月朔日	豊後守護大友頼泰書状	頼泰（花押）	野上太郎（資直）	尊経閣所蔵野上文書	一〇九六四
2	文永十二年(一二七五)五月十二日	大友頼泰書下案	前出羽守在判		肥後志賀文書	一一八八三
3	建治元年(一二七五)六月五日	豊後守護大友頼泰書状	前出羽守（花押）	野上太郎（資直）	尊経閣所蔵野上文書	一一九二三
4	建治元年(一二七五)九月二十二日	豊後守護大友頼泰書下	前出羽守（花押）	野上太郎（資直）	山城前田軍八所蔵文書	一二〇二二
5	建治二年(一二七六)三月五日	豊後守護大友頼泰書下	前出羽守（花押）		諸家文書纂十二	一二二五三
6	(弘安二年〈一二七九〉ヵ)十二月七日	島津久時書状案	久時御判	宮里郡司（紀正行ヵ）	薩摩宮里文書	一二六五五

表28　異国征伐軍勢催促状一覧

	年月日	文書名	署判者	宛所	出典	遺文番号
1	建治元年(一二七五)十二月八日	関東御教書案	武蔵守（北条義政）・相模守（北条時宗）在判	武田五郎次郎（信時）	東寺百合文書ア	一二一七〇
2	建治二年(一二七六)三月五日	豊後守護大友頼泰書下	前出羽守（花押）	野上太郎（資直）	諸家文書纂野上文書	一二二五二
3	建治二年(一二七六)三月二十一日	少弐経資書状案	経資在判	武雄大宮司	肥前武雄神社文書	一二二六九
4	建治二年(一二七六)後三月五日	島津久時書状案	久時御判	大隅五郎	薩藩旧記五忠経譜中	一二二九三
5	建治二年(一二七六)後三月五日	島津久時書状案	久時御判	吉富次郎	薩藩旧記五雑抄	一二二九四

表29　異国征伐軍勢催促請文一覧

	年月日	文書名	署判者	宛所	出典	遺文番号
1	(建治二年〈一二七六〉)三月十一日	持蓮請文	持蓮（花押）	惣公文	石清水文書	一二二六二
2	建治二年(一二七六)三月三十日	肥後窪田庄僧定愉請文	窪田庄預所僧定愉		石清水文書	一二二七一
3	建治二年(一二七六)三月三十日	肥後窪田庄僧定愉注進状	窪田庄預所僧定愉		石清水文書	一二二七五

	年月日	文書名	署判者	宛所	出典	遺文番号
4		筑前中村続軍勢注進状			豊後広瀬文書	一二二七六
5	（建治二年〈一二七六〉）三月三十日	寺原後家尼請文	寺原後家尼		石清水文書	一二二七七
6	建治二年（一二七六）閏三月一日	藤原重行請文	久米預所兵衛志藤原重行（裏花押）		石清水文書	一二二八七
7	（建治二年〈一二七六〉）閏三月一日	左衛門尉頼房請文	左衛門尉頼房（花押）		石清水文書	一二二八八
8	建治二年（一二七六）閏三月二日	僧某請文	僧□□		石清水文書	一二二八九
9	（建治二年〈一二七六〉）後三月二日	左衛門少尉某請文	左衛門少尉貞□（花押）		石清水文書	一二二九〇
10	（建治二年〈一二七六〉）後三月二日	菊池導空請文	沙弥導空（花押）		石清水文書	一二二九一
11	（建治二年〈一二七六〉）後三月三日	尼真阿請文	北山室地頭尼真阿（裏花押）		石清水文書	一二二九二
12	建治二年（一二七六）閏三月七日	井芹秀重（西向）請文	沙弥西向（裏花押）		石清水文書	一二二九七
13	（建治二年〈一二七六〉）閏三月八日	菅野兼保請文	左衛門尉菅野兼保		石清水文書	一二二九八

表30　弘安の役後異国警固番役催促状一覧

	年月日	文書名	署判者	宛所	出典	遺文番号	
1	弘安六年（一二八三）十二月二十一日	関東御教書案	駿河守（北条重時）在判・相模守（北条時宗）在判		薩摩八田家文書	二一三〇五	*1
2	弘安七年（一二八四）正月二十三日	島津忠宗施行状案	前下野守（島津忠宗）□判	□国地頭御家人并本所一円地及収納使	薩摩八田家文書	一五〇五七	
3	弘安九年（一二八六）十二月三十日	関東御教書案	陸奥守（北条業時）在判・相模守（北条貞時）在判	島津三郎左衛門尉（忠宗）	島津家文書	一六〇八二	*2
4	弘安十年（一二八七）正月二十九日	北条為時施行状	前遠江守（北条為時）（花押）	龍蔵寺三郎兵衛入道（季友）	肥前龍造寺文書	一六一六三	
5	正応二年（一二八九）二月三日	安定警固催促状案	左衛門尉安定在判	薩摩国地頭御家人并本所一円地及収納使	薩摩八田家文書	一六八七四	
6	正応二年（一二八九）五月二十一日	北条為時施行状案	前遠江守（北条為時）在判	青方太郎入道（能高）	肥前青方文書	一七〇一一	

7	正応五年（一二九二）十二月七日	関東御教書	陸奥守（北条宣時）（花押）・相模守（北条貞時）（花押）	隠岐入道（行景）後家（忍照）	二階堂文書	一八〇六三	
8	正応五年（一二九二）十二月七日	関東御教書案	陸奥守（北条宣時）在判・相模守（北条貞時）在判	隠岐入道（行景）後家（忍照）	二階堂文書	一八〇六四	*3
9	正応六年（一二九三）三月二十一日	関東御教書	陸奥守（北条宣時）（花押）・相模守（北条貞時）（花押）	島津下野三郎左衛門尉（忠宗）	島津家文書	一八一三〇	*2
10	永仁五年（一二九七）八月十五日	島津忠宗書状	忠宗（花押）	下野彦三郎左衛門尉（久長）	島津伊作家文書	一九四二九	
11	（乾元元年〈一三〇二〉）十二月七日	島津久時書状案	久時在判	宮里郡司	大隅有馬家文書	二一三三一	
12	嘉元二年（一三〇四）正月十一日	少弐盛経施行状	沙弥（少弐盛経）（花押）	中村弥二郎（続）	筑前中村文書	二一七二七	
13	嘉元三年（一三〇五）六月二十日	関東御教書	相模守（北条師時）（花押）	下野彦三郎左衛門尉（久長）	島津家文書	二二二四五	

*1…『鎌倉遺文』は「正安六年」に従って掲載しているが、注付けのとおり「弘安六年」とすべきである。
*2…一六〇八二号文書に対して一八一三一号文書、一八一三〇号文書に対して一六〇八一号文書の疑文書が「樺山氏文書」にある。（江平望氏「『鎌倉遺文』と島津家文書」〈『鎌倉遺文研究』第二号、一九九八年〉）
*3…一八〇六三の案文、島津貞久裏封『暦応四年十月五日』あり

表31　石築地役催促一覧

	年月日	文書名	署判者	宛所	出典	遺文番号
1	建治二年（一二七六）三月十日	少弐経資書状	少弐（経資）（花押）	深江村地頭	肥前深江文書	一二二六〇
2	弘安九年（一二八六）八月二十七日	少弐経資書下案	大宰少弐（経資）（花押影）	友清又次郎入道	肥前青方文書	一五九六六
3	弘安十年（一二八七）三月二十九日	浄恵（少弐経資）書下	浄恵（経資）（花押）		筑前中村文書	一六二二四
4	正応六年（一二九三）四月二十一日	北条兼時書下案	越後守（北条兼時）御判	下野三郎左衛門尉（島津忠宗）	比志島文書	一八一七八
5	（正応六年〈一二九三〉）四月二十三日	島津忠宗施行状案	左衛門尉（島津忠宗）在判	薩摩国地頭御家人	比志島文書	一八一七九
6	永仁五年（一二九七）六月二十二日	肥前守護代平岡為尚書下案	右衛門尉為尚（花押影）	青方四郎（高家）	肥前青方文書	一九三九九
7	永仁六年（一二九八）七月二十日	石築地配分状			薩摩入来院文書	一九七四九
8	永仁六年（一二九八）八月一日	某書下案	在御判		肥前青方文書	一九七五三

	年月日	文書名	署判者	宛所	出典	遺文番号
9	正安二年(一三〇〇)六月二十一日	大隅守護代藤原範政書状案	守護代藤原範政在判	加治木郡司（政平カ）	薩藩旧記雑録前編巻十一古写在垂水遠矢十郎兵衛	二〇四六八
10	正安二年(一三〇〇)閏七月七日	直兼書下案	直兼在判	成恒太郎右衛門入道代	末久文書	二〇五〇八
11	正安四年(一三〇二)十月八日	平岡為政書下案	左兵衛允(平岡為政)	白魚九郎（時高）	肥前青方文書	二一二五九
12	乾元二年(一三〇三)後四月十七日	少弐崇恵（盛経）施行状	崇恵(少弐盛経)(花押)	末弘名中村弥二郎（続）	豊後広瀬家文書	二一五〇〇
13		某書下案		豊後国守護代	豊後生桑寺文書	二一七三三
14	嘉元四年(一三〇六)正月二十八日	薩摩守護島津氏奉行人連署奉書	阿忍(花押)・本性(酒匂)(花押)	比志嶋（忠範カ）	比志島文書	二二五一四
15	元亨二年(一三二二)五月一日	少弐貞経書下	大宰少弐(貞経)(花押)		豊前到津文書	二八〇一三
16	元亨二年(一三二二)五月八日	少弐貞経書下	大宰少弐(貞経)(花押)		肥後森本氏所蔵文書	二八〇二〇
17	元徳四年(一三三二)二月一日	妙恵（少弐貞経）御教書	妙恵(少弐貞経)(花押)	中村（弥次郎）	筑前中村文書	三一六七〇

表32　元弘の変軍勢催促状一覧

	年月日	文書名	署判者	宛所	出典	遺文番号
1	元弘元年(一三三一)九月二日	六波羅御教書	(花押)(北条仲時)	隅田庄人々	紀伊隅田家文書	三一五九〇
2	元弘元年(一三三一)九月五日	大友具簡（貞宗）書下	沙弥(大友具簡)(花押)	豊前蔵人三郎入道(田原正曇)	豊後草野文書	三一五九一
3	正慶元年(一三三二)十二月五日	六波羅御教書案	左近将監(北条時益)判有・越後守(北条仲時)判有	須田一族中	紀伊隅田家文書	三一九一一
4	正慶元年(一三三二)十二月九日	関東御教書	右馬権頭(北条茂時)(花押)・相模守(北条守時)(花押)	熊谷彦四郎（直氏）	長門熊谷家文書	三一九一五*
5	正慶元年(一三三二)十二月二十五日	関東御教書	右馬権頭(北条茂時)(花押)・相模守(北条守時)(花押)	日根野雅楽左衛門尉(盛治、入道道悟)	和泉日根野文書	三一九三三
6	正慶二年(一三三三)二月三十日	関東御教書	右馬権頭(北条茂時)(花押)・相模守(北条守時)(花押)	東大寺衆徒	尊経閣文庫文書	三二〇〇三

7	正慶二年(一三三三)三月十日	前常陸介時知施行状	前常陸介(時知)(花押)	勝尾寺衆徒	摂津勝尾寺文書	三二〇五二
8	正慶二年(一三三三)四月二十七日	櫻田師顕軍勢催促状	前参河守(櫻田師顕)(花押)	禰寝弥次郎	大隅池端文書	三二一一五

＊漆原徹氏は三二九一五号文書を感状と考えている。たしかに文書中に褒章文言が含まれてはいるが、この文書の発給主要目的は「引率庶子親類、可抽軍忠」の軍勢催促にある。

表33　京都大番役催促一覧

	年月日	文書名	署判者	宛所	出典	遺文番号
1	建久三年(一一九二)六月二十日	前右大将（頼朝）家政所下文	前因幡守中原(大江広元)等	美濃国御家人	吾妻鏡建久三年六月廿日条	五九六
2	建久七年(一一九六)十一月七日	前右大将（頼朝）家政所下文案	兵庫頭中原朝臣判等	和泉国御家人	筑後和田文書	八八一
3	建久八年(一一九七)八月十九日	源頼朝御教書案	前右京進中原(仲業)在判等		高野山文書又続宝簡集百一	九三四
4	建久八年(一一九七)十二月三日	前右大将（頼朝）家政所下文案	前因幡守中原朝臣(大江広元)等	左兵衛尉惟宗忠久	島津家文書	九五〇
5	建久八年(一一九七)十二月二十四日	内裏大番役支配注文写	右衛門兵衛尉在判	薩摩国御家人	薩摩長谷場文書	九五四
6	建久八年(一一九七)十二月二十四日	内裏大番役支配注文	左衛門尉在判	薩摩国地頭家人	薩藩旧記一江田源助蔵本	九五五
7	建久八年(一一九七)十二月二十四日	内裏大番役支配注文	右兵衛尉在判	薩摩国御家人	薩藩旧記一大村市来与市左衛門蔵	九五六
8	建保三年(一二一五)十月四日	関東御教書案	図書允清原(清定)在判	島津左衛門尉（忠久）	薩藩旧記二	二一八二
9	(建保三年〈一二一五〉)十一月二十一日	島津忠久書状案	在判(島津忠久)	みやさとの八郎	薩藩旧記二	二一九二
10	(寛喜二年〈一二三〇〉)閏正月二十六日	関東御教書	武蔵守(北条泰時)・相模守(北条時房)	某	吾妻鏡寛喜二年閏正月廿六日条	三九四九
11	卯月七日	六波羅番役催促状	(袖花押)(北条重時)、為儀	ふかほりの左エ門(能仲)	肥前深堀家文書	三九七八
12	文暦元年(一二三四)正月日	関東御教書	左京権大夫(北条泰時)・修理権大夫(北条時房)	某	新編追加	四七〇三

	年月日	文書名	署判者	宛所	出典	遺文番号
13	嘉禎四年(一二三八)十月日	八条辻固御家人交名案	在御判		紀伊崎山文書	五三一八
14	建長元年(一二四九)八月二十三日	関東御教書	相模守時頼(花押)・陸奥守重時(花押)	左近大夫将監（北条長時）	尾張文書通覧	七一一一
15	正嘉三年(一二五九)二月二十日	関東御教書	武蔵守(北条長時)(花押)・相模守(北条政村)(花押)	深堀太郎（時光）	肥前深堀家文書	八三四九
16	弘長二年(一二六二)三月十七日	関東御教書	武蔵守(北条長時)(花押)・相模守(北条政村)(花押)	庄四郎入道	長府毛利家文書	八七八一
17	弘長二年(一二六二)七月十日	関東御教書案	武蔵守(北条長時)在御判・相模守(北条政村)在御判	島津大隅前司入道（忠時）	薩摩八田家文書	八八二八
18	弘長二年(一二六二)八月十一日	沙弥道仏（島津忠時）書下案	沙弥(道仏)在判	薩摩平十郎	薩藩旧記指宿助左衛門文書	八八五二
19	弘長二年(一二六二)八月十一日	沙弥道仏（島津忠時）書下	沙弥(道仏)(花押)	薩摩郡平三郎	薩摩延時文書	八八五三
20	弘長二年(一二六二)八月十一日	沙弥道仏（島津忠時）書下	沙弥(道仏)(花押)	満家非志嶋太郎	薩摩比志島文書	八八五四
21	弘長二年(一二六二)八月十一日	沙弥道仏（島津忠時）書下案	沙弥(道仏)在判	宮里郷郡司名主	薩摩八田家文書	八八五五
22	弘長二年(一二六二)八月十一日	沙弥道仏（島津忠時）書下案	沙弥(道仏)在判	国分左衛門尉	薩藩旧記国分氏文書	八八五六
23	二月十四日	沙弥道仏（島津忠時）書状案	在判(道仏カ)	国分左衛門尉	薩藩旧記国分氏文書	八八五八
24	文永元年(一二六四)四月二十日	関東御教書写	武蔵守(北条長時)・相模守(北条政村)	小早河美作四郎(政景)	小早川家文書	九〇七八
25	文永五年(一二六八)二月二十六日	関東御教書	相模守(北条時宗)(花押)・左京権大夫(北条政村)(花押)	深堀太郎（時光）	肥前深堀家文書	九八六四
26	文永六年(一二六九)二月二十四日	六波羅御教書案	散位(北条時輔)在御判・陸奥守(北条時茂)在御判	若狭四郎入道（定蓮、忠清）	東寺百合文書エ	一〇三八九
27	文永八年(一二七一)十二月二十二日	関東御教書	相模守(北条時宗)(花押)・左京権大夫(北条政村)(花押)	加治豊後左衛門入道	尾張文書通覧	一〇九四一
28	文永十年(一二七三)十一月十四日	行兼等連署奉書写	行兼(花押)・清長(花押)・行平(花押)・光綱(花押)	鶴丸名主	小早川家文書	一一四六四

※京都大番役請文					
（建保二年〈一二一四〉カ）六月三十日	遠江守大江親広請文	遠江守親広		醍醐寺蔵諸尊道場観集裏文書	補六四八

表34　海賊取締り命令一覧

	年月日	文書名	署判者	宛所	出典	遺文番号
1	弘安五年（一二八二）十一月九日	関東御教書案	平（北条時宗カ）御判	武雄大宮司	肥前武雄神社文書	一四七三五
2	徳治二年（一三〇七）三月二十五日	関東御教書	陸奥守（北条宗宣）（花押）・相模守（北条師時）（花押）	河野六郎（通有）	前田家所蔵文書	二二九〇一
3	徳治三年（一三〇八）三月二十五日	関東御教書	陸奥守（北条宗宣）（花押）・相模守（北条師時）（花押）	河野六郎（通有）	尊経閣所蔵古蹟文徴	二三二一〇
4	延慶二年（一三〇九）六月二十九日	関東御教書	陸奥守（北条宗宣）（花押）・相模守（北条師時）（花押）	河野対馬守（通有）	尊経閣所蔵文書	二三七一九
5	元応二年（一三二〇）八月十七日	六波羅御教書案	陸奥守（北条維貞）在判	児玉兵衛丞（頼行）	山口県文書館蔵児玉主計広高文書	二七五四七
6	元応二年（一三二〇）八月十七日	六波羅御教書案	陸奥守（北条維貞）	児玉四郎入道（高行）	萩藩閥閲録十七児玉三郎右衛門	二七五四八
7	元応二年（一三二〇）八月十七日	六波羅御教書	陸奥守（北条維貞）（花押）	児玉七郎入道（光行）	防府毛利家文書	二七五四九
8	元応三年（一三二一）二月十三日	六波羅御教書	陸奥守（北条維貞）（花押）	河野対馬前司（通有）・土居彦九郎（通増カ）	尊経閣所蔵武家手鑑	二七七一三

表35　着到状一覧

	年月日	文書名	署判者	宛所	内容	証判	出典	遺文番号
1		和泉国御家人着到注文	武蔵守(北条長時)・相模守(北条政村)		正嘉二年三月廿日高野御幸、同廿二日政所御所宿直		和泉和田文書	八二〇一
2	文永九年(一二七二)二月十二日	幕府(?)北門宿直着到			北門宿直着到	「承了、(花押)」(北条時宗)	肥前実相院文書	一〇九七四
3	弘安八年(一二八五)十一月二十三日	広峯長祐着到状写		平左近将監	霜月騒動	承判	広峯胤忠氏所蔵文書	一五七四三
4	正応三年(一二九〇)卯月十日	広峯長祐着到状	法橋長祐　上	御奉行所	朝原八郎事件	「承了(花押)」	広峯胤忠氏所蔵文書	一七三一一
5	(正応三年〈一二九〇〉)四月二十一日	渋谷重村着到状	平重村(裏花押)	御奉行所	朝原八郎事件	「承了(花押)」(北条兼時)	入来院岡元家文書	一七三三一
6	(正応三年〈一二九〇〉)四月二十一日	渋谷重村着到状	平重村(裏花押)	御奉行所	朝原八郎事件	「承了(花押)」(北条盛房)	入来院岡元家文書	一七三三二
7	(正応三年〈一二九〇〉)四月二十一日	出雲泰孝代政行着到状	国造泰孝代政行　状	御奉行所	朝原八郎事件	「承了(花押)」	出雲千家文書	一七三三三
8	正応三年(一二九〇)五月六日	源景頼着到状	源景頼　上	御奉行所	朝原八郎事件	「承候了(花押)」(北条兼時)	長門毛利家文書	一七三四二
9	正応六年(一二九三)五月七日	野上資直着到状			平禅門の乱	「承了(花押)」(北条兼時)	諸家文書纂十野上文書	一八一九〇
10	正応六年(一二九三)五月七日	佐多定親代治部房了親着到状	了親　上		平禅門の乱	「承了(花押)」(北条兼時)	禰寝文書	一八一九一
11	正応六年(一二九三)五月八日	武雄頼門着到状案	肥前国御家人武雄大宮司頼門　裏判		平禅門の乱	承了　御判(北条兼時)	肥前武雄神社文書	一八一九二
12	正応六年(一二九三)五月九日	大江通継着到状	大江通継　上		平禅門の乱	「承了(花押)」(北条兼時)	肥前来島文書	一八一九三
13	正応六年(一二九三)五月九日	大江通継着到状	大江通継　上(裏花押)		平禅門の乱	「承了(花押)」(北条定宗)	肥前来島文書	一八一九四
14	正応六年(一二九三)五月十日	寂妙(大神惟親)着到状			平禅門の乱	「承了(花押)」(北条兼時)	豊後都甲文書	一八一九五

15	正応六年（一二九三）五月二十九日	中村続着到状			平禅門の乱	「承了（花押）」（北条兼時）	豊後広瀬家所蔵文書	一八二一二
16	正応六年（一二九三）六月六日	大蔵種忠着到状	大蔵種忠　上		平禅門の乱	「承候了（花押）」（北条兼時）	薩摩延時文書	一八二二一
17	正応六年（一二九三）六月十三日	比志島忠範着到状	源忠範		平禅門の乱	「承了（花押）」（北条兼時）	比志島文書	一八二三二
18	（永仁六年〈一二九八〉）八月十三日	愛王丸着到状	愛王丸　上	御奉行所	山門の騒動	「承了（花押）」	和田文書	一九七六六
19	嘉元三年（一三〇五）五月七日	萬行胤成着到状			北条宗方討伐	「承了（花押）」（北条師時）袖判	天野文書	二二二〇二
20	元亨四年（一三二四）十月十八日	深堀政綱着到状	平政綱（花押）	御奉行所	正中の変	「承了（花押）」（北条英時）	肥前深堀家文書	二八八四八
21	元亨四年（一三二四）十月十八日	青方高継着到状案	藤原高継	御奉行所	正中の変	「承了（花押影）」（北条英時）	肥前青方文書	二八八四九
22	元亨四年（一三二四）十月十九日	福田兼信着到状写	平兼信	御奉行所	正中の変		肥前福田文書	二八八五〇
23	元亨四年（一三二四）十月十九日	都甲惟遠着到状	沙弥妙仏（裏花押）	御奉行所	正中の変	「承了（花押）」（北条英時）	豊後都甲文書	二八八五一
24	元亨四年（一三二四）十月二十日	武雄頼門代安門着到状	入真代藤原安門（裏花押）	御奉行所	正中の変	「承了（花押）」（北条英時）	肥前武雄神社文書	二八八五二
25	元亨四年（一三二四）十月二十日	河上家久着到状	大蔵家久	御奉行所	正中の変	「承了（花押）」（北条英時）	薩摩河上文書	二八八五三
26	元亨四年（一三二四）十月二十一日	延時忠種着到状	平忠種	御奉行所	正中の変	「承了（花押）」（北条英時）	薩摩延時文書	二八八五四
27	元亨四年（一三二四）十月二十一日	慶恵着到状案	僧慶恵　在裏判	御奉行所	正中の変	承了　御判	大隅有馬文書	二八八五五
28	元亨四年（一三二四）十月二十一日	班目政泰着到状	橘政泰（裏花押）　上	御奉行所	正中の変	「承了（花押）」（北条英時）	薩摩班目文書	二八八五六
29	元亨四年（一三二四）十月二十五日	大河幸蓮着到状	沙弥幸蓮（花押）	御奉行所	正中の変	「承了（花押）」（北条英時）	肥前大川文書	二八八六一
30	元徳三年（一三三一）十月十七日	屋形諸利着到状写	宇佐諸利　上	御奉行所	元弘の変	「承候了（花押影）」（北条英時）	豊前時枝文書	三一五二四
31	元徳三年（一三三一）十月十七日	屋形諸利着到状写	宇佐諸利　上	御奉行所	元弘の変	「承候了（花押影）」（北条英時）	豊前屋形米二郎文書	三一五二五

	年月日	文書名	署判者	宛所	内容	証判	出典	遺文番号
32	元徳三年（一三三一）十月十七日	紀俊正着到状案	紀俊正　在裏判		元弘の変	承了　在御判（北条英時）	薩摩新田神社文書	三一五二六
33	元徳三年（一三三一）十月十九日	班目行恵着到状	沙弥行恵	御奉行所	元弘の変	「承候了（花押）」（北条英時）	薩摩班目文書	三一五二七
34	元徳三年（一三三一）十月十九日	河上導乗着到状	沙弥導乗	御奉行所	元弘の変	「承候了（花押）」（北条英時）	薩摩河上文書	三一五二八
35	元徳三年（一三三一）十月十九日	仲原尚友着到状	仲原尚友	御奉行所	元弘の変		薩藩旧記前編十六清水士上原喜八家蔵	三一五二九
36	元徳三年（一三三一）十月二十日	建部別当丸着到状	建部別当丸　上	御奉行所	元弘の変	「承了（花押）」（北条英時）	大隅池端文書	三一五三〇
37	元徳三年（一三三一）十月二十三日	班嶋納着到状	源納	御奉行所	元弘の変	「承了（花押）」（北条英時）	肥前班嶋文書	三一五三六

＊佐藤進一氏は『古文書学入門』（法政大学出版局、一九七一年）において、『鎌倉遺文』に未収録の元亨四年十月三日付和田助家着到状を示されている。この文書は六波羅探題北方北条範貞証判がある。荻野三七彦氏も「古文書と軍事史研究」（『軍事史学』第三五号、第三六号、第三七・三八合併号、一九七三年、一九七四年）において、同文書を例示されている。

表36　軍忠状一覧

	年月日	文書名	署判者	宛所	証判	出典	遺文番号	
1	正慶二年（一三三三）閏二月八日	熊谷直経着到状案	平直経	御奉行所		長門熊谷家文書	三二〇一一	＊
2	正慶二年（一三三三）閏二月二十七日	熊谷直経合戦手負注文	平直経（花押）		「資信（花押）・能秀（花押）」	長門熊谷家文書	三二〇四三	
3	正慶二年（一三三三）閏二月二十七日	熊谷直氏合戦手負注文			「定恵（花押）・資景（花押）」	長門熊谷家文書	三二〇四四	
4	正慶二年（一三三三）三月七日	熊谷直経合戦手負注文	平直経（花押）		「定恵（花押）・資景（花押）」	長門熊谷家文書	三二〇五〇	
5	正慶二年（一三三三）三月十三日	熊谷直氏合戦手負注文	平直氏（花押）		「資景（花押）・定恵（花押）」	長門熊谷家文書	三二〇五五	
6	正慶二年（一三三三）四月二日	熊谷直経合戦手負注文	平直経（花押）		「定恵（花押）・資清（花押）」	長門熊谷家文書	三二〇八〇	

＊『鎌倉遺文』は着到状としているが、内容は軍忠状である。

表37　問状一覧

	年月日	文書名	署判者	宛所	出典	遺文番号
1	建治元年(一二七五)十一月二十三日	大友頼泰書下	(大友)頼泰(花押)	都甲左衛門五郎(惟親)	豊後都甲文書	一二一三〇
2	建治三年(一二七七)七月五日	大友頼泰書下	(大友)頼泰(花押)	斑嶋右衛門三郎(淳)	東大史料編纂所所蔵斑嶋文書	一二七六九
3	弘安四年(一二八一)八月十日	北条時定書下	平(北条時定)(花押)	舟原三郎・河上又次郎・源右衛門太郎兵衛尉・益田大夫・志佐小次郎・空閑三郎	山代松浦文書	一四四一八
4	弘安四年(一二八一)十二月二日	大友頼泰書下案	前出羽守(大友頼泰)	古後左衛門尉・帆足兵衛尉	筑前右田家文書	一四五一四
5	弘安五年(一二八二)三月二日	北条時定書下	平(北条時定)(花押)	山代又三郎(栄)	山代松浦文書	一四五八六
6	弘安五年(一二八二)九月二十五日	北条時定書下	平(北条時定)(花押)	船原三郎・橘薩摩河上又次郎	山代松浦文書	一四七〇二
7	弘安六年(一二八三)三月二十二日	北条時定書下	平(北条時定)(花押)	志佐三郎入道・津吉円性・平戸平五郎・益田大夫・有田次郎・大嶋又次郎	山代松浦文書	一四八一一
8	弘安七年(一二八四)四月十二日	少弐景資書状写	(少弐)景資判	神山四郎	筑後五條文書	一五一五〇

表38　召文一覧

	年月日	文書名	署判者	宛所	出典	遺文番号
1	建治元年(一二七五)十一月六日	鎮西東方奉行召文	(小田原)景泰(花押)	児玉又二郎・伊美兵衛二郎・都甲左衛門五郎(惟親)	豊後都甲文書	一二一〇七
2	建治三年(一二七七)六月十五日	鎮西東方奉行所召文	(大友)頼泰(花押)	都甲左衛門五郎(惟親)	豊後都甲文書	一二七五二
3	弘安五年(一二八二)八月十日	少弐経資書下	少弐(経資)(花押)	中村源四郎允	豊後中村家文書	一四六八三
4	弘安六年(一二八三)三月十九日	北条時定書下	平(北条時定)(花押)	山代又三郎(栄)	山代松浦文書	一四八〇七
5	弘安七年(一二八四)六月十九日	大友頼泰書下	沙弥(大友頼泰)(花押)	野上太郎(資直)	尊経閣文庫野上文書	一五二一四
6	弘安七年(一二八四)六月十九日	大友頼泰書下	沙弥(大友頼泰)(花押)	森三郎(朝通)	尊経閣文庫野上文書	一五二一五
7	弘安七年(一二八四)六月十九日	大友頼泰書下	沙弥(大友頼泰)(花押)	帆足兵衛尉	大倉氏採集右田家文書	一五二一六
8	弘安八年(一二八五)三月二十七日	大友頼泰書下	沙弥(大友頼泰)(花押)	野上太郎(資直)	尊経閣文庫野上文書	一五四九三

表39　京都大番役覆勘状一覧

	年月日	文書名	署判者	宛所	出典	遺文番号	
1	(暦仁二年〈一二三九〉カ)正月四日	武藤資能京都大番役請取状	前豊前守(武藤資能)(花押)	大嶋二郎	来島文書	五三七一	*1
2	正月四日	武藤資能京都大番役請取状案	前豊前守(武藤資能)在判	石志二郎	肥前石志文書	五三七二	*2
3	建長六年(一二五四)四月八日	島津忠時大番役請取案	在判(島津忠時)	宮里郡司	薩摩八田家文書	七七三〇	
4	正月三十日	沙弥道仏(?・)大番役覆勘状案	在判(道仏カ)	国分左衛門尉	薩藩旧記国分氏文書	八八五七	
5	弘長四年(一二六四)正月二日	道仏(島津忠時)大番役覆勘状	道仏(島津忠時)(花押)	比志嶋太郎	薩摩比志島文書	九〇三七	
6	弘長四年(一二六四)正月十三日	道仏(島津忠時)大番役覆勘状	道仏(島津忠時)(花押)	成岡二郎	薩摩延時文書	九〇四〇	
7	弘安二年(一二七九)十月十五日	沙弥等連署奉書	僧(花押)・僧(花押)・左衛門尉・沙弥(花押)		摂津広峯神社所蔵文書	一三七三八	
8	弘安六年(一二八三)十二月十六日	沙弥某・平某連署覆勘状案	沙弥在判・平在判	後藤内記	後藤文書	一五〇二七	
9	弘安八年(一二八五)十月四日	六波羅奉行人連署奉書案	左衛門尉在判・沙弥同・左衛門同		美濃長善寺文書	一五七〇三	
10	弘安八年(一二八五)十月七日	六波羅奉行人連署奉書	兵庫助(花押)・左衛門尉(花押)		和田文書	一五七〇五	
11	正安三年(一三〇一)七月二日	良意覆勘状	良意(花押)	和田修理亮(清通)	和泉和田文書	二〇八一四	

*1・*2ともに瀬野精一郎氏の説に従い、暦仁二年とすべきであろう。

表40　異国警固番役覆勘状一覧

	年月日	文書名	署判者	宛所	出典	遺文番号	備考
1	文永九年(一二七二)五月十七日	覚恵(少弐資能)覆勘状	覚恵(少弐資能)(花押)	盛岡二郎	薩藩旧記五延時文書	一一〇三四	
2	(文永九年〈一二七二〉カ)七月二十五日	覚恵(少弐資能)覆勘状	覚恵(少弐資能)(花押)	薩摩国千嶋太郎(佐範)代河田右衛門尉(盛資)	薩摩比志島文書	一一〇六八	*1
3	建治三年(一二七七)正月二十七日	島津久時覆勘状	久時(花押)	比志嶋太郎(佐範)	薩摩比志島文書	一二六五四	石築地

4	建治三年(一二七七)四月一日	少弐経資覆勘状	経資(花押)	斑島右衛門三郎(淳)	東大史料編纂所所蔵斑島文書	一二六九七	
5	弘安三年(一二八〇)四月一日	信蓮覆勘状	御代くわん信蓮(花押)	ひしゝま太郎(祐範)	薩摩比志島文書	一三九〇六	
6	弘安三年(一二八〇)九月十二日	少弐経資覆勘状	経資(花押)	深堀(時仲)	肥前深堀家文書	一四一〇〇	*2
7	弘安三年(一二八〇)十一月七日	少弐経資覆勘状案	経資在判	白魚九郎(時高)	肥前青方文書	一四一六九	
8	弘安四年(一二八一)五月一日	右衛門尉覆勘状	右衛門尉(花押)	日四嶋代河田右衛門尉(盛資)	薩摩比志島文書	一四三一六	
9	弘安五年(一二八二)七月三十日	北条時定(為時)覆勘状	時定(花押)	龍造寺小三郎(家清)	肥前龍造寺文書	一四六七二	
10	(弘安五年〈一二八二〉)十一月四日	千葉宗胤覆勘状	宗胤(花押)	佐多弥九郎(定親)	坂口忠智氏所蔵文書	一四七三二	*3
11	弘安六年(一二八三)四月二十九日	北条時定(為時)覆勘状	時定(花押)	龍造寺小三郎左衛門(家清)	肥前龍造寺文書	一四八四三	
12	弘安六年(一二八三)七月二十九日	北条時定(為時)覆勘状	時定(花押)	龍造寺小三郎左衛門(家清)代又二郎	肥前龍造寺文書	一四九一八	
13	弘安六年(一二八三)十月二十二日	千葉宗胤覆勘状	宗胤(花押)	佐多弥九郎(定親)	禰寝文書	一四九七九	
14	弘安七年(一二八四)正月二十九日	北条時定(為時)覆勘状	時定(花押)	龍造寺小三郎左衛門(家清)代又三郎	肥前龍造寺文書	一五〇六〇	
15	弘安七年(一二八四)閏四月十六日	北条時定(為時)覆勘状	時定(花押)	龍造寺小三郎左衛門入道(家清)代又次郎入道	肥前龍造寺文書	一五一八〇	
16	弘安七年(一二八四)後四月二十一日	島津宗忠覆勘状	宗忠(花押)	比志嶋太郎(佐範)	薩摩比志島文書	一五一八二	石築地
17	弘安七年(一二八四)五月十二日	千葉宗胤覆勘状	宗胤(花押)	佐汰弥九郎(定親)	坂口忠智氏所蔵文書	一五一九五	
18	弘安七年(一二八四)八月一日	北条時定(為時)覆勘状	時定(花押)	龍造寺左衛門入道(家清)代又次郎入道	肥前龍造寺文書	一五二七〇	
19	弘安七年(一二八四)八月一日	北条時定(為時)覆勘状	時定(花押)	龍造寺六郎入道(家益)代九郎三郎	肥前龍造寺文書	一五二七一	
20	弘安八年(一二八五)五月一日	島津忠宗覆勘状	忠宗	満家院比志嶋入道(祐範)	薩摩比志島文書	一五五八一	
21	弘安八年(一二八五)九月十七日	島津忠宗覆勘状案	忠宗在判	原田四郎(忠俊)	早稲田大学所蔵禰寝文書	一五六九四	
22	弘安八年(一二八五)十月晦日	北条時定(為時)覆勘状案	時定在御判	白魚九郎(時高)	肥前青方文書	一五七一六	

	年月日	文書名	署判者	宛所	出典	遺文番号	備考
23	弘安九年（一二八六）八月晦日	千葉宗胤覆勘状	宗胤	佐多弥九郎（定親）	坂口忠智氏所蔵文書	一五九六七	
24	弘安十年（一二八七）三月三十日	北条為時覆勘状	為時（花押）	龍造寺六郎入道（家益）	肥前龍造寺文書	一六二二七	
25	弘安十年（一二八七）六月晦日	北条為時覆勘状案	為時在御判	白魚九郎（時高）	肥前青方文書	一六二八五	
26	弘安十年（一二八七）十一月二十九日	北条為時覆勘状	為時（花押）	深堀弥五郎（時仲）	肥前深堀家文書	一六四〇二	
27	弘安十年（一二八七）十二月晦日	北条為時覆勘状案	為時在御判	白魚九郎（時高）	肥前青方文書	一六四四一	
28	弘安十一年（一二八八）五月晦日	北条為時覆勘状	為時（花押）	深堀弥五郎（時仲）	肥前深堀家文書	一六五九四	
29	正応元年（一二八八）七月一日	島津忠宗覆勘状案	忠宗在判	原田四郎（忠俊）	早稲田大学所蔵禰寝文書	一六六八八	
30	正応元年（一二八八）八月一日	千葉宗胤覆勘状	宗胤（花押）	佐汰弥九郎（定親）	坂口忠智氏所蔵文書	一六七〇九	
31	正応元年（一二八八）十月晦日	北条為時覆勘状案	為時在御判	白魚九郎（時高）	肥前青方文書	一六八〇〇	
32	正応元年（一二八八）十二月晦日	北条定宗覆勘状案	定宗在御判	白魚九郎（時高）	肥前青方文書	一六八四〇	
33	正応二年（一二八九）四月五日	島津忠宗覆勘状	忠宗（花押）	比志嶋孫太郎（忠範）	薩摩川田家文書	一六九五二	*4、石築地
34	正応二年（一二八九）五月晦日	北条為時覆勘状	為時（花押）	深堀弥五郎（時仲）	肥前深堀家文書	一七〇二一	
35	正応二年（一二八九）後十月二十五日	島津忠宗覆勘状案	忠宗	原田四郎（忠俊）	早稲田大学所蔵文書	一七一八九	
36	正応二年（一二八九）十二月十五日	島津忠宗覆勘状	忠宗（花押）	比志嶋孫太郎（忠範）	薩摩比志島文書	一七二三〇	
37	正応三年（一二九〇）六月三十日	島津忠宗覆勘状案	忠宗在判	原田四郎（忠俊）	早稲田大学所蔵文書	一七三七八	
38	正応三年（一二九〇）十月一日	島津忠宗覆勘状案	忠宗在判	国分掃部助	薩藩旧記前編巻七国分氏文書	一七四五八	
39	正応三年（一二九〇）十二月十五日	島津忠宗覆勘状	忠宗（花押）	比志嶋孫太郎（忠範）	薩摩比志島文書	一七四九六	
40	正応四年（一二九一）六月晦日	北条定宗覆勘状案	定宗在御判	白魚九郎（時高）	肥前青方文書	一七六四二	
41	正応四年（一二九一）九月三日	千葉宗胤覆勘状	宗胤（花押）	佐汰弥九郎（定親）	禰寝文書	一七六七五	
42	正応四年（一二九一）九月晦日	北条定宗覆勘状	定宗（花押）	龍造寺六郎入道（家親）	肥前龍造寺文書	一七七〇一	

43	正応四年（一二九一）九月晦日	島津忠宗覆勘状案	忠宗在判	国分掃部助	薩藩旧記前編巻七国分氏文書	一七七〇二
44	正応四年（一二九一）十二月二十三日	薩摩守護代酒匂本性覆勘状	本性（花押）	比志嶋孫太郎（忠範）	薩摩比志島文書	一七七八一
45	正応五年（一二九二）閏六月十五日	称阿覆勘状案	称阿在判	原田四郎（忠俊）	早稲田大学所蔵禰寝文書	一七九五二
46	正応五年（一二九二）九月晦日	北条定宗覆勘状	定宗（花押）	龍造寺小三郎（家清）	肥前龍造寺文書	一八〇一三
47	正応六年（一二九三）七月十日	島津忠宗覆勘状案	忠宗在判	原田四郎（忠俊）	早稲田大学所蔵禰寝文書	一八二四八
48	永仁元年（一二九三）九月三十日	島津忠宗覆勘状案	忠宗在判	国分掃部助	薩藩旧記前編巻七国分氏文書	一八三七八
49	永仁元年（一二九三）十月五日	北条定宗覆勘状	定宗（花押）	龍造寺小三郎左衛門入道（家清）	肥前龍造寺文書	一八三八四
50	永仁元年（一二九三）十二月晦日	島津忠宗覆勘状	忠宗（花押）	比志嶋孫太郎（忠範）	薩摩比志島文書	一八四四一
51	永仁二年（一二九四）七月三十日	島津忠宗覆勘状	忠宗（花押）	新田宮執印代	薩摩新田神社文書	一八六〇七
52	永仁二年（一二九四）七月三十日	島津忠宗覆勘状案	（忠宗在判）	（国分掃部助）	薩藩旧記前編巻七国分氏文書	一八六〇八
53	永仁二年（一二九四）七月三十日	島津忠宗覆勘状	忠宗（花押）	原田四郎（忠俊）	早稲田大学所蔵文書	一八六〇九
54	永仁二年（一二九四）七月晦日	島津忠宗覆勘状案	忠宗在判	吉富二郎代	薩摩指宿文書	一八六一〇
55	永仁二年（一二九四）七月晦日	島津忠宗覆勘状案	忠宗在判	大隅五郎	薩藩旧記前編巻七町田氏文書	一八六一一
56	永仁二年（一二九四）七月晦日	島津忠宗覆勘状	忠宗（花押）	西俣又七郎	薩藩旧記前編巻七在西俣氏文書	一八六一二
57	永仁二年（一二九四）七月三十日	島津忠宗覆勘状	忠宗（花押）	満家比志嶋太郎（忠範）	薩摩比志島文書	一八六一三
58	永仁二年（一二九四）八月二日	北条時直覆勘状	平（北条時直）（花押）		禰寝文書	一八六一六 *5
59	永仁三年（一二九五）四月十六日	島津忠宗覆勘状	忠宗（花押）	新田宮執印	薩摩新田神社文書	一八八〇二
60	永仁三年（一二九五）七月三十日	少弐盛経覆勘状	盛経（花押）	中村弥二郎（続）	筑前中村文書	一八八八一
61	永仁四年（一二九六）七月二十九日	少弐貞経覆勘状	貞経（花押）	中村弥二郎（続）	筑前中村文書	一九一〇〇

	年月日	文書名	署判者	宛所	出典	遺文番号	備考
62	永仁四年(一二九六)九月七日	定時覆勘状	定時(花押)		坂口忠智氏所蔵禰寝文書	一九一三七	
63	永仁四年(一二九六)十月六日	島津忠宗覆勘状案	忠宗在判	国分掃部助	薩藩旧記前編巻七国分氏文書	一九一五九	
64	永仁五年(一二九七)八月一日	島津忠宗覆勘状案	忠宗在判	原田四郎(忠俊)	早稲田大学所蔵文書	一九四二一	
65	永仁五年(一二九七)八月四日	北条時直覆勘状	時直(花押)		禰寝文書	一九四二四	
66	永仁五年(一二九七)九月三十日	島津忠宗覆勘状案	忠宗在判		薩藩旧記前編巻七国分氏文書	一九四六一	
67	永仁六年(一二九八)六月三十日	島津忠宗覆勘状案	忠宗在判	原田四郎(忠俊)	早稲田大学所蔵文書	一九七二六	
68	永仁六年(一二九八)七月十日	島津忠宗覆勘状	忠宗(花押)	下野彦三郎左衛門尉(忠長)	島津家文書	一九七四一	
69	永仁六年(一二九八)八月三十日	肥前守護代平岡為尚覆勘状	為尚在判	白魚九郎(時高)	肥前青方文書	一九七七七	石築地
70	永仁六年(一二九八)十二月八日	島津忠宗覆勘状	忠宗(花押)	比志嶋孫太郎(忠範)	薩摩比志島文書	一九八九四	
71	正安元年(一二九九)十月十五日	島津忠宗覆勘状案	忠宗	国分掃部助	薩藩旧記前編十一国分氏文書	二〇二六三	
72	正安元年(一二九九)十月二十日	薩摩守護代酒匂本性覆勘状	本性(花押)	実相	島津伊作家文書	二〇二六七	
73	正安元年(一二九九)十一月一日	義兼覆勘状案	義兼在判	山田太郎右衛門入道(成恒道円)	豊前末久文書	二〇二八四	*6
74	正安元年(一二九九)十一月八日	北条時直覆勘状	平(北条時直)(花押)		坂口忠智氏所蔵文書	二〇二八七	
75	正安二年(一三〇〇)後七月二十六日	北条時直覆勘状	平(北条時直)(花押)		坂口忠智氏所蔵文書	二〇五三六	
76	正安二年(一三〇〇)十一月一日	義兼覆勘状案	義兼在判	山田太郎右衛門入道(成恒道円)	豊前末久文書	二〇六二三	*6
77	正安三年(一三〇一)七月二十五日	北条時直覆勘状	時直(花押)		坂口忠智氏所蔵文書	二〇八二八	*7
78	正安四年(一三〇二)八月二十八日	薩摩守護代酒匂本性覆勘状	本性(花押)	延時三郎入道(種忠、成仏)	薩摩延時文書	二一二二四	石築地

79	正安四年（一三〇二）十月十五日	肥前守護代平岡為政覆勘状案	為政判	白魚九郎入道（時高、行覚）	肥前青方文書	二一二六二	石築地
80	乾元二年（一三〇三）九月十七日	舜種覆勘状案	舜種在判	山田太郎右衛門入道（成恒道円）	豊前末久文書	二一六〇一	石築地
81	嘉元二年（一三〇四）十二月晦日	耀範覆勘状	耀範（花押）	中村弥二郎（続）	筑前中村文書	二二〇六九	
82	嘉元三年（一三〇五）後十二月二十九日	為尚覆勘状	為尚（花押）	佐多孫九郎（信親）	坂口忠智氏所蔵文書	二二四九二	
83	嘉元三年（一三〇五）閏十二月二十九日	薩摩守護代酒匂本性覆勘状	本性（花押）	下野彦三郎左衛門尉（忠長）御代官	島津伊作家文書	二二四九三	
84	徳治二年（一三〇七）三月二十三日	肥前守護代平岡為政覆勘状案	為政在判	武雄大宮司入道（頼門）	肥前武雄神社文書	二二九〇〇	
85	延慶三年（一三一〇）十二月十五日	薩摩守護代酒匂本性覆勘状	本性（花押）	比志嶋孫太郎（忠範）	薩摩比志島文書	二四一四一	

*1…一八六〇四号に「永仁二年か」とされるものがあるが、これは誤りである。（瀬野精一郎氏「『鎌倉遺文』無年号文書の重複について」早稲田大学大学院文学研究科紀要第三九輯、一九九三年）

*2…二四一〇一号に小異があるが、案文と考えられるものである。

*3…一四九八九号（禰寝文書）に「弘安六年」と年代比定された同文の文書があるが、これは誤りである。（瀬野精一郎氏「『鎌倉遺文』無年号文書の重複について」早稲田大学大学院文学研究科紀要第三九輯、一九九三年）

*4…一八一八〇号（比志嶋文書）に本文だけ記されたものがある。

*5…一八八八二号に「永仁三年」とする文書があるが、「二年」の誤り。

*6…この二通は年代以外同文であり、本来一通の文書が案文作成段階で「正安元年」と「正安二年」の二通が作成されてしまったと考えられる。

*7…二〇四九九号（禰寝文書）に「正安二年」とする同文の文書があるが、「三年」の誤り。

表41　着到覆勘状一覧

	年月日	文書名	署判者	宛所	内容	出典	遺文番号
1	元亨四年（一三二四）十一月十日	島津貞久請取案	貞久　在判	新田権執印	正中の変	薩摩新田神社文書	二八八七四
2	元亨四年（一三二四）十一月十日	島津貞久請取状	貞久（花押）	比志嶋孫太郎（忠範）	正中の変	薩摩比志島文書	二八八七五
3	元徳三年（一三三一）十月二十九日	本性着到請取状	本性（花押）	比志嶋彦太郎（義範）	元弘の変	薩摩比志島文書	三一五三八

表42　軍忠覆勘状一覧

	年月日	文書名	署判者	宛所	出典	遺文番号
1	文永十一年(一二七四)十二月七日	大友頼泰覆勘状写	頼泰	都甲左衛門五郎(惟親)	豊後都甲文書	一一七七一
2	弘安五年(一二八二)九月九日	北条時定書状	時定(花押)	竜造寺小三郎左衛門尉(家清)	肥前龍造寺文書	一四六九六

表43　挙状一覧

	年月日	文書名	署判者	宛所	出典	遺文番号
1	てんふく二年(一二三四)七月一日	北条重時挙状	駿河守重時	平左衛門尉	肥前深堀家文書	四六七九
2	文応元年(一二六〇)八月七日	北条時茂挙状	左近将監時茂(花押)	平三郎左衛門尉	肥前深堀家文書	八五四四
3	弘長二年(一二六二)正月九日	六波羅大番役覆勘状	左近将監時茂(裏花押)	平三郎左衛門尉	豊後都甲文書	八七五九 ＊
4	文永四年(一二六七)五月三十日	六波羅請文	散位平時輔(裏花押)・左近将監平時茂(裏花押)	平三郎左衛門尉	神宮文庫所蔵山中文書	九七一六 ＊
5	文永六年(一二六九)七月二十五日	六波羅挙状	散位平時輔・陸奥守平時茂	平左衛門尉	肥前深堀家文書	一〇四六三

＊『鎌倉遺文』では、「大番役覆勘状」「請文」となっているが、内容は挙状である。

表44　感状一覧

	年月日	文書名	署判者	宛所	内容	出典	遺文番号
1	(承久三年(一二二一))五月十九日	北条義時書状案	在判(北条義時)		承久の乱	島津家文書	二七四七
2	弘安八年(一二八五)十二月十八日	千葉宗胤書下	宗胤(花押)	佐汰弥九郎(定親)	安達盛宗追討	坂口忠智氏所蔵文書	一五七六四
3	元応元年(一三一九)閏七月二十五日	六波羅御教書写	前越後守(北条時敦)・陸奥守(北条維貞)	小早河美作民部大夫(朝平)	海賊搦め取り	小早川家文書	二七一七六
4	正慶元年(一三三二)十二月十九日	六波羅御教書案	左近将監(北条時益)判有・越後守(北条仲時)判有	隅田一族	元弘の変	紀伊隅田家文書	三一九二五
5	正慶二年(一三三三)四月二十一日	阿曽沼治時感状	治時(花押)	和田中次	元弘の変		未収録

表45　奥州征伐関係文書一覧

	年月日	文書名	署判者	宛所	内容	出典	遺文番号
1	文治五年(一一八九)二月九日	源頼朝袖判下文	(花押)(源頼朝)	島津忠久	軍勢催促	島津家文書	三六四
2	(文治五年〈一一八九〉)八月十五日	源頼朝袖判御教書	(花押)(源頼朝)、(平)盛時　奉	庄司次郎(畠山重忠)	狼藉禁止命令	島津家文書	四〇一
3	文治五年(一一八九)八月二十日いぬのとき	源頼朝書状			戦の指示	薩藩旧記雑録巻一	四〇二

表46　和田合戦関係文書一覧

	年月日	文書名	署判者	宛所	内容	出典	遺文番号
1	(建保元年〈一二一三〉)五月三日　巳剋	北条義時・大江広元連署書状	大膳大夫(大江広元)・相模守(北条義時)	某	戦の指示	吾妻鏡	二〇〇三
2	(建保元年〈一二一三〉)五月三日　酉剋	北条義時・大江広元連署書状	大膳大夫(大江広元)・相模守(北条義時)	佐々木左衛門尉(定綱)	落ち武者追討の指示	吾妻鏡	二〇〇四

表47　承久の乱関係文書一覧

	年月日	文書名	署判者	宛所	内容	出典	遺文番号
1	(承久三年〈一二二一〉)五月十九日	北条義時書状案	在判(北条義時)			島津家文書	二七四七
2	(承久三年〈一二二一〉)六月六日	北条義時袖判書状	(花押)(北条義時)、藤原兼佐　奉	いちかはの六郎刑部	感状	出羽市河文書	二七五三
3	承久三年(一二二一)六月二十八日	六波羅下知状案	武蔵守(北条泰時)在判		河野通信を召進めよ	予陽河野家譜	二七六二
4	(承久三年〈一二二一〉)七月十二日	北条泰時書状	武蔵守(北条泰時)(花押)	島津左衛門尉(忠久)	島津忠時の出雲下向	島津家文書	二七六五
5	承久三年(一二二一)七月十二日	北条泰時書状案	武蔵守(北条泰時)在判	藤内左衛門尉	島津忠時の出雲下向	島津家文書	二七六六
6	(承久三年〈一二二一〉)七月十五日	北条泰時書状案	武蔵守(北条泰時)在判	島津左衛門尉(忠久)	島津忠時の出雲下向	島津家文書	二七七六
7	(承久三年〈一二二一〉)七月二十日	藤原某書状案	藤原在判	かこしまの藤内	伊予攻め戦のこと	薩藩旧記前編二古写在国分氏	二七八〇

表48　宝治合戦関係文書一覧

	年月日	文書名	署判者	宛所	内容	出典	遺文番号
1	(宝治元年〈一二四七〉)六月五日	北条時頼書状	左近将監(北条時頼)	相模守(北条重時)	宝治合戦のこと、太政大臣へ申し入れ依頼	吾妻鏡	六八三五
2	(宝治元年〈一二四七〉)六月五日	関東御教書	左近将監(北条時頼)	相模守(北条重時)	宝治合戦終了のこと、御家人馳参ずるべからず	吾妻鏡	六八三六
3	宝治元年(一二四七)六月二十二日	六波羅御教書	相模守(北条重時)判	河内国守護代	宝治合戦三浦方被官等召取りのこと	新編追加	六八四三
4	弘長元年(一二六一)六月二十五日	関東御教書	武蔵守(北条長時)・相模守(北条政村)	陸奥左近大夫将監(北条時茂)	三浦泰村舎弟召し取り報告	吾妻鏡	八六七二

終　章　まとめと南北朝期の展開

以上、本書では三部十章にわたって鎌倉幕府発給文書および関連文書を通覧することを通して鎌倉幕府による文書行政の諸相を検討した。各章で検討したことを今一度確認し、文書行政の視点からまとめることとする。

第一部第一章では、将軍家下文の宛所の変化を再検討した。「受給者宛所型下文」の登場の起源は、頼経の将軍就任以前に一通の下知状で行われていた数ヵ国におよぶ譲与安堵を、頼経の将軍就任後も一通の下文で行うために所領領有権者をまず文書上に示すためであった。あわせて、一ヵ所の所領を対象とした下文は従前どおりの「在地住人宛所型下文」が用いられていたことも確認した。このことから、「受給者宛所型下文」の登場は、「職の観念の変化」と捉えるよりも、御家人側からの譲与安堵要請に対する執権側の現実的対応と理解すべきであり、文書行政の変化と捉えるべきなのである。そしてこの時期を政治的視点から俯瞰すると、将軍不在期に用いられていた下知状にかわり、権限を限定したとはいえ、頼経の将軍就任に伴い下文を復活させねばならなかった執権の、将軍権力を完全には凌駕できなかった状況が見出されるのである。

第二章では関東から発給された下知状を考察の対象とした。鎌倉時代前期にみられる、文書冒頭部を「下」とし、書止文言を「下知如件」とする文書は、その機能を分析することによって、下知状として捉えるべき文書であることを指摘し得た。さらに、この文書は、将軍家袖判下文が意識されたことによって、下文的要素が下知状に付加されたと考えられ、時政期・泰時期・経時期というこの様式の文書の発給時期の政治的背景と、義時期の政治情勢との比較から、執権による将軍権力の凌駕が意図された文書であったと結論づけた。

第三章は安堵・充行に用いられた下知状を考察の対象とした。本来下文の代用文書として、嘉禄元年（一二二五）末に消滅するはずであった下知状が、それ以降も継続して使用され、その際に下文の用途を知行充行と譲与安堵に限定したうえ、その知行充行と譲与安堵にも用いられ続けたのである。安堵としては、譲与安堵、未処分地配分、買得安堵、紛失安堵など様々な安堵に用いられ、また充行においても代替地充行のほか所領充行・所職補任に用いられていた。このうち買得安堵と紛失安堵の手続きにおいて、訴訟裁許の際と同様の手続きがとられており、その他の安堵も含めて、安堵の理非判断は裁許に通じるものがあるとした。また、佐藤進一氏以来、下知状の盛行と執権制の発展は関連するものと考えられ、嘉禄元年（一二二五）末以後の下知状使用の継続は、鎌倉幕府の文書体系が下文中心から下知状中心へと推移したことの現われ、執権制の発展を示すものと考えられていた。しかしこの下知状も『沙汰未練書』の定義より、用途が裁許状へと限定される方向性があり、次章を先取りして、文書体系がやがて下知状中心から御教書中心へと向かう文書行政の移行を結論とした。

第四章は関東から発給された御教書を考察対象とした。御教書は「幕府の意思を伝えるための」「限時的効力を持つにすぎない」文書と考えられることが多かったが、関東御教書の中には将軍家下文・関東下知状であつかわれるような永続的効力が期待される文書があり、それは将軍家下文・関東下知状の用途が次第に限定化、固定化されていく中で、将軍家下文・関東下知状で対応しきれなくなった事項を関東御教書で伝達したためであった。幕府権力がおよぶ範囲の拡大に伴う、幕府行政の拡大への対応の必要性から、関東御教書が柔軟な文書として、臨機応変に活用された結果、用途が拡大したのである。また、泰時期からすでに、永続的効力が期待される法令の伝達が関東御教書で行われており、このことと考え合わせることによって、将軍家下文・関東下知状と関東御教書の差異は時間的効力で捉えるのではなく、あくまで用途で捉えるべきであり、文書行政の変化が関東御教書の用途を拡大したのである。

鎌倉幕府は下文と御教書の二系統の文書によって文書行政を開始した。その後、両者の折中と言われる下知状を誕生させ、佐藤進一氏はこの「下知状の発生と盛行は全く北条氏執権政治の発生発展と照応する」と評価した(1)。第一部で検討したように、下文・下知状・御教書の変化は、事ごとに執権制の進展を示している。「受給者宛所型下文」の登場は、頼経の将軍職就任に伴うものであり、一通の下知状によって数ヵ国におよぶ譲与安堵が行われていた影響をうけるかたちで登場したのであった。しかし、頼経の将軍職就任に伴い「受給者宛所型」という形で下文を復活させなければならなかったことは、執権が将軍権力を完全には凌駕できていなかったことの表れと言える。また、執権時政期・泰時期・経時期に見られた中間様式文書は将軍家袖判下文を意識して文書冒頭部を「下」とした下知状と位置づけられ、やはり執権の将軍権力凌駕が意図された文書と評価した。さらに下文復活に際し下知状は、下文の用途を限定し、下文に留保したはずの安堵・充行にまで用いられ続け、ここに下文中心の文書体系は下知状中心の文書体系へと推移していったと言えた。このことは、将軍権力を留保しつつも執権権力が伸長していったことを表現していると言えたのである。加えて、御教書の用途拡大も、その端緒は執権泰時期にあり、やがて下知状イコール裁許状という方向性の中で、下知状中心の文書体系は御教書中心へと推移していくことになる。執権制の進展はやがて私的な書状系統の御教書中心の文書行政へと帰結しようとしていたのである。つまり、下文から下知状へ、下知状から御教書へと文書体系の中心が推移していくことに伴って、様々な文書行政上の変化が見られ、それが「受給者宛所型下文」の登場であり、中間様式文書の存在、御教書の用途拡大といった諸相として現れていたのである。そしてその端緒には必ず将軍を意識した執権の存在があり、鎌倉における文書行政の変化は執権権力の推移と対応していると言えるのである。

第二部第一章は六波羅探題発給文書の伝達経路を確認し、そこから、六波羅探題の西国統治機関としての本質を考察した。六波羅探題設置直後より、文書の伝達経路として「(関東→)六波羅探題→守護代ルート」と「(関東→)六波羅探題→守護正員ルート」が存在し、この両者の間に内容面における差異は存在せず、文書が発給された当時の守護正員の所在地、ひいては政治的立場によって、文書伝達経路が確立されていた。本来あるべき「六波羅探題→守護正員ルート」の補助的経路として「守護代ルート」が開かれていたのである。関東の意思は各国守護正員に宛てて発せられ、そのうち西国に関するものは六波羅探題を経て、西国守護正員に施行された。ただし、西国守護正員に任じられているものでも、六波羅探題の手を経ずにその内容を知り得るもの、執権や評定衆、有力御家人として鎌倉にいる場合や、六波羅探題本人が守護職を兼任している場合は、文書伝達の対象を現実に管国統治を行っている守護代としていた。一方、守護正員宛文書は、守護正員が任国に下向している場合、守護正員が在京している場合、守護代が訴訟における論人となっている場合と整理された。これらのことより、六波羅探題は幕府による全国統治のための西国統括機関であったが、文書伝達経路上には「中継点」的性格も示され、守護代宛文書は六波羅探題の関東に対し忠実な中間統括機関としての性格を示していたと結論づけた。

第二章では鎮西探題関連文書を考察の対象とした。鎮西探題は、従来の研究対象であった軍事指揮権・訴訟裁断権に、本論考において発給文書から確認した寺社への祈禱命令、寺社造営、所領安堵・配分、関東や六波羅探題からの様々な命令の施行などを加えることによって、全鎮西におよぶ最高統治権者たるものであったと言い得た。しかし、その一方で、関東からの命令を施行した文書の存在は、鎮西探題も六波羅探題同様、関東からの命令に忠実な中間統括機関としての一面を有していたことを示しており、その一面は鎌倉幕府滅亡まで脱することのできない面として鎮西探題を縛るものであった。

第三章は北条宗頼以降の防長守護が「長門探題」と言い得るかどうかを考察した。発給文書・受給文書のいずれからも防長守護が六波羅探題や鎮西探題と並び得る「探題」と捉えることはできなかった。発給文書の名宛人のうち、その管轄内の御家人を「守護」と位置づけることはできず、また軍事関係の関連文書からも他の守護を指揮下に置く上級権力者とすることもできなかった。さらに六波羅探題からの受給文書の存在は、六波羅探題から鎮西探題に宛てた文書が基本的には存在しないことから、防長守護が「探題」ではなく、守護であることを明示するものでもあり、「長門探題」は俗称の域を出るものではなく、あくまで防長「守護」であったとした。

第四章は、鎌倉幕府による奥州統治を考察した。奥州合戦後、『吾妻鏡』に葛西清重・伊沢家景の両名を「奥州惣奉行」と記した記事が見られる。しかし、奥州統治の実態を関連史料から検討していくと、葛西清重は頼朝周辺、鎌倉での活動徴証しか見られず、清重以降の葛西氏は平泉周辺の私領の代官支配は想定されるが、奥州全域にわたる統治に関わっていたとは言い得ない。一方の家景以降の伊沢氏（留守氏）は陸奥国留守職を世襲し、陸奥国にあって現地の統治にあたっていたことが明らかである。このことから奥州惣奉行は臨時的なものとして後に形骸化したと考えられた。さらに、留守氏の陸奥国統治を保障したのは鎌倉幕府の有する奥州羽州地下管領権であり、大江広元・北条義時らの「陸奥守」就任は鎌倉時代初期におけるその表れと位置づけられた。やがて「陸奥守」は名国司化していくが、奥州羽州地下管領権を背景とし、陸奥国留守職を有する留守氏が陸奥国全域の統治を行っていたと結論づけた。

第二部では、六波羅探題、鎮西探題のいずれもが、その発給文書・受給文書から関東を凌駕できない、関東に忠実な中間統括機関と結論づけた。室町期の鎌倉府は、鎌倉公方が基氏以降世襲ということもあって、京都の幕府に対し独自性が強く、歴代の鎌倉公方はあわよくば将軍位を取って代わろうという動きも示した。しかし、六波羅・鎮西両探題は北条氏一門からその都度任命され、在世中に交代することもしばしばであった。六波羅探題・鎮西探題は執権・連署を頂点とする北条氏一門の重要ポストの一つであり、六波羅探題経験者が執権・連署に就任した例もある。そこに、関東からの独立を意識する必要性は生じなかったのであり、よってその関連文書は両探題の中間統括機関としての性格を自ずと示すものとなっていたのである。また、宗頼以降の防長守護は、宗頼の出自の高さからも「長門探題」の呼称が想定されていたが、関連文書から「探題」という中間統括機関でなかったことが読み解かれ、「長門探題」を否定した。しかし蒙古襲来以後の長門・周防の地理的重要性は今更言うまでもなく、歴代守護のうち師時・凞時は執権に、時村は連署になっている。このことは防長守護の北条氏一族内の政治的地位を示していると言えよう。さらに源頼朝にとって、全国統治のための最後の標的となった陸奥国は、奥州羽州地下管領権の獲得が大きな意味を有することとなり、「陸奥守」の役割が重要性を帯びることとなる。現地の支配は留守氏に一任されることとなるが、鎌倉幕府が有する奥州羽州地下管領権が陸奥国の実質的支配を保障し、北条重時以降、名国司とはいえ、幕府の有力者が「陸奥守」の官途を得ることはその表徴となる。以上各機関等を考察する中で、六波羅探題と関東との関係、六波羅探題と西国守護との関係、また鎮西探題の位置づけ、その延長上において防長守護を探題ではなく、守護と位置づけた。加えて幕府による陸奥国の統治形態も明らかにした。幕府による地方統治システムを総体として捉えるまでには至っていないが、西国統治を中心に文書の発給・受給といった行政面から各機関による統治システム、相互関係を分かりやすく示し得たと考える。

第三部第一章は、和与と譲与安堵に係る文書を考察の対象とした。訴訟当事者間における妥協によってなされた和与の際の和与状には幕府公認のために担当奉行人が署判を加えて裏封がなされた。また、嘉元元年（一三〇三）から譲与安堵の方式が外題安堵に変更されている。私文書の公文書化という視点からこの和与状裏封と譲状の外題安堵には関連性が想定される。本来私文書であった和与状が、奉行人による裏封がなされて返付され、複合文書として公文書的性格を付与されたのに倣い、執権による譲与安堵権掌握を政治的背景として、同じく私文書であった譲状が、外題安堵をうけることによって、複合文書として公文書的性格を付与されたのである。そして、和与状への裏封に、ある時から日付が付されるようになる。和与状への裏封は、今度は逆に、譲状への外題安堵の影響を受けるかたちで、おそらく嘉元年間以後、徐々に日付を記すようになり、文保年間以後は和与公認の日付を必ず記すようになるのである。これによって和与裁許状下付と和与状の公認・返付が同時になされたことがわかる。和与の多くは、地頭の荘園侵略を原因として行われるようになり、時を追うごとに件数は増加したと考えられる。また、譲与安堵も分割相続の進展に伴い、その件数は増加したと考えられる。これら増加する事務処理に対して、一つ一つに下文・下知状を発給していたのでは、幕府は繁忙を極めることになり、裏封や外題安堵といった私文書の公文書化で対応したものと考えられる。鎌倉時代後期以降の御教書の用途拡大と相俟って、文書行政上の変革に伴う措置と言えるであろう。

第二章は、軍事関係文書を考察の対象とした。従来、南北朝の動乱期に関して検討されてきた軍事関係文書を、鎌倉幕府体制下における軍勢催促に始まり恩賞給付へと向かう一連の手続きから検討した。「軍勢催促状」、「着到状」、「軍忠状」、「問状・召文・請文」、「覆勘状」、「挙状」、「感状」を網羅的に分析・整理して、南北朝期への先駆性を明らかにした。軍兵の出動を命じる軍勢催促状は奥州征伐以後、蒙古襲来・元弘の変などの戦時のみならず、異国警固番役・石築地役の催促といった準戦時、京都大番役の催促という平時にも発給されていた。また謀反人の召し進めなどの治安維持のためにも発給されていたことが確認された。この軍勢催促に応えた着到状は、『吾妻鏡』から奥州征伐の際に着到を上申した文書の存在を推知できるが、着到を了承した旨の文言と証判を加えて、出頭した御家人に返却された複合文書としての着到状は弘安八年（一二八五）の霜月騒動の際のものを初見とする。それ以前の着到注文などの残存から、着到証明としての文書の段階的発展が考えられる。軍忠状は合戦時の戦功を報告し、その認定から恩賞へと結びつく文書であるが、蒙古襲来に際しては戦功報告が口頭申請であったため軍忠状は存在せず、元弘の変の際に文書申請、戦功認定後の証判、返却という複合文書が登場している。ただし、恩賞給付のための戦功認定は蒙古襲来の際にも行われており、合戦における見知証人への問状や召文、請文が残存している。覆勘状は軍勢指揮者から軍役勤仕の証明書として発給された文書として、京都大番役や異国警固番役に際し、さらには蒙古襲来や正中の変、元弘の変といった戦時にも発給されていた。この覆勘状に対し、軍勢指揮者が幕府へ挙達した文書が挙状である。京都大番役に関するものの残存から、鎌倉時代初頭から存在したと考えられる。感状は武士の軍忠に対し、褒賞文言を記した文書として承久の乱以後に確認される。恩賞の給付が前提であるが、給付の先延ばしも想定される文書である。

第三部は、第一部・第二部とは視点を変え、文書機能を主要論点とし、鎌倉幕府による文書行政の一面を検討した。文書は発給主体や様式によって、その性格づけがなされることが多い。しかし、文書は何のために発給されたのか、そこには何が書き記されているのか、その内容によって如何なる働きをするのか、など機能的な面を軽視して論じることはできない。そこで第三部ではその例として和与状・譲状といった私文書の公文書化、および軍事関係文書を取り上げた。和与状・譲状といった私文書が公文書化されることによって御恩授給と結びついていく。また、一連の軍事関係文書の行き着く先は所領所職の給与といった御恩である。御恩と奉公は鎌倉幕府の存立基盤であり、その一面をこれらの文書上に認めることができるのである。鎌倉幕府の文書行政を考察するには様々なアプローチがあると考えられるが、ここでは二章にわたってその一面を示し得たと考える。

鎌倉幕府は武力集団として出発したのであるが、統治機関となることによって文書による統治を行うようになり、その統治、行政の諸相を残存文書が今に示してくれている。関東からの発給文書は幕府の政治情勢と密接な関係を有しており、文書行政の変化の背後には執権制の推移を見て取ることができた。また、地方統治機関の発給文書・受給文書は地方統治システムを読み解く鍵となり、関東との統治関係を示していた。さらに視点を変えることによって、幕府の存立基盤である御恩と奉公の関係の一面を見出し得たのである。文書によって時々の、そして立場ごとの幕府像が浮かび上がってきたのである。

さて、この文書行政は次代の室町幕府に引き継がれることになる。それは鎌倉幕府の滅亡後、その文官層が初期室町幕府において統治機関における要職に就いていることからも自明のことと言える。

第一部で検討した下文、下知状、御教書が室町幕府に引き継がれている。南北朝期、足利尊氏は袖判下文を用いて恩賞を充行っている。足利氏は鎌倉時代から北条氏と並び袖判下文を用いていた御家人であったが、鎌倉幕府を倒すと足利尊氏はかつて鎌倉幕府の将軍が用いていたこの袖判下文をもって恩賞給付を行ったのである。その初見は元弘三年（一三三三）十二月二十九日付（「安保文書」横浜市立大学所蔵）であるが、これは建武政権下における例外的な文書であり、本格的に発給されるようになるのは建武二年（一三三五）の中先代の乱を契機としてであった。建武政権において恩賞給付権を有するのは後醍醐天皇であり、尊氏ではなかった。乱鎮圧のために関東へ下向する尊氏は後醍醐天皇からその恩賞給付権を臨時的に付与され、それに伴って袖判下文を発給していたのである。その後、建武政権を離脱した尊氏は足利方として奮戦した武士たちに対し、独自に恩賞を給付するようになり、ここに袖判下文による恩賞給付が本格化するのである。尊氏の弟直義も二頭政治下において所領安堵に関して、当初は奥上署判下文を、後に袖判下文を発給し、二代将軍義詮も新恩給与に加え、所領安堵に際して袖判下文を発給している。しかしこの間、将軍家政所下文が使用されることはなかった。将軍家政所下文は鎌倉時代末期に使用例が少なくなること、南北朝の動乱期に諸国の武士が求めたものが将軍との人的つながりであったことなどから、家司らの加判による政所下文ではなく、将軍自ら署判する袖判下文が用いられたものと考えられる。

下知状についても裁許文書を中心に二頭政治下において直義が発給しており、鎌倉幕府との連続性を指摘できる。その後、義詮による裁許の下知状が見られ、義満の幼少期には細川頼之発給の下知状が見られる。これは、鎌倉幕府において執権が将軍の権限を代行して下知状を発給したことと同様と考えられ、四代将軍義持没後六代将軍義教の将軍就任までの時期や義教暗殺後も、本来の将軍家袖判下文や御判御教書にかわり管領下知状が発給されている。

御教書も鎌倉幕府同様、将軍の意を奉じて執事・管領、奉行人たちが発給している。加えて、直状様式の御判御教書が発給されるようになる。御教書は本来、奉書様式の文書であるが、室町幕府では将軍署判による直状様式の文書が御教書と称され、これを佐藤進一氏は「将軍の発給文書に対する敬称の意味に転用された(3)」ためと考えられている。さらに新田英治氏が次のように指摘されている(4)。

こうした現象は、鎌倉幕府の、とりわけ執権政治下の将軍がまったく形式的な存在にすぎなかったのに対し、室町幕府の将軍が幕政の最高権力者として臨んだという相違が、鎌倉幕府においては将軍の意思が直接文書となって下達されるのでなく（初期の頼朝袖判下文のごときは別として）、将軍家政所下文など、幕政機関を通して伝えられたのに対し、室町幕府では将軍の意思が直接幕政の公文書としてあらわされるという相違となってあらわれている、ということができる。

これら佐藤進一氏、新田英治氏の御判御教書に対する評価を次にように見直すことはできないだろうか。御教書の定義が、様式面に加え、鎌倉期以来の機能面に重きが置かれることによって変化し、室町幕府においては将軍署判による直状様式の文書もその機能面から御教書と称されるようになったのである。

そして、三代将軍義満の頃からこの御判御教書が、下文・下知状にかわり幕府文書の中心を成していくことになる。下知状は御判の下文や御教書を発給できない場合に管領が発給する文書となり、応永九年（一四〇二）以後は袖判下文が発給されなくなった。尊氏は当初、軍勢催促や寺院への祈禱を要請するに際し、その後二頭政治下においては守護職補任、所領の預け置きなどに御判御教書を用いており、直義は、尊氏から権限を受け継ぐようにして、軍勢催促、感状、祈禱要請の御判御教書を発給していた。その後、義詮に至っては、所務沙汰の裁許とその遵行、守護職補任、官途推挙、所領安堵、寺院の住持職任命などを御判御教書で行っていたのである。第一部第四章で述べたように、鎌倉時代においてすでに「永続的効力が期待される事項」にも下文・下知状にかわって御教書が用いられるようになっており、その傾向はこの御判御教書においてより一層強まったと言えるのである。つまり、文書体系の中心は明らかに御判御教書へと推移しているのである。平安時代に身分の高い者が侍臣に代筆させた書状を端緒とする奉書・御教書は、綸旨や院宣となって公文書としての機能を果たすようになり、この状況を佐藤進一氏は「私状様式の普遍化は中世に入ってますます顕著になる」(5)とされている。この普遍化は私が第一部で考察したように、鎌倉幕府における、将軍家下文・関東下知状にかわる関東御教書の用途拡大によって証明され、中世文書の必然的な流れとなるのであり、この鎌倉幕府の流れの延長上、室町幕府において、将軍家袖判下文から御判御教書へと文書体系の中心が推移し、さらに「御判御教書より一層書状に近い様式の文書であって」、「将軍自身の私用を弁ずる文書」として用いられていた御内書が「次第に将軍の公用文書となり」、将軍家御判御教書にとってかわるようになることへと繋がっていくのである。南北朝の動乱期、戦乱の中にあって諸国の武士が求めたものは、将軍との人的つながりであり、そこに将軍署判による袖判下文の発給があった。鎌倉幕府における文書体系の推移は南北朝動乱によって一時的に中断され、下文・下知状中心の文書体系へと逆行したのである。しかし、南北朝の終焉に向かって文書体系は鎌倉期の流れである御教書中心へと回帰し、さらに御内書によってより一層の進展を示すのである。

第二部で検討した六波羅探題や鎮西探題は、南北朝・室町期には鎌倉府や九州探題に相当することになろう。鎌倉府関連の発給文書には鎌倉公方発給文書と関東管領発給文書とが残存する。鎌倉公方発給文書は尊氏や直義の発給文書、将軍家御判御教書と同様に直状様式の文書であるのに対して、関東管領は公方の意を体した奉書様式の文書となっている。一方の九州探題発給文書には次のような特徴が見出される。一色道猷や直氏、斯波氏経は将軍の意を体する意図から奉書様式の文書を発給していた。ただしその書止文言は「仍執達如件」となっており、「仰」の一言が欠けている。九州探題においてはこれが定形化してしまったようである。しかし今川了俊は直状様式の文書を発給しており、次第に書状の残存数も多くなってくる。九州統治における彼の権限の大きさや、統治が順調に進んでいることと関係があるのであろうか。了俊の意図・自信の表明であるかのようである。

第三部第二章で検討した軍事関係文書は、南北朝の動乱期にその機能をさらに発展させている。詳細については、すでに示したように漆原徹氏の研究(6)があるのでそちらに譲ることになるが、鎌倉期の文書が先駆的な存在であることは明らかである。

以上、鎌倉幕府による統治を、残存文書を様々な角度から通覧することで考察してきた。そこからは文書を通した統治、文書行政の諸相が見えてきたと思われる。本書で明らかにし得たのは鎌倉幕府による文書行政の一面に留まり、序章で目的とした全体像にまでは至っていないかもしれないが、鎌倉幕府像再構築の一歩には成り得たと考える。『鎌倉遺文』所収の文書を有機的に結びつけ、今回明らかになし得ていない文書行政の様相を明らかにすることは今後の課題とせざるを得ない。その際、秋山哲雄氏が言われるように「佐藤進一氏の枠組みを乗り越えなければ(7)」ならないだろうし、高橋典幸氏が示される「東国国家論・権門体制論の整理・再検討(8)」の視点なども必要となるのであろう。

註

(1) 佐藤進一『古文書学入門』(法政大学出版局、一九七一年。新版は一九九七年)。

(2) 南北朝期の足利尊氏・直義・義詮の発給文書に関して、森茂暁氏が『足利直義―兄尊氏との対立と理想国家構想』(KADOKAWA、二〇一五年)、『足利尊氏』(KADOKAWA、二〇一七年)において、整理して論じられている。この後の記述は森氏の整理に従っている。

(3) 佐藤進一前掲著書。

(4) 日本歴史学会編『概説古文書学　古代・中世編』(吉川弘文館、一九八三年)。

(5) 佐藤進一前掲著書。この段落の引用はすべて同著書。

(6) 漆原徹『中世軍忠状とその世界』(吉川弘文館、一九九八年)。

(7) 秋山哲雄『北条氏権力と都市鎌倉』(吉川弘文館、二〇〇六年)。

(8) 高橋典幸「鎌倉幕府論」(『岩波講座日本歴史　第六巻　中世1』岩波書店、二〇一三年)。

あとがき

昭和六十年四月、学部の三年生になった私は、いよいよ日本史の研究を始めることとなった。当時の私は、大学卒業後に高校で日本史を教えることを希望しており、始めたのは研究といっても勉強の延長みたいなもので、まさかそんな自分が将来、博士の学位を取得し、まがりなりにも研究者のひとりとして研究書を出版できるとは、正直思ってもみなかった。そんな私の今日があるのは、多くの方々との出会いとその方々からいただいた数々の励ましのおかげである。

学部の二年生の時に、翌年の所属ゼミの希望調査が行われた。私は発生当初の武士に興味を持っていたので、中世史のゼミを希望し、三年生になった私は高橋正彦教授のゼミに所属して中世史の研究を始めることになった。そこで出会った先輩が漆原徹氏である。当時漆原氏は研究論文が学界で高く評価された新進気鋭の若手研究者であった。ゼミに入った当初の私は、父母が東北の出身ということもあり、前九年・後三年の役をテーマとして研究を始めたが、今から思うと、その内容は先行研究の整理であって、私自身の考察がまるでない、とても研究と言えるものではなかった。そんな私に漆原氏は、「前九年・後三年の役は残された史料も少なく、先行研究以上のことをまとめるのは難しいのではないか。史料があって自分の考えを述べられるテーマに変更したほうがよいのではないか」とアドバイスをくださった。

そのアドバイスをうけ、しばらく考えてたどり着いたのが北条時政・義時発給文書の研究である。当時『鎌倉遺文』の刊行がすすみ、史料を整えやすかったことが最大の理由であり、あわせて富沢清人先生の「国史演習」の時間に鎌倉幕府の裁許状をあつかっていたことも鎌倉時代をテーマとすることにつながった。ここに鎌倉時代を文書史料から読み解こうという私の研究が始まったのである。

新たなテーマが見つかり、史料の収集・整理から考察をまとめる間、漆原氏はご自身の研究時間を削って私に史料の読み解き方を教えてくださった。氏の御自宅が大学の近くにあったこともあり、ゼミの先輩や同級生と一緒に週に一、二度はあがりこんで、時には翌日の朝まで夜通し、さまざまな史料と向き合った。そのおかげで卒業論文をまとめることができ、大学院へ進学してもう少し研究を深めたいという気持ちにもつながった。卒業論文を発展させて書き上げた修士論文が本書第一部第二章のもととなっている。

平成元年四月、大学院修士課程を修了した私は当初の希望通り神奈川県の県立高校の教壇に立つことになった。大学時代に友人に誘われて軟式野球のサークルに所属していた私は、どういうわけか野球部の監督に就任することになり、休日なしの野球漬けの日々を送ることになる。そんなある日、漆原氏から、「せっかく大学院で研究方法を学んだのだから、これからも時間を見つけて研究をしてみてはどうか」という一言をいただいた。この一言で、確かに野球好きではあるが、それ以上に自分が日本史好きであることにあらためて気づかされ、夜な夜な『鎌倉遺文』をめくることとなった。その成果を平成五年十月に法政大学で開催された第二十六回日本古文書学会大会で発表したところ、予想以上に評価していただき、後に学会誌『古文書研究』に掲載していただくこととなった。それが本書第二部第一章である。また、大会後、早稲田大学の瀬野精一郎教授から「鎌倉遺文研究会を立ち上げるから、よかったら参加しませんか」というお誘いをうけることとなった。鎌倉遺文研究会での活動から生まれたのが第一部第一章である。ここから、私の本格的な研究者としての歩みが始まったと言える。

その後、数本の論文を発表してはいたが、私の研究者としての歩みは遅く、時には長く立ち止まって動かないこともあった。そんな私に再び漆原氏から、「今まで発表したものをベースに、博士論文を書いてはどうか」というお言葉をいただいた。まさか自分に博士の学位なんかと思いながらも、母校慶應義塾大学の中島圭一教授に相談したところ、快く指導を引きうけてくださった。その後約三年、中島教授からは時には叱咤激励を、時には優しいお言葉をかけていただきながら、なんとか博士論文を書き上げることができた。それが本書である。

昭和六十年四月から三十五年近くの歳月が流れようとしていることには、あらためて驚きである。自分の怠惰にはほとほと呆れてしまう。同じ高校の教員をしながら大学卒業後、大学院修了後に短期間で博士論文を書き上げられた先輩松本一夫氏や後輩村石正行氏の業績には到底かなわない。しかし、私が博士の学位を取得し、研究書を出版するとは三十五年前には思いもよらなかったことである。博士は雲の上の人であり、研究書の著者はビッグネームであった。とにかく私がここまでたどり着くことができたのは、漆原徹氏の存在が大きい。そして詳述することはできなかったが、指導教授であった故高橋正彦氏、公私ともにお世話になった故富沢清人氏、研究者としてのスタート時に手を差しのべてくださった瀬野精一郎氏、博士論文執筆を御指導くださった中島圭一氏、高校の教員としての目標松本一夫氏、近年学会や巡見等でお世話になっている京都大学の元木泰雄教授、私が日本史に興味を持つきっかけを作ってくださった恩師中村（旧姓角井）勉氏をはじめとする多くの方々のおかげで今日の私があり、本書がある。本書の出版にあたり、あらためてここに感謝の意を表したい。

ただ、本書の出版をもって私の研究活動が終了するわけではない。鎌倉幕府にかかわる課題は多く残されている。これからも多くの方々に支えられて私の研究活動は続いていくのであろう。その際には温かい励ましを頂けると幸いである。

最後になったが、私のわがままを許してくれる父母、妻、子供たちに感謝する。

平成三十年十一月十二日

佐藤秀成

初出一覧

序　章　新稿

第一部

第一章　「将軍家下文に関する一考察」（鎌倉遺文研究会編『鎌倉時代の政治と経済』東京堂出版、一九九九年）

第二章　修士論文（一九八九年）を大幅に改稿

第三章　新稿

第四章　新稿

第二部

第一章　「六波羅探題発給文書の伝達経路に関する若干の考察」（『古文書研究』第四一・四二合併号、一九九五年）

第二章　新稿

第三章　「防長守護小考」（『史学』第八二巻第一号、二〇一三年）

第四章　新稿

第三部

第一章　「和与状裏封と譲状外題安堵に関する一考察」（『史学』第六六巻第二号、一九九七年）

第二章　「鎌倉時代軍事関係文書の整理」（『古文書研究』第七一号、二〇一一年）

終　章　新稿

著者略歴
一九六二年　神奈川県に生まれる
一九八九年　慶應義塾大学大学院文学研究科史学専攻修士課程修了
二〇一八年　博士（史学・慶應義塾大学）
現在　神奈川県立釜利谷高等学校総括教諭

鎌倉幕府文書行政論

二〇一九年（平成三十一）二月二十日　第一刷発行

著者　佐《さ》藤《とう》秀《ひで》成《なり》

発行者　吉川道郎

発行所　株式会社　吉川弘文館
郵便番号一一三―〇〇三三
東京都文京区本郷七丁目二番八号
電話〇三―三八一三―九一五一（代）
振替口座〇〇一〇〇―五―二四四番
http://www.yoshikawa-k.co.jp/

印刷＝藤原印刷株式会社
製本＝誠製本株式会社
装幀＝山崎　登

ISBN978-4-642-02956-8

索　引

I　事　項

あ　行

か　行

さ　行

た 行

な　行

は　行

ま　行

や・ら行

わ 行

Ⅱ 人 名

あ 行

か　行

さ　行

た 行

な 行

は 行

ま　行

や・ら行

Ⅲ　研究者名

あ　行

か　行

さ　行

た　行

な　行

は　行

ま　行

や・わ行